La civilisation celtique

Christian-J. Guyonvarc'h
Françoise Le Roux

La civilisation celtique

Petite Bibliothèque Payot

106, boulevard Saint-Germain, 75006 Paris

INTRODUCTION

Il est difficile d'éviter de dire, quand on aborde l'étude des Celtes, que cette étude est délicate et ardue. À une époque où l'on a trop souvent le tort de croire – et plus encore de faire croire – que la science est une distraction facile, mise par certaines techniques pédagogiques (ou le miracle de l'image) à la portée du premier venu, nous tenons à prévenir le lecteur qu'une telle étude exige un effort. Mais la difficulté ne doit pas non plus être un prétexte au service du pédagogue, une prudente clause ayant quelque aisance de parole ou d'écriture à l'abri de tout reproche éventuel d'ignorance ou d'insuffisance d'information.

Car c'est certainement autant et plus qu'une précaution, une mode facile, à laquelle on se plie volontiers : en face des erreurs et des on-dit des écrivains de l'Antiquité joints aux innombrables fantaisies de l'imagination moderne, la réflexion ne trouve pas toujours matière à s'exercer utilement. L'intention de ce livre n'est donc pas de simplifier la matière celtique, ce qui serait utopique ou mensonger, elle est de présenter le plus clairement possible une matière que son ampleur – et bien plus encore les commentaires dont elle est surchargée – rendent confuse et complexe. Il s'agit d'aider le lecteur à s'orienter dans le dédale des titres afin qu'il ne pense pas son temps à lire n'importe quoi écrit par n'importe qui.

Nous persisterons en tout cas à répéter ce que nous avons maintes fois posé en axiome, à savoir que l'étude des Celtes est moins une affaire de documentation nouvelle à découvrir que de documentation existante à utiliser : textes dont la relecture s'impose ou objets archéologiques insuffisamment décrits. On ne découvre pas trois ou quatre fois par siècle un calendrier de Coligny ou un cratère de Vix ; musées et bibliothèques contiennent des foules de richesses inexploitées ou oubliées. Les textes insulaires médiévaux surtout, qui devraient être examinés avec une constante et grande minutie, sont le plus souvent négligés sans raison valable. Et l'on s'est demandé si le cratère de Vix contenait de l'eau, le sang (des sacrifices), du vin, de la bière ou de l'hydromel ; ou bien encore on reconstruit à partir de fragments épars et mutilés le texte entier du calendrier de Coligny.

Il n'est rien de plus instructif à cet égard que de considérer les divergences, qui sautent aux yeux par-delà les couleurs de style personnel, chez les auteurs qui ont traité des Celtes depuis moins d'un demi-siècle. Compte tenu des inévitables filiations des écoles de recherche propres à un pays ou même à une université, il est rare qu'ils s'accordent sur une méthode, voire sur une vérité commune. Pour les uns, les druides ne sont que des sorciers et pour les autres, ils sont de grands philosophes dignes de Pythagore et de Platon : on avait oublié qu'ils sont investis du sacerdoce, tout simplement, et qu'ils sont comparables aux brahmanes de l'Inde. C'est ainsi que naît dans le public la notion péjorative des « querelles de spécialistes » : ce qui est certitude pour l'un n'est parfois qu'une hypothèse pour l'autre ; ou bien encore on évoque la fausse querelle des « Anciens et des Modernes », comme si, à notre époque, la « modernité » n'était pas triomphante sans partage. C'est dire combien les mêmes faits sont soumis à des différences d'appréciation et d'interprétation, voire déjà de description, selon la discipline ou la doctrine de l'auteur qui en traite.

Il devrait cependant être possible de mieux situer l'une par rapport à l'autre la vérité concrète et l'hypothèse, autrement dit, sans interprétation trop libre ou abusive, de présenter un essai de synthèse qui serait immédiatement accessible et compréhensible à des lecteurs dépourvus de toute information préalable. Il ne s'agirait pas, ce faisant, d'esquisser une critique systématique des travaux existants ou de porter sur eux, en totalité ou en partie, un jugement de valeur personnel et définitif, mais bien plutôt de déterminer ce que chaque discipline peut apporter à une synthèse commune sans privilégier ou défavoriser *a priori* aucune d'entre elles. Selon le sujet traité, le temps ou le lieu, toutes ne sont pas d'égale importance, mais le philologue doit parfois lire ses collègues archéologues et l'archéologue ne gaspille pas toujours entièrement son temps quand il lit un manuel d'histoire religieuse.

Le domaine celtique est trop vaste, dans le temps et dans l'espace, pour que nous ayons le droit d'exclure l'acquis d'une recherche, quelle qu'en soit la nature et quelles qu'en soient les répercussions. Mais, en contrepartie, aucune discipline ne saurait prétendre à l'universalité et il n'est aucune méthode qui soit indifféremment applicable à *tous les aspects* de la **matière celtique.**

C'est ainsi une erreur fondamentale de penser que l'on obtiendrait une définition suffisante des Celtes en les étudiant à partir du seul moment où il en est question chez les auteurs grecs du VIe ou du Ve siècle avant notre ère, sans les replacer dans le contexte indo-européen. C'est une autre erreur que de les envisager dans un cadre géographique restreint où les habitants de la Gaule sont traités comme s'ils n'avaient jamais eu aucun lien de parenté avec leurs frères ou cousins insulaires : il est abusif de les en séparer en prétextant des particularismes ou des particularités qui ne divergent que très rarement d'une unité fondamentale évidente ou en arguant d'une distance chronologique qui est rendue sans effet par l'archaïsme du mythe irlandais. On se souviendra que Camille Jullian refusait de prendre en considération les textes insulaires sous prétexte que les Irlandais et les Bretons appartenaient à des peuples « celtisés » beaucoup plus tardivement que les Gaulois ! Plus personne n'oserait faire actuellement état d'un tel argument contredit par toute l'archéologie et par tout la philologie occidentales. Mais les conséquences subsistent parce que l'on continue à lire Camille Jullian et ses successeurs immédiats. C'est une autre erreur que de vouloir reconstruire leur histoire, *religieuse* ou *politique*, à travers le seul contexte matériel des découvertes archéologiques. Car tout ce matériel, sauf exception rarissime, est anépigraphe, c'est-à-dire dépourvu de toute inscription, ce qui signifie qu'il est muet sur tout ce que pensaient ou disaient ses créateurs et ses utilisateurs. **L'histoire celtique est donc silencieuse et le mythe n'a pas d'histoire**. Et c'est encore et toujours une erreur que de vouloir considérer les textes insulaires, irlandais et gallois, du seul point de vue philologique, sans examen de leur contenu conceptuel, contenu auquel il est inutile d'attribuer une date historique. Le mythe est en dehors du temps.

Nous ferons évidemment abstraction ici des travaux marginaux ou de seconde zone, œuvres approximatives qui, mêlant l'imagination, l'ignorance et, quelquefois, la mauvaise foi, encombrent les vitrines des libraires et transforment les Celtes du passé et du présent en matière première commerciale. Le grand public est une proie facile pour quelques semi-lettrés. Mais il n'y a pas que les sottises des semi-lettrés ; il y a aussi toutes les illusions des érudits : expliquer les légendes irlandaises par les symboles indéfinis des monnaies gauloises ; revendiquer la littérature insulaire entière, irlandaise et galloise, voire bretonne, arthurienne même, comme justification doctrinale d'une secte littéraire contemporaine ; prétendre que la France du XXe siècle, malade de ses origines à deux mille ans de distance, est encore une « patrie gauloise » consciente et heureuse de l'être, ce sont là des vues de l'esprit qui ne valent pas la peine d'être réfutées. Certains « chercheurs » finissent par être persuadés que le domaine celtique est d'accès si facile qu'il n'est nullement nécessaire de le connaître pour écrire des livres. Il n'est plus nécessaire d'être savant : il suffit d'avoir un bon éditeur et d'avoir quelques journalistes bien placés dans ses relations. Nous ne ferons pas à l'édition française ou européenne, ou même américaine, l'injure de recenser tous les ouvrages sur les Celtes qui ont été écrits par des auteurs ne sachant pas un mot d'une langue celtique ou n'ayant, sur l'archéologie protohistorique de l'Europe occidentale, que des notions très vagues.

Mais le respect honnête et minutieux des garde-fous universitaires ne garantit pas immanquablement, il s'en faut parfois de beaucoup, l'intelligence de la matière. La recherche scientifique a aussi ses scléroses et sa part d'erreur. Dans une étude dont, au moment où nous écrivons, la réédition est proche, *Introduction générale à l'étude de la Tradition celtique I*, Rennes, 1967, il a été posé une définition d'ensemble. Du point de vue des « sciences humaines », cette définition est avant tout religieuse et il était difficile qu'il en fût autrement. Mais nous insisterons sur un point crucial, à savoir la démonstration, faite dès le départ, que la distinction la plus urgente est celle de la tradition et de la religion, l'une étant l'inévitable justification de l'autre. S'ajoute à cela désormais la preuve apportée dans *Les Druides* et dans les deux volumes des *Textes mythologiques irlandais*, de la netteté et de la solidité de la structure sociale et politique des royaumes celtiques, puis celle aussi non moins négligeable, dans *Prêtre et dieux des Celtes*, de l'extrême richesse des concepts traditionnels et religieux.

Ce faisant, nous n'avons eu aucune peine à démontrer que le vague de la terminologie moderne, joint à l'inadéquation des concepts et des moyens d'expression des langues contemporaines, constitue un lourd handicap dans l'examen d'une forme traditionnelle donnée. Et ce vague de la terminologie se répercute dans tous les domaines de la recherche celtisante. Il nuit à la coordination interdisciplinaire aussi bien qu'à l'efficacité des résultats. Il nuit enfin et surtout à la diffusion des connaissances générales du celtique dans le public cultivé. Quant au mot *civilisation*, il a été si galvaudé, il comporte maintenant tant de sens différents, que nous avons longuement hésité à en faire le titre de l'ouvrage. Mettons que nous classons sous ce terme commode, dans un ordre bien déterminé, tous les faits qui dénotent les particularités du monde celtique, qui constituent son originalité et permettent de l'identifier en tant que tel, c'est-à-dire en tant que détenteur d'une tradition exemplaire[1].

---

1. Le présent ouvrage, qui ne s'adresse pas aux spécialistes, ne comporte aucune note infrapaginale ni aucune référence explicite, sauf exception justifiée. Nous renvoyons le lecteur à la bibliographie et à nos autres travaux auxquels le présent ouvrage sert en quelque sorte d'introduction naturelle et dont nous indiquons ci-après les principaux :

Les Druides, 5e édition, Ouest-France, Rennes 1987, 448 pages.

Textes mythologiques irlandais I/1-2, Celticum 11, Rennes, 1980-1988, 344 et 280 pages, in-quarto.

Prêtres et dieux des Celtes : le vocabulaire sacerdotal du celtique de l'Antiquité et du haut Moyen Âge, Celticum 30, Rennes, 1988, 400 pages in-quarto.

CHAPITRE PREMIER

Les Celtes dans le temps et dans l'espace

I. Les origines

QUI SONT LES CELTES ?

S'il est une notion floue à l'esprit de la plupart des Européens contemporains, quand ils ne l'ignorent pas tout à fait, c'est bien celle de « celtique ». La définition est urgente : **qui sont les Celtes** ? Comment, par quel moyen, suivant quel critère les identifier ? On se heurte alors au problème, très moderne et uniquement moderne, du concept de nationalité. Est-ce ceux qui l'ont été ou qui ont voulu l'être, par la langue ou un nom hérité d'un lointain passé ? ou bien est-ce ceux qui le sont encore quand bien même, parfois, ils ne voudraient plus l'être ?

Les Helvètes devenus des Suisses sont-ils toujours des Celtes quand ils parlent allemand ou français et, s'ils le sont, le sont-ils plus ou moins, en fait, sinon en droit, que les Irlandais de Dublin qui ne parlent plus le gaélique ou que les Bretons de Haute-Bretagne qui parlent roman depuis dix siècles ? Dans le premier cas on annexe presque toute l'Europe, de la Bavière à la Bohême, ou de la Belgique à l'Italie du Nord ; dans le second, l'immense majorité des Irlandais et des Écossais n'est constituée que d'anglophones sans autre originalité et il ne reste plus de Celtes que dans quelques cantons reculés du Kerry ou du Donegal.

En France les manuels qui s'essaient à décrire « nos ancêtres les Gaulois » oublient le plus souvent de préciser qui étaient ces Gaulois par rapport aux autres Celtes dont, invariablement, l'identité est vague au point qu'elle frôle l'inexactitude. Les Grecs disaient Κελτοὶ ou Ταλάτοι, les Latins *Celtæ, Galli, Celtici* mais jusqu'à César et Tacite, aux alentours du premier siècle de notre ère, les Anciens les ont confondus avec les Germains et il est encore malheureusement beaucoup de Français pour admettre sans sourciller que le nom des *Galli* dérive du latin *gallus*, perpétuant ainsi le calembour douteux du « coq gaulois ». Au XXe siècle encore on attribue facilement le gaélique aux Gaulois et la littérature galloise aux Bretons péninsulaires. Et nous ne dirons rien ici des mauvais romans qui prêtent à Vercingétorix et accessoirement à César des aventures dont, non seulement l'histoire ne nous dit absolument rien, mais dont il est hautement improbable qu'elles aient jamais eu lieu. Est-il si difficile de comprendre que le nom des *Celtes* désigne l'ensemble de l'ethnie cependant que toutes les autres dénominations, *Gaulois, Gallois, Bretons, Galates, Gaëls*, s'appliquent à des peuples distincts ? Quant au terme *Gallo-Romains*, il ne qualifie personne d'autre que des Gaulois qui ont perdu leur originalité linguistique, ethnique et religieuse au terme d'un délai bien difficile à évaluer et plus encore à préciser.

La simple définition sémantique du mot *celtique* appliqué tantôt à des ethnies et tantôt à des langues est déjà une affaire de spécialiste. C'est dire combien mince est l'élite pour laquelle il présente une valeur précise, indépendante de toute sentimentalité ou de tout choix personnel. Il est presque impossible, en français courant, d'obtenir la distinction correcte des termes *Celte* (substantif à valeur ethnique) et *celtique* (adjectif à valeur linguistique et religieuse). La « langue celte » est une incorrection cependant que la « femme celte » fait preuve d'un féminisme dont nous n'avons jamais trouvé la moindre trace dans nos sources textuelles (voir *infra*, p. 104-107). Quant à la « celtitude », néologisme douteux, elle ressemble trop, par son suffixe et ce qu'il évoque, à une certaine « négritude » et au mépris xénophobe qu'elle entraîne.

Les Celtes occupent cependant une place immense dans l'histoire de l'Europe ancienne (et même médiévale) : il est permis de penser qu'ils sont les principaux acteurs de la protohistoire de toute l'Europe occidentale et centrale et qu'ils sont au nombre des peuples qui ont le plus préoccupé les historiens antiques. Une telle affirmation peut sembler paradoxale à une époque où les Celtes sont réduits à de petites entités historiques ou linguistiques de l'extrême occident européen. Cependant, dans la Gaule antérieure à la conquête de César, l'implantation celtique ne s'explique pas indépendamment de celle des pays voisins, Espagne, Grande-Bretagne, Italie du Nord, Suisse, Belgique, Allemagne, Europe centrale et danubienne. Et a-t-on toujours exactement évalué ou reconnu la part des Bretons, insulaires ou non, dans la politique mérovingienne, celle de l'Écosse face aux rois d'Angleterre, celle des ducs de Bretagne alliés à la Bourgogne et au Saint-Empire à la fin du XVe siècle ? L'oubli du rôle des Celtes est une constante de l'historiographie européenne, comme si l'on avait peine à croire que ces « barbares », tardivement christianisés, ont sauvé la culture classique de la nuit des temps mérovingiens, ou bien encore comme si les survivances celtiques postmédiévales étaient une fausse note de l'histoire.

Et si l'on envisage les définitions de base, la notion de « Gaule » *(Gallia)* en tant qu'entité géographique ou « nationale » (au sens moderne du mot), est à coup sûr un fait très ancien. Mais que représentait-elle, en tant que « patrie », pour un Gaulois ? Il n'est pas sûr que Camille Jullian, dans son *Histoire de la Gaule*, nous ait apporté la bonne réponse. Et quelle était son étendue géographique reconnue dans l'Antiquité par les Celtes eux-mêmes ? Car il y a, entre la conception de la Gaule réduite à ses « frontières naturelles » et la complexité, sur ces mêmes frontières, des faits linguistiques et archéologiques, une discordance qui est un véritable signal d'alarme. Il n'est pas souvent opportun, à notre sens, de faire d'un terme général une application limitée et d'enfermer les Celtes au premier siècle avant notre ère entre la Garonne et la Seine. En brève illustration nous pourrions dire que la question de savoir si les porteurs de la civilisation de Hallstatt, entre le Xe et le Ve siècle avant notre ère, étaient ou n'étaient pas des Celtes a autant de sens que celle de la nationalité française de Clovis au début du VIe siècle. Clovis a été Français puisque la Gaule est devenue la France mais, à son époque, on n'y pensait guère car le futur historique est une inconnue qui ne s'anticipe pas. Les Celtes parlaient celtique mais il n'y avait pas encore, il n'y a jamais eu, d'empire celtique unifié.

Il y a eu un *Empire* celtique, non pas politique mais linguistique, religieux, artistique, non pas historique puisque, des événements qui ont jalonné sa longue existence, nous ne savons que des bribes insignifiantes, mais néanmoins très tangibles. Nous avons suffisamment de preuves de sa réalité légendaire : la première est le *Celticum* d'Ambigatus dépeint par Tite-Live qui relate la fondation de Milan

(Mediolanum) en Gaule cisalpine et, par la rencontre d'un mythe celtique et d'un historien romain, ce fait mythique historicisé commence à situer la position des Celtes par rapport à l'histoire.

L'EXPANSION INDO-EUROPÉENNE

Car les événements les plus lourds de conséquences pour l'histoire de l'humanité se sont produits en dehors des limites accessibles de l'histoire elle-même, il y a quatre ou cinq millénaires peut-être, quand des masses conquérantes parlant toutes des langues apparentées (sinon la même langue, fait improbable, mais que nous n'avons pas les moyens de vérifier) quittèrent, pour des raisons que nous ne connaîtrons jamais (changement de climat, surpeuplement, luttes politiques, querelles religieuses ?), une région du nord de l'Eurasie qu'il est préférable de ne pas localiser sur la carte avec un trop grand luxe de précision. Admettons qu'il reste un souvenir de cet habitat arctique dans la conception septentrionale des origines des *Túatha Dé Dánann* irlandais et, en un autre genre, dans le nom d'Hyperboréens dont les Grecs ont usé pour désigner les Celtes (ou les Germains) de l'Europe nord-occidentale. Mais ce n'est pas dans le nord de l'Europe – preuve que le mythe et l'histoire ne coïncident pas obligatoirement – que les Indo-Européens apparaissent pour la première fois dans la réalité matérielle, c'est seulement vers la fin du troisième millénaire avant notre ère, dans ce creuset des civilisations qu'a été le Moyen-Orient, bien après les Sémites, les Sumériens et les Élamites. S'ils ne sont pas décelés plus tôt, c'est très probablement parce qu'ils ont adopté l'écriture au contact des Sémites et n'ont laissé aucun témoignage antérieur à cet emprunt.

Au fur et à mesure de leurs conquêtes, étagées sur des siècles, les arrivants firent disparaître ou assimilèrent les populations antérieures qui ne subsistèrent que dans les refuges les plus reculés (Caucase, Pyrénées, Laponie). Ce sont les *invasions indo-européennes* et la recherche a fini par identifier quelques points sensibles : le Turkestan, où les envahisseurs se maintiendront jusqu'au Xe siècle de notre ère malgré les Chinois et les Mongols ; l'Inde où, à l'arrivée d'Alexandre, ils sont installés depuis de nombreux siècles sur les rives du Gange ; le bassin oriental de la Méditerranée, où les anciennes annales égyptiennes enregistrent l'irruption des Hyksos et où la très vieille civilisation crétoise succombe au premier choc des Achéens et des Doriens.

Cette expansion indo-européenne, qui n'est pas immanquablement un fait de haute culture, a conduit Alexandre jusqu'en Bactriane et les Romains jusqu'en Égypte et en Asie Mineure. Elle a repris à la fin du Moyen Âge avec la conquête des Amériques et, du XVIIe au XXe siècle, elle a ébranlé l'Asie et l'Afrique, où elle s'est heurtée à des civilisations anciennes qui l'ont usée par leur force d'inertie. Gardons-nous d'y voir les hordes innombrables, hurlantes et dévastatrices de certains films. Les Espagnols qui ont conquis le Mexique étaient quelques centaines et les premiers Américains à peine quelques milliers. Les bandes germaniques des grandes invasions qui ont ravagé la Gaule ont fini par s'y établir et miner par l'intérieur le gigantesque édifice de l'Empire romain. Elles étaient beaucoup plus faibles, numériquement, que les « Gallo-Romains » et on avait commencé par les intégrer dans les ailes de cavalerie de l'armée romaine.

C'est à des faits historiques de ce genre qu'il convient de réfléchir pour avoir une compréhension approchée de ce qui a pu se passer. Les Celtes ont été la vague occidentale des nouveaux arrivants et ils ont repoussé, détruit ou assimilé tout ce qui leur était antérieur. Nous ne dirons pas qu'il n'a rien existé avant eux et qu'il n'a rien subsisté après eux, mais nous n'en trouvons plus aucune trace sensible ou discernable autrement que dans l'outillage lithique des temps préhistoriques et dans les mégalithes qui sont bien plus anciens que la présence celtique. Les Celtes participent à part entière au phénomène indo-européen, lequel est, aux origines, le mur extrême contre lequel bute l'histoire, mur qu'on ne franchit pas sans verser dans le hasard des hypothèses et des reconstructions approximatives ou imaginaires. **Après, nous savons quelque chose, avant nous ne savons rien**, hormis la vie matérielle rudimentaire ou végétative.

Là est le fait essentiel : il ne nous est jamais venu à l'esprit que l'on pourrait faire sérieusement la part des pasteurs néolithiques dans la formation d'une « race » celtique ou que l'on discernerait une ascendance paléolithique dans la coutume celtique de couper la tête de l'ennemi mort. Tout cela reviendrait à nier implicitement la réalité brute des invasions indo-européennes. Prétendre, comme on le fait encore quelquefois, que les Gaulois ne sont pas les seuls ancêtres des Français parce que, avant eux, il y a eu les pasteurs et éleveurs néolithiques, cela est une banalité inutile. Il est préférable de constater que les Celtes ou Gaulois de l'Antiquité continentale sont aussi les ancêtres d'une partie des Allemands, des Belges, des Suisses, des Italiens et même des Espagnols et des Portugais. Il ne faut pas trop manier l'argument « substratique » quand on ne sait pas de quoi est fait le substrat ethnique ou linguistique. Nous savons quelle langue était parlée en Gaule avant le latin mais nous ne savons pas quelle langue on y parlait avant le celtique. La meilleure supposition admissible serait encore que les prédécesseurs immédiats des Celtes en Europe ont été les constructeurs de mégalithes. Cela obligerait peut-être à trop de bouleversements dans les chronologies archéologiques. Mais qui étaient les peuples de l'âge du bronze s'il faut en exclure les Celtes ? La question, au moins, est permise.

LA COMMUNAUTÉ INDO-EUROPÉENNE

Le terme « indo-européen » ne constitue donc qu'une désignation idéale, plus linguistique que géographique, appliquée généralement par approximation à des groupes de peuples dont, en plus d'être très mal connue, la protohistoire est mal délimitée : le concept indo-européen est envisagé très différemment selon que le point de vue est celui du linguiste, de l'archéologue ou de l'anthropologue. Mais de l'anthropologie il sera à peine question ici car les types physiques qui caractérisent la plupart des populations européennes ne peuvent être qualifiés de « raciaux ». Et il n'y a pas d'archéologie indo-européenne commune. Cela doit suffire, définitivement, pour qu'on ne puisse associer le fait indo-européen, ou le faire servir, à une quelconque idéologie contemporaine.

Avant de proposer une définition des Celtes, il est donc nécessaire de préciser que le « monde » indo-européen consiste beaucoup moins en une unité politique, linguistique ou économique, qu'en une certaine façon de vivre et de penser qui suppose une forte parenté initiale. C'est, dans le cadre d'une communauté d'institutions et de croyances – suffisamment attestées de l'Inde védique à l'Irlande préchrétienne en passant par Rome et la Germanie – une *koiné*, devenue assez vaste et assez lâche pour tolérer d'innombrables antagonismes ou contrastes à côté de simples différences. Ce qui est mythe dans l'Inde et chez les Celtes est devenu mythe et histoire à Rome. Ce qui est mythique et cosmique en Irlande est national et contingent chez Tite-Live. Les mêmes schèmes sont traités différemment, les mêmes mots peuvent avoir perdu une partie de leur substance ou ne plus avoir la même orientation sémantique.

Mais depuis la fin de l'Antiquité les Européens ont adopté et propagé une conception romaine de l'État qui gêne l'appréciation du fait indo-européen primitif, comme elle empêche de juger sainement les faits celtiques. On a oublié que la nature humaine, capable de concevoir l'unité, répugne à l'uniformité : simple principe de bon sens qui rejoint toutes les constatations de l'histoire. La conséquence en est l'acceptation de critères matériels inadéquats, presque toujours de piètre valeur : en pleine époque contemporaine encore les Celtes sont condamnés à l'oubli, au mépris ou, ce qui est pire, à l'incompréhension parce qu'ils n'ont pas créé les cadres politiques rigides qui asservissent l'individu à l'État. Les Européens contemporains ne comprennent pas plus l'attitude de résistance passive de l'Inde en face de tous ses conquérants qu'ils n'excusent les Celtes de ne pas avoir formé de grands États. Or, il est peu probable, si l'on en juge par les exemples grecs, celtiques, germaniques ou hindous, que la réalité indo-européenne initiale ait été aussi étatique que l'*imperium* (mot qui exprime au départ la notion de « commandement ») romain qui est, dans sa conséquence ultime, l'asservissement du spirituel au temporel.

Il est encore moins probable qu'elle ait été conforme à l'image simpliste de violence et de barbarie que l'on s'efforce trop souvent d'en présenter. La destruction de l'Irlande chrétienne au IXe siècle par les Norvégiens et les Danois n'est pas toute la Scandinavie et cela n'efface ni les *Eddas* ni les *sagas*.

Virgile et Ovide ne sont pas responsables des massacres perpétrés par Jules César en Gaule. Le monde indo-européen est ainsi avant tout un ensemble de langues et de cultures dont, qu'on le veuille ou non, les Celtes font partie intégrante, ne serait-ce qu'à titre de substrat ayant laissé des souvenirs très concrets.

LES MOUVEMENTS CELTIQUES

Les Celtes ont donc fait partie des envahisseurs arrivés en vagues successives, probablement en ce qui les concerne à partir du deuxième millénaire avant notre ère, en Europe occidentale, et le celtique est la langue la plus ancienne à laquelle on puisse remonter dans le domaine géographique qui leur est attribuable.

Mais le moindre inconvénient de leur histoire est qu'ils ont négligé de l'écrire. Quand les premiers historiens grecs apparaissent, vers la fin du VIe siècle avant J.-C., ils nous font tout juste assister à la fin du bouleversement initial : les Celtes sont installés et ils ne font qu'ajuster ou élargir leurs frontières. Il faut le recoupement d'Hérodote et d'Hécatée de Milet pour que nous sachions qu'ils occupaient, vers les débuts du Ve siècle, les sources du Danube et les confins de la Ligurie, aux environs de Marseille. Tout cela est parfois, même chez les Grecs, d'une imprécision qui transforme l'histoire en légende. En tout cas il est nécessaire maintenant de réviser les dates traditionnelles dans le sens du vieillissement : au Ve siècle, les Celtes étaient installés depuis longtemps en Europe occidentale.

C'est plus tard que l'histoire relate des événements plus concrets : invasion de l'Italie du Nord au début du IVe siècle, prise de Rome en 390, incursions dans les Balkans et sac de Delphes en 289 avant J.-C., fondation de la tétrarchie galate en Asie Mineure, colonisation belge en Grande-Bretagne, immigration bretonne en Armorique à une époque mal déterminée, entre les IVe et VIe siècles de notre ère.

Mais le détail reste vague : de toute façon la formation des ethnies est beaucoup plus ancienne que les auteurs latins et grecs ne le laissent parfois entendre et elle échappe à toute investigation sérieuse. On doit tenir pour assuré que les Celtes formaient un groupe déjà cohérent et organisé à une époque très antérieure de la protohistoire. Aussi bien que la Gaule et les îles Britanniques, mieux et plus anciennement peut-être, leur berceau a été l'Allemagne du Sud et la Bohême. Il n'est pas impossible, il est même probable qu'ils y ont été installés dès l'âge du bronze, au second millénaire.

Qu'est-ce cependant qu'une ethnie aux époques les plus reculées que notre entendement puisse concevoir ? On ne croit plus beaucoup, actuellement, à l'uniformité primitive du monde indo-européen, concept théorique plus que fait contrôlable par l'histoire : sans trop s'avancer, on pense prudemment à des ensembles complexes, à des interpénétrations de civilisations, de populations, de langues, à des influences de vocabulaire. Le groupe celtique, comme chacun des autres, aurait émergé peu à peu du chaos. C'est ainsi que les Celtes auraient été précédés de « Proto-Celtes ». Mais nous ne savons absolument pas comment les choses se sont passées il y a entre quatre et cinq mille ans, époques où les seules archives connues sont chinoises ou égyptiennes, voire mésopotamiennes. En quoi consiste la différence entre un Celte et un « Proto-Celte » ? Le vieil-haut-allemand de Notker serait-il du « proto-allemand » et le français de Rutebeuf du « proto-français » ? À titre de comparaison, et pour mieux fixer les idées, on pourrait encore poser la question suivante : de combien de temps les pays d'Europe occidentale ont-ils eu besoin pour devenir des États politiquement constitués ? Et combien d'ethnies ont participé, volontairement ou non, à la formation de chacun d'eux ?

Car, malheureusement, toutes ces populations de la pré- et de la protohistoire indo-européenne semblent avoir été très remuantes, promptes à la migration et, hélas, à la disparition dans le grand trou noir de l'oubli. Nous avons la première image historique frappante des grandes invasions à la fin de l'Antiquité, les *Völkerwanderungen* ou *grandes invasions* germaniques. Dès l'époque la plus lointaine que l'on puisse envisager, le processus de formation linguistique est lui aussi achevé : quand nous évoquons les Grecs, les Latins, les Germains ou *a fortiori* les Celtes, nous pensons à des gens parlant grec, latin, germanique ou celtique bien avant d'évoquer les aspects matériels des cultures qui les différencient. Cette façon de voir, qui est par surcroît une précaution, nous évite d'avoir à prendre en considération les énormes disparités de niveau ou de degré de conscience politique qui creusent un fossé profond entre la « tribu » (mot de toute façon inexact) celtique ou germanique, la cité grecque et la ville romaine. L'Antiquité ignore des Celtes qui n'auraient pas ou n'auraient plus parlé celtique : quand, au début du processus d'assimilation culturelle, Strabon parle, sans mépris ni condescendance, des Gaulois en voie de romanisation ou d'hellénisation dans la province de Narbonnaise, il éprouve le besoin de préciser que, pour lui, **ce ne sont plus des barbares**.

Nous devons ajouter, nous, maintenant, que chaque fois que nous pouvons la suivre, la romanisation progresse avec l'urbanisation et avec la christianisation, l'une appelant les deux autres, et qu'elle est la preuve ou le signal d'une triple rupture, linguistique, politique et religieuse avec le passé celtique. Les

Gallo-Romains, c'est-à-dire des Gaulois ayant perdu peu à peu toute conscience de leur celticité ont cessé de parler gaulois entre le VIe et le VIIe siècle, selon le lieu ou la classe sociale, et ils ont fini par se prendre pour des Latins.

Dans toute l'histoire européenne antique la langue est le signe, la marque de ce que nous appelons la « nationalité » et, en dehors de la langue, il est impossible de mettre au point un critère d'identification exact. Nous devrons donc nous servir en premier lieu des informations apportées par la philologie et la linguistique, compte tenu des réserves qu'implique le recoupement interdisciplinaire. Le fait linguistique étant en effet le seul qui offre une prise directe à l'observation, la méthode devra s'adapter à cette constatation.

Toute déviation serait catastrophique : le savant irlandais Thomas O'Rahilly, vers 1946, a ainsi commis l'erreur d'interpréter au pied de la lettre et de prendre pour de l'histoire l'adaptation gaélique des six âges de l'humanité transformés en cinq vagues d'invasion. Parce que les *Fir Bolg* (voir *infra*) sont, dans la liste des annales légendaires, antérieurs aux Goidels, il a inventé l'antériorité du peuplement brittonique de l'Irlande et émis l'hypothèse insoutenable d'une invasion goidélique contemporaine de la conquête de la Gaule par César. Comme les Goidels sont, dans le *Livre des Conquêtes*, censés venir d'Espagne, on ne peut s'empêcher d'être surpris qu'aucun historien antique n'ait remarqué un événement aussi considérable. Cette énorme bévue, qui est contredite par toutes les preuves linguistiques et archéologiques, est malheureusement assez fréquemment retrouvée dans des manuels généraux.

II. Définitions et critères (disciplines et méthodes)

L'ANTHROPOLOGIE

Le critère actuel le plus hasardeux est racial, ne serait-ce que parce que des races différentes peuvent parler la même langue, ce que prouve surabondamment à notre époque la diffusion de l'anglais. Dans l'Antiquité, les peuples les plus divers ont parlé grec et latin. Il en a dû être de même pour le celtique au moment de sa plus grande extension. Sans nul doute les Celtes appartiennent-ils à la race blanche et il en est encore un certain nombre qui portent des noms celtiques, mais s'il fallait établir, dans le monde celtique ancien, médiéval ou moderne, une typologie de tous les restes humains postérieurs au néolithique européen, on aboutirait à une extrême confusion de détails. Et si des populations néolithiques avaient été celtisées ? Du reste, il y a eu, dans le Nouveau Monde au XIXe siècle, des esclaves noirs qui ont parlé gaélique et des Patagons qui ont appris le gallois. De tels faits, même exceptionnels ou extrêmes, sont significatifs. Plus avant dans l'histoire les Gaulois ont parlé latin et les Galates ont parlé grec. Le principal, sinon le seul critère ethnique est et reste la langue.

C'est précisément parce qu'il est invérifiable que le critère racial est fréquemment mis à contribution dans le domaine européen contemporain au profit d'idéologies qui, au fond, n'ont rien d'indo-européen. Il fallait en effet ignorer tout de la philologie sanskrite et indo-européenne pour appeler les Germains aryens, d'un terme qui ne doit servir, chez les Indo-Iraniens exclusivement, qu'à désigner les trois premières castes par opposition à la quatrième et à toutes les suivantes, lesquelles ne sont pas incluses dans la structure de l'idéologie tripartie. Il fallait aussi tout ignorer de la tradition indienne pour prendre le mot *varna* « couleur » et « caste » au sens littéral et concret en dehors de tout symbolisme. En outre, même en Europe du Nord, il y a des brachycéphales bruns. S'il existe des types physiques plus ou moins tranchés suivant les pays ou les régions, voire les climats, aucun d'eux ne constitue une race au sens précis du terme et nous ne nous souvenons pas avoir jamais lu un travail anthropologique sérieux cernant avec précision les origines raciales lointaines des Celtes. L'Europe ne s'évalue pas en races mais en langues et en ethnies. De même, l'*homo sapiens* indo-européen ne se reconnaît pas par les objets quotidiens de son existence mais par sa langue, par ses croyances et par ses pensées quand elles nous sont accessibles. L'anthropologie rejoint à cet égard les imprécisions de l'archéologie servant à ce pour quoi elle n'est pas faite. Les vestiges matériels de l'existence humaine ne sont pas un critère définitif du niveau intellectuel de cette existence : le droit romain s'est formé dans les huttes des pasteurs et des agriculteurs établis sur les collines de la Rome primitive. Sans doute y a-t-il des exceptions et, dans une suite d'événements si nombreux, portant sur tant de siècles, il est des incidents, du genre des guerres indiennes aux États-Unis, où les conquérants ont rapidement dépeuplé et repeuplé un pays immense et fertile. Plus d'une population allogène a ainsi disparu dans la tourmente, tels encore les Prussiens du XVIe siècle. Mais dans l'ensemble les Indo-Européens n'ont jamais été « racistes ». Des peuples comme les Finnois, les Hongrois, ont su se faire admettre sans avoir à changer de langue et il ne reste plus, autrement, aucune trace de leurs origines ethniques non indo-européennes. Mais l'histoire ne se répète jamais sous une forme et dans des conditions absolument identiques. Nous n'avons aucun moyen de savoir comment les Celtes se sont comportés à l'égard du substrat néolithique qui les a précédés en Europe occidentale et centrale. Nous avons plus tard, au Moyen Âge, l'exemple des Irlandais absorbant les Scandinaves et les barons normands. Tout contact, même militaire, et *a fortiori* politique ou commercial entre deux peuples, entraîne des conséquences à des degrés divers.

Le plus simple est de supposer que les Celtes n'ont pas agi autrement que les Romains devaient agir eux-mêmes en Gaule, en Espagne, en Germanie, en Grande-Bretagne pendant quelques siècles : ils auront imposé leur civilisation matérielle, leurs conceptions religieuses et politiques, leur langue puis, par voie de conséquence, toutes leurs formes d'activité intellectuelle. Est-il besoin d'ajouter que ces spéculations ne présentent qu'un intérêt secondaire pour la recherche ? L'Europe occidentale et centrale commence son histoire **par** et **avec** les Celtes.

L'ARCHÉOLOGIE

Le critère archéologique est beaucoup plus net et, partant de là, beaucoup plus utile. Mais s'il est loisible de penser que les Indo-Européens étaient mieux équipés que les gens de l'époque néolithique, il n'est pas dit pour autant que la civilisation matérielle qu'ils ont apportée ou véhiculée leur ait été, au départ, absolument propre et exempte d'emprunts. À cet égard l'usage du cheval ne prouve rien, celui du fer non plus car d'autres peuples l'ont connu en Mésopotamie et au Proche-Orient.

Les Indo-Européens ont souvent fait figure d'emprunteurs et l'emprunt n'a jamais été, à une période quelconque de l'histoire, une forme d'infériorité intellectuelle : c'est parce que les Hittites ont adopté, au deuxième millénaire avant notre ère, l'écriture cunéiforme que nous lisons aujourd'hui leurs archives cependant que l'alphabet grec, d'où dérive l'alphabet romain, est d'origine phénicienne. On se doute d'ailleurs que le fait d'écrire, étranger aux Celtes de l'Antiquité, pour tout ce qui n'était pas opération magique, a été tout aussi étranger aux Indo-Européens primitifs. La forme du mégaron grec rappelle un peuple venu du Nord, d'un pays au climat froid et les traditions gréco-romaines d'urbanisme ne sont pas indigènes mais importées. Il doit subsister encore quelque chose de très ancien dans la forme carrée des temples et des enceintes celtiques d'époque romaine et préromaine (les *Viereckschanzen* des archéologues allemands). Les Étrusques ont beaucoup fait pour le développement de Rome et la Grèce n'a jamais nié sa dette envers la Crète et l'Égypte. Tous ces faits sont connus, aussi bien des spécialistes que du public cultivé. Mais on n'a que trop rarement inclus les Celtes dans la synthèse, soit parce qu'on les connaît mal, soit – ce qui revient au même – parce qu'on considère leur culture comme secondaire.

S'il existe, autrement dit, avec des degrés de perfectionnement variables, une protohistoire romaine, grecque, celtique ou germanique, il n'existe pas de protohistoire indo-européenne commune. Bien plus, les interpénétrations ou imbrications des unes et des autres rendent l'analyse très difficile et la synthèse quasi irréalisable. Nous savons à suffisance que les civilisations de l'âge du fer, celles de Hallstatt et de La Tène (du nom des sites éponymes en Autriche et en Suisse) sont celtiques, parce que la chronologie les place à une période où il faut admettre que les Celtes étaient implantés en Europe centrale et occidentale, et aussi parce qu'elles présentent un ensemble de traits homogènes qui persistent en Gaule, en Allemagne occidentale, en Europe centrale et danubienne et dans les îles Britanniques jusque dans la période historique. Mais la fiabilité du critère archéologique est subordonnée à une question préalable dont l'acuité est beaucoup plus grande que dans le cas du critère linguistique : jusqu'à quel point les objets trouvés dans les sépultures peuvent-ils servir à l'identification ethnique, sociale ou fonctionnelle des défunts ? Car il est déjà plus délicat de prouver la présence celtique dans la civilisation de l'âge du bronze et dans celle des Champs d'Urnes qui les précède. C'est là qu'éclatent les premiers désaccords interdisciplinaires. Beaucoup d'archéologues français trouvent encore plus commode de faire arriver les Celtes en Gaule aux alentours de 500 avant J.-C., ce qui leur laisse à peine le temps d'atteindre les Pyrénées et la Méditerranée, voire la Bretagne ou l'Irlande avant le IIIe siècle. Par contre les datations linguistiques laisseraient à penser que les Celtes étaient déjà présents en Europe à la fin du troisième millénaire avant notre ère.

Mais comment les identifier ? Aucun document archéologique ne porte de trace écrite de sa celticité et Albert Grenier a pu écrire qu'il fallait se garder de confondre la civilisation de La Tène et la nationalité celtique. Cette affirmation, justifiée par le manque de preuves concrètes, est cependant plus une constatation des limites contingentes de l'archéologie que de l'invraisemblance de l'équation car on ne voit pas *a priori* quelle autre « nationalité » marginale on pourrait accorder à la civilisation de La Tène. Les découvertes ou les recherches les plus récentes tendent même à prouver que la nationalité celtique doit obligatoirement être accordée à la civilisation de Hallstatt. Il faut se garder cependant des identifications abusives ou exagérées : avancer qu'une Minerve gallo-romaine s'appelait *Brigit* (d'un nom celtique insulaire postérieur d'au moins une demidouzaine de siècles) parce qu'elle a été découverte sur le Menez-Hom est une inconséquence entachée de naïveté. Une communauté de civilisation matérielle n'est pas, tant s'en faut, l'expression d'une unité linguistique (il suffit de considérer l'Europe actuelle). Elle n'est pas davantage la preuve d'une unité politique ou religieuse. En tant qu'auxiliaire de l'histoire, l'archéologie est une discipline irremplaçable pour la connaissance d'une culture dans ses aspects les plus concrets : outils, armes, bijoux, monnaies, poteries, constructions diverses, nous informent avec précision du niveau technique atteint par les cultures de Hallstatt et de La Tène. L'information est assez riche pour être impressionnante. Mais il nous manque le premier matériau de l'art et de l'industrie celtiques, le **bois** qui, au contraire de la pierre, est périssable. Il n'en a subsisté que des exemples de *simulacra* (aux sources de la Seine) et, de-ci de-là, de trop rares objets que l'on commence depuis peu à savoir conserver.

Ce seul détail suffit toutefois à éliminer de l'horizon celtique les monuments mégalithiques que, pendant trop longtemps, on y a inclus abusivement. Ce sont les Romantiques du XIXe siècle qui sont responsables des noms bretons des *dolmens* et des *menhirs*. Et la celtomanie – qui ne peut pas se passer des mégalithes parce qu'ils font partie de ses rituels – n'est à certains égards, que l'aspect niais et naïf d'un romantisme dont l'archéologie contemporaine n'a heureusement rien conservé.

Il reste le métal, (fer, bronze, or, cuivre, argent), le verre et toutes les céramiques, qui apportent beaucoup, tant pour la technique que pour l'histoire de l'art. Et, à un moment ou à un autre, l'histoire de l'art basée sur l'archéologie finit par rejoindre l'histoire religieuse et c'est là où la connaissance des textes devrait aider désormais à l'interprétation des motifs.

On a remarqué par exemple des chapes de fourreaux d'épées décorées de dragons affrontés dont la répartition géographique s'étend sur une grande partie de l'Europe, de la Seine au Danube, à l'Italie, à la Yougoslavie et à la Transsylvanie, avec une majorité de faits étudiés en Hongrie (le décor existe aussi sur des casques). La variété du détail n'altère pas l'unité foncière du motif : cela commence par deux esses affrontées et l'évolution se fait, soit vers des « lyres zoomorphes », soit vers des dragons ou des griffons (voire des hippocampes sur un vase de la Marne), toujours affrontés, mais presque toujours séparés par un large trait vertical qui a été considéré comme une schématisation de l'arbre cosmique. Sur une plaque-agrafe de ceinture en provenance de Hölzelsau (Autriche), entre les deux figures zoomorphes affrontées apparaît même une forme humaine schématique qui semble tenir ou maintenir la tête de chacun des deux animaux. Sans que l'on en tire dans l'immédiat aucune conclusion définitive, le décor métallique répandu dans une aire très vaste, qu'il soit d'origine grecque ou scythique quant au dessin linéaire, rejoint le thème des dragons et du maître des animaux de la tradition galloise ainsi que le récit irlandais de la « Conception des Deux Porchers » *(Compert in Da Muccido)* (voir la documentation archéologique chez Alain Bulard, *À propos de la paire d'animaux fantastiques sur les fourreaux d'épées laténiens*, in *L'Art celtique de la période d'expansion, IVe et IIIe siècles avant notre ère*, Genève-Paris, 1982, p. 150-160 ; Eva F. Petres, *Notes on scabbards decorated with dragons and birds-pairs, ibid.*, p. 161-174 ; Paul-Marie Duval, *Les Celtes*, éd. Gallimard, Paris, 1977, p. 81).

Cela étant, les progrès gigantesques des techniques et des méthodes archéologiques depuis la fin de la Seconde Guerre mondiale font que les étapes de la progression et de l'installation des Celtes en Europe occidentale, centrale et danubienne nous sont beaucoup mieux connues. Les archéologues occidentaux sont maintenant astreints à un dépouillement gigantesque de travaux qui paraissent dans toutes les langues de l'Europe : non seulement l'anglais et l'allemand, l'espagnol, le portugais et l'italien, mais aussi le roumain, le tchèque, le polonais, le russe, le slovène et le serbo-croate. En contrepartie, cette nouvelle richesse documentaire rend toute synthèse de plus en plus malaisée. Il faudra bien cependant, un jour, commencer cette synthèse. À titre de brève illustration, nous mentionnerons ici encore deux détails empruntés à la tombe (royale plutôt que « princière ») de Hochdorf, dans le Wurtemberg (*Kreis* de Ludwigsburg) découverte en 1978 :

– on y a découvert un aiguillon long de 1,66 m, perche en sureau entourée d'un ruban de bronze. L'aiguillon « possède une courte poignée en bronze à une extrémité et à l'autre un embout maintenant une pointe de fer » (*Trésors des Princes Celtes*, Paris, 1987, Grand Palais, 20 octobre 1987-15 février 1988, *Catalogue*, p. 186, n° 113). Or, dans l'épopée irlandaise de la *Táin Bó Cúalnge*, il est spécifié expressément que les chevaux étaient dirigés au moyen d'un aiguillon. Lorsque Cúchulainn ordonne à son cocher Laeg de préparer son char pour le combat, il lui dit ceci : *Maith, a mo phopa Laíg, innill dún in carpat 7 saig brot dún arin n-echraid* (éd. Cecile O'Rahilly, p. 16, lignes 554-555) « Bien, ô mon père Laeg, prépare pour nous le char et applique pour nous l'aiguillon aux chevaux ». Le mot *brot* « aiguillon » existe encore, avec le même sens et presque la même forme dans le breton moderne *broud* ;

– le dossier de la *klinè* (banquette en bronze et en fer) comporte un certain nombre de décors en lignes de bossettes (*Catalogue*, p. 174). L'un d'eux comprend trois groupes « constitués de deux danseurs affrontés tenant une épée. [...] Les danseurs possèdent de longs cheveux tombant dans le dos ; ils sont ithyphalliques et portent des bandes attachées à la ceinture ou une jupe. Dans la main portée en arrière, ils tiennent une épée à lame en forme de lancette et à poignée constituée d'un pommeau et d'une garde bien marquée ». Cela rappelle le texte d'Appien VI, 53, racontant le combat de Scipion Émilien en 158 avant J.-C., vainquant un grand guerrier celtibère qui s'était avancé en dansant entre les deux armées. La danse guerrière appartient encore, au XXe siècle, au répertoire des Écossais des Hautes-Terres ;

– un troisième détail ne nécessite aucun commentaire ni aucune comparaison insulaire tant il est clair. Il concerne, toujours à Hochdorf, le chaudron d'importation grecque d'une capacité de cinq cents litres, qui avait été déposé dans la sépulture lors de l'inhumation. À la différence du cratère de Vix, qui était vide, il contenait des traces de liquide. Mais, ce n'était pas le sang des sacrifices humains, ce n'était pas davantage du vin importé de Grèce ou d'Italie, mais plus simplement une boisson à base de miel, c'est-à-dire de l'hydromel, la boisson d'immortalité et celle aussi, très probablement, du banquet funéraire lors des obsèques (*Catalogue, op. cit.*, p. 125-126).

LA PHILOLOGIE ET LA LINGUISTIQUE

Le principal critère est linguistique et tel était déjà celui qui servait aux Hellènes à se reconnaître : étaient barbares tous ceux qui ne parlaient pas le grec. Et les deux langues de culture de l'Antiquité ayant été le latin et le grec, tout ce qui n'était pas ces deux langues a été rejeté dans la « barbarie ». Ce rejet dure encore : Celtes, Germains, Indiens mêmes, aux yeux de bon nombre de « classiques », ne possèdent pas de cultures dignes d'être étudiées.

Il n'empêche que classiques et barbares ont un

ancêtre commun, l'indo-européen. Cet indo-européen commun n'est malheureusement pas reconstituable malgré les illusions tenaces des linguistes et des philologues du XIXe siècle. **Mais on nomme indo-européennes un certain nombre de langues présentant des traits structuraux communs, en phonologie, en grammaire et surtout en vocabulaire.** Le critère est universellement admis et les linguistes contemporains qui consentent à les lire sont conscients de leur dette, à travers cinq ou six générations, envers les travaux de Bopp, de Zeuß, de Bréal et de tant d'autres précurseurs du XIXe siècle. Réduit à l'état d'hypothèse de travail l'indo-européen n'en est pas moins indispensable à nos études. Il est le seul moyen possible d'explication des langues indo-européennes (voir *infra*, p. 117 sqq.).

Il est d'ailleurs caractéristique de cette philologie que, tout au long de l'histoire, ni les Grecs ni les Romains, et pas davantage les érudits de la Renaissance, n'aient été capables de proposer des descriptions exactes de leurs langues et que la philologie contemporaine, en tant que science, n'a commencé qu'au début du XIXe siècle, avec l'étude du sanskrit, à se dégager du fatras des systèmes ou des comparaisons analogiques. Au milieu du XVIIIe siècle encore, en 1744 précisément, l'auteur du dictionnaire breton de l'Armerye écrivait que le dialecte de Vannes était le meilleur parce qu'il était « le plus proche de l'hébreu ». Toute la terminologie de base de la philologie actuelle repose sur les catégories et les définitions de la grammaire sanskrite de Panini, antérieure de plus d'un millénaire à la plupart des grammairiens latins.

Nous avons heureusement maintenant, grâce au patient travail de toutes les universités d'Europe, des connaissances plus sûres. Mais encore convient-il d'être prudent car si, par exemple on voulait prouver, à notre époque, que l'anglais est une langue germanique, on n'y parviendrait plus sans le secours de la philologie historique. La même remarque vaut pour toutes les langues modernes, y compris les langues celtiques, qui sont, il ne faut pas l'oublier, le résultat d'une longue évolution, évolution qui n'est pas achevée : les langues anciennes de l'Europe étaient synthétiques (conjugaisons complexes, absence ou faible emploi de l'article, déclinaisons riches et souples) ; les langues modernes tendent toutes vers l'état analytique (simplification des conjugaisons, emploi de plus en plus fréquent de l'article et des prépositions, appauvrissement ou perte des déclinaisons).

En dépit de l'impressionnant arsenal philologique et linguistique accumulé dans les bibliothèques d'Europe depuis un siècle et demi, nous ne possédons en effet que de moyens de contrôle très relatifs : le nom indo-européen de la « mer » (celtique *mori-*, latin *mare*, etc.) n'est pas attesté en germanique mais il serait hasardé d'en déduire que tous les peuples germaniques menaient une existence terrienne. Ce serait oublier les Vikings.

Et en généalogie linguistique les distinctions ne sont pas toujours aisées : suivant le fait ou le mot examiné les lignes d'isoglosses s'enchevêtrent à plaisir. D'après la façon de dire « cent » on a voulu distinguer les langues de *satem* et celles de *centum*, en prenant pour bases les prototypes sanskrit et latin. Cependant la répartition est différente si l'on prend pour critère les désinences des verbes déponents en -r.

C'est ce que le linguiste allemand Hans Krahe appelait *ein fließender Zustand*, un « état fluide » d'indifférenciation typologique, encore que les grandes classifications linguistiques indo-européennes soient assez claires et sûres pour ne plus être profondément remaniées. Contre les détracteurs de l'« indo-européen » on fera toujours valoir le fait absolu et indiscutable qu'il n'y a pas de langue qui soit dans un état intermédiaire entre deux groupes. Une exception doit peut-être être faite pour l'italoceltique sur lequel on a émis de fortes réserves depuis l'étude de langues comme le hittite (au Proche-Orient) et le tokharien (en Asie centrale) qui étaient ignorées au XIXe siècle. Mais ces réserves elles-mêmes ne modifient pas les traits généraux du celtique ou les conditions de son étude.

Il importe de toute façon de reconnaître que, par rapport à l'ensemble des études indo-européennes, le celtique accuse un retard notable, dû au très petit nombre des celtisants (qui ont tous été formés initialement à d'autres disciplines [grec en France, sanskrit en Allemagne] pour la simple raison que le celtique est un enseignement mineur et marginal de quelques universités d'Europe occidentale) et à la fragmentation dialectale extrême des langues celtiques modernes. Presque toutes les grammaires celtiques actuelles, y compris la très savante *Grammar of Old Irish* de Rudolf Thurneysen, héritées indirectement d'ouvrages antérieurs, ont pour trame les schémas de la grammaire latine. En 1738 encore, Grégoire de Rostrenen déclinait le breton sur le modèle du latin (alors que le brittonique, dès le vieux-breton et le vieux-gallois, a perdu toute trace de déclinaison) cependant que l'irlandais moderne est toujours étudié d'après une déclinaison à cinq cas identique à celle du latin. Les descriptions historiques, diachroniques, n'étant pas achevées ou, souvent, n'étant qu'à peine entamées (dans le cas du breton surtout), le passage systématique à la linguistique synchronique dite « structurale » est infiniment plus délicat que dans les langues du domaine classique ou germanique.

On voudrait aussi identifier les substrats : ambition qui tourne souvent à la démesure. Ce n'est guère facile, même dans le cas du grec où l'influence préindo-européenne serait encore sensible dans quelques suffixes : *-nth*, *-ss*, *-tt*, sans que les spécialistes soient tous d'accord à leur sujet. En celtique au moins, l'étude du substrat n'a jamais été satisfaisante. Entre les deux guerres, un linguiste autrichien, J. Pokorny, avait pensé ou cru être à même de comparer le celtique et le hamitique (le berbère) à cause de la structure du verbe néo-celtique. Mais il oubliait que le verbe irlandais moderne, même torturé par d'innombrables innovations et complications, est toujours et encore de type indo-européen. Le substrat préceltique d'Europe occidentale n'est déterminable, à la rigueur et avec un grand luxe de précautions, que dans le cas de quelques toponymes. Et quel était ce substrat ? Nul ne saurait le dire. Le celtique est, en revanche, le seul substrat dont les linguistes sont en mesure d'étudier – relativement – les effets sur les langues postérieures, autrement dit, romanes et germaniques. Quelles ont été les réactions ? On n'a à ce sujet que des idées très vagues et ce que l'on mesure encore le mieux, ce sont les conséquences de l'influence romane ou germanique sur l'évolution des langues néo-celtiques.

La langue demeure toutefois, malgré des difficultés de détail, le principal sinon le seul critère dont nous disposons pour déterminer la nationalité celtique d'une ethnie ou d'un individu, avec ces auxiliaires précieux et fragiles que sont l'anthroponymie et la toponymie. Car il est indubitable que les Celtes ont eu, pendant très longtemps, conscience d'une parenté linguistique, traduisant et renforçant une communauté de culture et de religion : Irlandais, Bretons, Gaulois ont eu, pendant toute l'Antiquité et très avant dans le Moyen Âge, entre eux, des relations amicales ou hostiles. César a entrepris une expédition de l'autre côté de la Manche, pendant la guerre des Gaules, pour empêcher les Bretons de venir en aide aux Gaulois ; ils pouvaient très bien s'entendre, la langue étant la même dans l'île et sur le continent. Jusque vers le XIIe siècle, il a subsisté des colonies de langue irlandaise au pays de Galles et l'on découvre sans surprise des mentions très explicites de la Gaule dans les récits médiévaux irlandais.

Mais cette parenté linguistique, religieuse, culturelle, n'a jamais servi à l'établissement d'une unité politique. Il n'existe aucun mot celtique indigène susceptible de rendre le français *patrie* ou l'allemand *Vaterland* et, aussi bien avant qu'après Vercingétorix, les Gaulois ont ignoré tout patriotisme à l'échelle de l'État. Les Bretons et les Irlandais n'ont jamais cessé de se battre entre eux et, plus près de nous, malgré l'énorme distance dans le temps, le premier événement politique de l'Irlande indépendante, en 1921, a été la guerre civile.

L'étude des strates linguistiques apporte aussi son enseignement : sans elles nous ignorerions la diffusion du celtique à travers toute l'Europe. Mais la linguistique est mal armée pour renseigner sur la protohistoire : il faut les relations de César dans le *De Bello Gallico* pour que nous soupçonnions les derniers mouvements :

– les invasions belges en Grande-Bretagne, sans lesquelles nous ne comprendrions pas la présence de toponymes ou d'ethnonymes identiques de part de d'autre de la Manche et jusqu'en Germanie où il semble que les noms celtiques aient été une mode ;

– la migration des Helvètes qui servit de prétexte à César pour intervenir dans les affaires gauloises, et qui n'a laissé, elle, à cause de son échec, aucune trace toponymique ;

– le recul gaulois devant les Germains d'Arioviste.

Le dernier événement considérable de l'histoire celtique antique, l'émigration bretonne en Armorique, malgré de nombreux travaux, est mal daté et mal connu. On a longtemps cru, avec Joseph Loth depuis la fin du siècle dernier, que les Bretons, fuyant l'invasion saxonne, sont arrivés à leur tour en conquérants, à partir du Ve siècle, dans une presqu'île romanisée. On tendrait maintenant à nuancer des hypothèses trop tranchées. Les relations ethniques, culturelles, linguistiques et religieuses de la Petite et de la Grande-Bretagne remontent très avant dans le temps et la colonisation bretonne en Armorique a été, certainement, plus pacifique que militaire dans un pays où d'immenses espaces étaient en friche. Personne ne sait au juste, du latin (ou roman), du brittonique ou du gaulois, quelle(s) langue(s) on parlait en Armorique, devenue la *Letavia* ou la *Brittia* des insulaires, vers le tournant du Ve siècle de notre ère. Le haut Moyen Âge breton armoricain est une période obscure (comme presque tous les temps mérovingiens), dépourvue de documentation archéologique et dépourvue plus encore de documentation linguistique. Les gloses du vieux-breton désespèrent parfois par leur pauvreté tant elles nous font soupçonner une richesse historique qui nous échappe. Et que dire de celles du vieux-gallois et du vieil-irlandais !

Pour conclure, retenons l'essentiel : il est pratiquement impossible de remonter plus loin que le nom des Celtes dans l'histoire de l'Europe occidentale. C'est eux qui ont créé la plupart des villes, des frontières ou des unités régionales auxquelles nous sommes habitués. Leurs langues n'ont pas subsisté dans ce vaste domaine mais elles ont laissé des traces. De grandes villes d'Europe portent des noms celtiques : **Paris** *(Lutetia)*, **Londres** *(Londinium)*, **Genève** *(Genava)*, **Milan** *(Mediolanum)*, **Nimègue**

(Noviomagus), **Bonn** *(Bonna)*, **Vienne** *(Vindobona)*, **Cracovie** *(Carrodunum)*.

Enfin les comparaisons permises entre les textes littéraires des Celtes insulaires et les documents antiques relatifs aux Celtes continentaux fournissent la preuve – que n'apporte pas l'archéologie –, d'une étonnante unité religieuse, tant par l'identité de la doctrine que par la cohésion de la classe sacerdotale.

L'HISTOIRE DES RELIGIONS ET LE COMPARATISME

Il nous suffirait de renvoyer à l'ensemble des travaux de Georges Dumézil pour donner une définition complète et exacte de cette discipline dont la mue dure depuis un demi-siècle et dont le nom a varié. On a d'abord dit *histoire des religions* mais cela inclut l'universalité des religions, y compris le catholicisme le plus moderne qui, bien évidemment, n'est pas concerné par nos recherches. Puis on a précisé *histoire comparée des religions*, et plus récemment *mythologie comparée*, en dernier lieu, trop brièvement *comparatisme*, confondant en un seul mot la matière et sa méthode propre. Rien de tout cela n'est suffisamment précis puisqu'il s'agit, dans les faits, d'étudier, globalement ou dans le détail, l'ensemble des traditions et des croyances des Indo-Européens.

En fait l'histoire des religions telle que nous l'entendons est différente de l'histoire au sens de l'étude des événements du passé suivant l'ordre chronologique dans lequel ils se sont produits. C'est l'étude des mythes et des structures qui caractérisent la tradition indo-européenne avant sa prise en compte et son insertion dans le temps historique par le christianisme. Il en découle que l'histoire des religions ainsi définie est la discipline qui convient le mieux à l'étude des Celtes, de la Gaule à l'Irlande. Mais le pays privilégié est l'Irlande à cause de l'abondance et de l'archaïsme de ses textes médiévaux.

Cependant l'Irlande n'est pas tout le monde celtique. Il y a d'abord une comparaison interne à effectuer, dans le domaine celtique propre, de l'Antiquité continentale, surtout gauloise, et du Moyen Âge insulaire, surtout irlandais. Le va-et-vient se doit d'être constant. La chronologie est loin d'être un obstacle puisque, précisément, le mythe échappe à la prise du temps et s'inscrit dans des structures anhistoriques que la christianisation, en Irlande, a tout juste affaiblies sans les faire disparaître.

Mais il y a aussi et surtout la comparaison externe, sans laquelle toute comparaison, de quelque nature qu'elle soit, est nulle et non avenue. L'originalité, l'extraordinaire vigueur intellectuelle des travaux de Georges Dumézil a résidé dans la hardiesse méthodologique de la comparaison indo-européenne. Il a osé réhabiliter les cultures « barbares » ou non-classiques en les comparant entre elles d'abord, et avec les données gréco-romaines ensuite. De l'Irlande à l'Inde, de la Gaule à la Grèce en passant par Rome et la Germanie, c'est tout un ensemble de thèmes et de schèmes mythiques, de structures sociales et théologiques qui se dégage. Il n'y a pas, à proprement parler, de fait religieux qui soit absolument unique d'un bout à l'autre du domaine, mais il y a assez d'identités et de resssemblances pour que l'on compare, non pas des détails mais des séries entières de faits homologues. Que l'idéologie des trois fonctions, sacerdotale, guerrière et productrice, se retrouve dans le *Manavadharmashastra* indien, dans la description que César donne très brièvement de la Gaule au Ier siècle avant notre ère, et dans un récit mythique irlandais, le *Cath Maighe Tuireadh* ou « Bataille de Mag Tured », transcrit dans un manuscrit du XVe siècle, cela a valeur de preuve formelle. Et la preuve est encore plus formelle si la comparaison s'étend, sous des aspects variés, aux dieux des Germains et à ceux de Rome et de la Grèce.

Dès lors le sacrilège initial devient une sagesse humaine exemplaire et la seule voie possible. Il reste à ne pas oublier que **l'idéologie tripartie est un phénomène religieux uniquement indo-européen et préchrétien** (que l'on a vainement tenté de retrouver dans la Bible) et l'on aura, si l'on connaît bien ses sources, le moyen d'avancer dans la connaissance de la tradition celtique. Ajoutons que l'idéologie tripartie des Indo-Européens, si accentuée, si raide dans les castes de l'Inde est, pour nous, une intangible donnée traditionnelle en dépit de la très efficace souplesse européenne des classes et des fonctions.

LE FOLKLORE ET L'ETHNOGRAPHIE

On a cherché aussi à faire intervenir le folklore – et tout ce qu'il aurait gardé des époques antérieures – dans les études comparatives. La méthode n'est pas criticable dans son principe bien que le folklore soit, dans nombre de cas, une matière aussi vaste que mal définie. Il touche également l'ethnographie et des « traditions populaires » dont la nature et l'âge restent souvent vagues. L'étiquette recouvre aussi aisément les immenses développements de Frazer sur les peuples dits « primitifs » que la vogue de la cornemuse dans les festivités estivales et touristiques de la Bretagne du XXe siècle, ou bien encore les légendes de Gargantua et de Mélusine dans le folklore français. Tout cela doit certes être étudié mais exige des traitements différents.

Est-il besoin de préciser que la mémoire populaire ne peut, en tout état de cause, remonter jusqu'à la période celtique ? Quand une gwerz bretonne évoque un fait divers contemporain de Louis XV, c'est à peu près la limite chronologique extrême. Vouloir interpréter des faits religieux gaulois ou gallo-romains par des analogies de folklore ou des superstitions modernes est une pure utopie. Des titres tels que *mythologie française ou mythologie de la Suisse*, s'ils définissent autre chose que des aires de recherche, recouvrent des généralisations hâtives ou des rapprochements aventurés parce que, cela est évident, ni la France ni la Suisse n'ont de mythologie nationale en dehors de quelques souvenirs communs à tous les folklores. On voit mal ce que le calvinisme aurait pu laisser subsister de mythologie gauloise dans le folklore des Cévennes ou dans celui du canton de Genève. On ne prend jamais assez de précautions de méthode et de terminologie.

Des thèmes mythologiques ont survécu, à l'état de traces ou de réminiscences, occasionnellement très précises, dans des récits populaires et il est quelques contes irlandais, et de trop rares contes bretons (quelques-uns ont été à la fois sauvés et saccagés par Émile Souvestre dans *Le Foyer breton*) qui en sont une illustration nette. L'exemple le plus frappant est celui de la « lavandière de nuit » bretonne qui prolonge la Mórrígan ou déesse irlandaise de la guerre. Mais ces thèmes mythologiques ne sont plus compris par les conteurs. Au surplus ils voyagent avec les contes dans lesquels ils sont intégrés et leur nationalité est parfois indistincte.

Il ne s'agit nullement pour nous d'affirmer, ni même de sous-entendre, que telle ou telle discipline est supérieure ou inférieure à l'autre. Mais il faut bien constater, et rappeler le cas échéant, que chaque discipline a ses méthodes et ses finalités propres. On ne peut ni ne doit traiter le mythe irlandais comme une littérature élaborée – ce qu'il n'est certes pas – cependant que les schèmes mythologiques des quatre branches du *Mabinogi* gallois ont déjà subi un traitement littéraire médiéval et que le folklore de tous les pays celtiques (ou ex-celtiques !) est le long et vaste aboutissement provoqué par le christianisme, de la dégradation de la mythologie antérieure. Si l'on descend sans trop de difficulté, connaissant les thèmes ou les motifs, de la mythologie au folklore, la démarche inverse est totalement impossible, même avec une documentation folklorique abondante quand la mythologie antérieure est inconnue : les folkloristes ont déjà beaucoup à faire en identifiant, dans leur matière, ce qui est ancien et ce qui l'est moins, ce qui est utilisable et ce qui n'est que scorie ou broderie récente.

III. Documents et sources d'études

L'IMPRÉCISION DES SOURCES ANTIQUES ET LES DIFFICULTÉS DE L'ÉTUDE

Auteurs grecs et latins nomment fréquemment les Celtes à cause des relations ou des luttes qui les ont mis en contact avec le monde classique. Pendant presque deux cents ans Rome a vécu dans la peur gauloise, le *tumultus gallicus* et, de 390 à 52 avant notre ère les hostilités n'ont connu que de brèves accalmies. Quant aux rapports, commerciaux plus que militaires, des Celtes et des Grecs, leurs origines se perdent dans la nuit des temps : dès le VIe siècle avant notre ère les Hellènes avaient fondé Marseille *(Massalia)* tandis que les côtes de l'Atlantique, de la Manche et de la mer du Nord étaient parcourues par leurs navigateurs en quête d'ambre et d'étain.

Que l'on consulte le recueil de Cougny, *Extraits*

des auteurs grecs concernant l'histoire et la géographie des Gaules (six volumes, Paris, 1878-1892), ou celui de Holder, *Altceltischer Sprachschatz* (trois volumes, Leipzig, 1896-1917), l'ensemble est imposant et des auteurs comme César, Tite-Live, Tacite du côté latin, Strabon, Diodore de Sicile, Ptolémée du côté grec, sont fondamentaux pour la connaissance de l'Antiquité celtique.

Toutes ces sources ont aussi et surtout une qualité première : elles sont rédigées dans des langues, latin et grec, relativement familières aux érudits européens et elles sont, de ce seul fait, l'information privilégiée. Du plus loin que remontent leurs études, les historiens de l'Antiquité les ont lues, apprises, commentées, exploitées. C'est depuis très peu de temps, vingt ou trente ans tout au plus, que l'on a tenté des critiques systématiques. Mais si l'on adopte un point de vue extérieur à la vision ou à la présentation classique des choses et des gens on s'aperçoit très vite que les sources antiques traitant des Celtes sont d'une dangereuse et constante imprécision. César, tout le premier, qui a attribué, avec raison, la première place aux druides dans sa rapide description de la société gauloise au Livre VI du *De Bello Gallico* ; qui, en outre, a fréquenté longuement le plus influent des Éduens, le druide Diviciacus, n'en dit pas un mot dans tout le reste de l'ouvrage. Le fait ne manque pas de surprendre.

Et ce ne sont pas que des détails. César, encore, a reconstitué à la mode antique les discours des chefs gaulois délibérant en leurs conseils. Mais Vercingétorix ou Critognatus parlent comme des rhéteurs latins. Ce n'est en rien comparable à la vivacité, à la rapidité et à l'emphase inscrites dans la structure naturelle des langues celtiques. Et quand César, encore et toujours, propose une description topographique d'un site gaulois, *Alésia, Gergovie,*

Uxellodunum, sa description est assez vague pour faire naître d'interminables querelles quant à la localisation et à l'identification du site. Il faut le jugement des fouilles archéologiques pour trancher.

L'un des écrits les plus fantaisistes est celui de Polybe qui raconte sérieusement que les épées des Gaulois, dès qu'elles avaient porté un coup, étaient faussées, tordues au point que le combattant devait les redresser. L'assertion est en contradiction formelle avec les capacités extraordinaires des métallurgistes ou forgerons celtiques. Elle a pour origine manifeste les épées repliées des sépultures, restant à la disposition des guerriers défunts mais inutilisables pour les vivants, ou bien encore les armes détruites volontairement lors de cérémonies sacrificielles.

Il est indispensable de tenir compte du fait que tout ce qui n'était pas méditerranéen était, pour les Grecs et les Latins, un peu ce qu'étaient l'Afrique équatoriale ou l'Asie centrale pour les Européens du Moyen Âge : on préférait souvent recopier ce qu'en avaient dit des devanciers plutôt que de courir les risques d'un voyage au long cours. On s'est contenté facilement de l'image stéréotypée des grands Gaulois aux cheveux blonds (décolorés par le savon !) et portant d'énormes quantités de torques ou de bijoux d'or (ou plutôt de bronze brillant n'ayant pas encore la patine des objets enfouis depuis des siècles) sans penser que tout l'or de l'Europe n'y aurait pas suffi.

Plus d'un auteur a ainsi compilé ses sources ou s'est fié à des assertions dont il n'était pas en mesure de vérifier la véracité. Et il arrive que de telles compilations aient encore force de loi, vérités auxquelles personne ne touche. En outre nous sommes gênés par le fait que les auteurs classiques ont décrit surtout la partie du monde celtique la plus proche de leur habitat : les Celtes de Tite-Live sont ceux de la Gaule cisalpine ; ceux de Polybe et de Strabon sont surtout ceux de la Gaule du Sud et de l'Espagne ; les Grecs racontent leurs démêlés avec les Celtes danubiens et d'Asie Mineure. Or, ce sont les peuples des régions périphériques qui ont été les plus accessibles et les plus perméables à l'influence politique, culturelle et commerciale de la Grèce et de Rome, ceux qui ont été conquis, soumis, assimilés en premier. Au deuxième siècle avant notre ère, quand la Gaule cisalpine se latinise rapidement, grâce à la colonisation romaine et que la Gaule méridionale s'hellénise peut-être encore plus vite, les îles Britanniques et le nord de la Gaule sont, pour un siècle et demi encore, des terres quasi inexplorées.

Il faut tenir compte enfin des méthodes des écrivains et des historiens antiques, encore qu'un Thucydide, un Pausanias ou un Tite-Live soient infiniment plus modernes qu'un hagiographe mérovingien ou un historien irlandais du XVIIe siècle : des informations qui nous paraissent erronées ont passé dans les annales parce qu'il n'est venu à personne, quand elles ont été consignées, l'idée de les contrôler. Les sources du Danube sont par exemple placées chez les Celtes par Hérodote vers le milieu du Ve siècle, tandis que *Massalia* (Marseille) a été fondée en Ligurie d'après Hécatée de Milet. La documentation grecque était lacunaire et les sources du Danube étaient moins connues que le cours inférieur du fleuve. L'information serait donc intéressante, à condition que le nom de Celtes, dans l'idée d'Hérodote, soit appliqué à un groupe ethnique précis. Or la précision n'existe pas : au IVe siècle les Grecs distinguent en effet quatre peuples barbares (c'est-à-dire ne parlant pas le grec) : **les Celtes, les Scythes, les Perses et les Libyens**. Les Germains sont confondus avec les Celtes et ils le seront pendant longtemps encore.

Les Grecs ne se soucient pas davantage de distinctions internes et ce sont les modernes qui ont tort quand ils croient judicieux de distinguer, dans la terminologie gréco-latine, entre *Celtœ, Galatœ et Galli*. Les Galates sont des Gaulois suivant une dénomination grecque, sans plus : ils n'habitent pas obligatoirement la Galatie d'Asie Mineure ; et les *Galli* sont des Gaulois suivant une dénomination latine. Mais les *Celtœ* aussi sont des Gaulois de Gaule. Inversement nous devons nous souvenir que les Celtes de Grande-Bretagne et d'Irlande ne se sont jamais appelés Celtes eux-mêmes mais simplement **Irlandais, Gallois, Bretons**, du nom de la communauté à laquelle ils appartiennent. Ils ont ignoré toute dénomination ethnique générale et il a fallu les écrits des érudits des XVIIIe et XIXe siècles pour qu'on y pensât. De toute façon la nomination, que ce soit celle d'une ethnie ou d'une personne, est pour les Celtes, comme pour tous les Indo-Européens, une affaire religieuse.

En général cependant, malgré une évidente tendance à l'exotisme ou à la naïveté, voire à l'exagération, toutes les informations antiques doivent au moins être prises en considération. Il s'en faut certes de beaucoup que les auteurs anciens aient tous tout compris, surtout dans le domaine religieux où leur incapacité est patente, mais on n'a pas le droit de les récuser sans preuve ou sans soupçon sérieux de leur erreur. La géographie de Ptolémée est ainsi très précieuse pour tous les celtisants : sur l'Irlande et la Grande-Bretagne antiques ses renseignements sont uniques et irremplaçables. On possède aussi un élément de vérification de l'authenticité des indications du périple massaliote (traduit en vers latins par Rufus Avienus au IVe siècle de notre ère) dans les noms de l'Irlande, *Ierne*, et de la Grande-Bretagne, *Albio*, transmis en grec sous une forme archaïque, laquelle recoupe les plus vieilles dénominations goidéliques des îles : *Eriu* et *Alba*. Nous devons conjointement à Pythéas et à César (et il est peu probable que César ait emprunté) le nom le plus récent des îles Britanniques, *Priteni*, où l'on reconnaît le vieux nom gallois *Prydein* et la *Britannia* des Latins, laquelle est le résultat d'une documentation défectueuse.

Mais il y a peu de récits amples. Aucun ne décrit les Celtes par sympathie ou, à défaut, par curiosité, pas même celle que les naturalistes successeurs de Pline l'Ancien accordent aux animaux et aux plantes. La pauvreté des écrivains anciens est patente quand ils abordent le sujet le plus délicat : la classe sacerdotale des druides. Les quelques alinéas consacrés ici ou là à l'organisation sociale et militaire, au droit public et privé, à la langue, constituent nos seules bases de travail et ce ne sont que des glanures, insignifiantes pour la plupart. Seul César a su décrire, incomplètement dans les détails mais avec une brève exactitude l'ensemble d'une structure sociale et religieuse dont la raison d'être lui échappait.

Les documents épars sont très nombreux, poussière de notules ou de remarques aussi difficiles à classer qu'à utiliser. Loin de manquer d'informations comme les ouvrages généraux le prétendent souvent maladroitement, l'historien, le linguiste, l'archéologue se débattent dans les difficultés que leur valent d'innombrables bribes de renseignements, malaisément utilisables à l'état isolé et dont l'infinie fragmentation fait obstacle à toute synthèse. Le celtique est, par excellence, le domaine des faits particuliers, surtout dans les disciplines majeures que sont la linguistique, l'histoire des religions et l'archéologie protohistorique.

LES SOURCES CONTINENTALES GRÉCO-ROMAINES CONTEMPORAINES DES CELTES DE L'ANTIQUITÉ

Les sources d'étude du domaine celtique se subdivisent en deux groupes de nature et de valeur très différentes.

Ce sont, d'une part les textes des auteurs grecs et latins, d'autre part les monuments et les inscriptions d'époque gallo-romaine. Ces sources présentent de multiples inconvénients, le premier étant qu'il est difficile d'en faire une anthologie complète et exacte.

Il est aisé en effet d'établir le relevé des principaux auteurs anciens qui mentionnent le nom des druides mais tous les auteurs ne sont pas au même niveau de valeur documentaire et si l'on entreprend de répertorier tous les *Græculi* ou les Latins de basse époque qui ont fait un jour les mots *Celtæ* et *Galli* passer par leur plume, on risque d'accomplir un travail énorme pour de maigres résultats. La preuve en est que jamais personne n'a jusqu'à présent achevé un tel répertoire, même si les notices de *l'Altceltischer Sprachschatz* ou de la *Realencyklopädie* sont d'une richesse d'informations et de références hors de portée d'un chercheur isolé.

Le meilleur texte, étant bien entendu qu'il ne saurait pallier l'absence de textes celtiques indigènes, est le *De Bello Gallico* ou « Guerre des Gaules » de César. Il est encore très discuté et reste très discutable. Mais il y a deux sortes d'informations dans ce livre : premièrement une relation militaire des événements, doublée d'un plaidoyer *pro domo* à l'usage de quelques lecteurs romains et, dans ce plaidoyer, César explique à la fois les avantages et les difficultés de la conquête ; secondement, sans beaucoup d'importance aux yeux de César mais primordiale pour nous, une suite disparate de renseignements ethnographiques, religieux ou sociologiques dans laquelle le proconsul n'avait aucune raison sérieuse de fausser ou de travestir la vérité. Il faut le prendre tel qu'il est car la coïncidence du schéma fonctionnel des dieux gaulois nommés par César et des principaux dieux de l'Irlande oblige à porter la discussion sur une base singulière : César, ancien flamine de Jupiter, contemporain des druides (il a été, comme Cicéron en relations officielles suivies avec l'un d'eux, l'Éduen Diviciacus) – nonobstant le fait qu'il ne parle jamais des druides ailleurs que dans sa brève description sociologique de la Gaule et qu'il ne dit pas que Diviciacus en était un – n'était-il pas mieux placé que ne le sont les érudits modernes pour parler de la religion celtique ?

Quel que soit l'avis qu'on ait sur lui, quelle que soit la méfiance que l'on éprouve à son égard, il est le seul témoin contemporain ayant eu une vue directe des événements et des choses qu'il décrit. On doit soumettre ses écrits à une critique très serrée, on peut parfois le récuser ou le corriger mais on ne peut jamais se dispenser de le consulter. Il est en tout cas très supérieur aux autres auteurs, que ce soit Pline ou Tite-Live, ou même Tacite, ou encore tous les Grecs, de Strabon à Diodore de Sicile.

Les autres sources directes d'informations antiques n'intéressent guère que les linguistes et, pour la partie matérielle de la recherche, les épigraphistes. Mais il n'y a pas d'épigraphie gauloise distincte de l'épigraphie gallo-romaine. Les inscriptions gauloises, de France, d'Italie et d'Espagne sont en effet assez nombreuses, mais la plupart sont funéraires et très brèves ; beaucoup sont incomplètes : les formes verbales y sont rares et, en l'état actuel de la recherche, peu nombreuses sont celles qui contiennent un texte sur lequel tout le monde s'accorde. Les plus intéressantes, en France, celles de Chamalières et du Larzac ont donné lieu à de longues discussions et celle du Larzac est malheureusement mutilée. Quant au calendrier de Coligny, deux mille lignes et plus de deux cents mots n'ont livré jusqu'à présent que des fragments de phrases cohérentes et explicables.

Celles d'Espagne sont encore plus difficiles à exploiter pour trois raisons : parce qu'on n'y a toujours pas fait la part exacte du celtique et de l'ibère ; parce que le celtique est implanté là dans une région périphérique soumise à des influences étrangères (l'écriture ibérique en est la preuve) ; et enfin parce qu'il est malaisé de situer les textes ainsi attestés dans le cadre du celtique commun. L'inscription de Botorrita avec tous ses problèmes de lecture et d'interprétation en est un exemple typique. Comme on ne sait rien, *a priori*, ni du vocabulaire ni de la syntaxe, on hésite sur la lecture des lettres puis, ayant établi une lecture conjecturale, on hésite sur la coupure des mots, et beaucoup plus encore sur le sens. L'épigraphiste n'est pas celtisant et le celtisant est rarement épigraphiste. Cela finit par ressembler à ce que l'on souhaitait et le texte garde son mystère.

Quant aux inscriptions ogamiques de Grande-Bretagne et d'Irlande, elles remontent au VIe siècle de notre ère et, n'appartenant déjà plus à l'Antiquité, elles ne renseignent que très imparfaitement sur le celtique commun. Ordinairement, comme dans les inscriptions gauloises (chronologiquement très antérieures), on lit un ou deux mots, des anthroponymes indiquant la filiation ; il n'y a aucun verbe, pas de phrase construite. En outre, l'écriture ogamique a été entièrement récupérée par le christianisme insulaire pour les inscriptions funéraires fixant le défunt dans son domicile définitif.

Il faut prendre garde aussi aux erreurs graves : la tablette d'exécration de Rom (Deux-Sèvres) que l'on a crue, pendant le demi-siècle qui a suivi sa découverte, rédigée en gaulois – et cela aurait été notre seul texte suivi – est écrite, l'étude épigraphique étant faite, dans le plus pur latin ! Le vocabulaire du calendrier de Coligny, s'il permet enfin d'établir quelques correspondances remarquables avec l'Irlande (la principale est celle du nom du mois de novembre, *SAMONIOS/Samain*, début de l'année celtique) reste encore plus qu'aux trois quarts inexpliqué et les graffites de La Graufesenque se bornent à indiquer les adjectifs numéraux ordinaux de un à dix. L'inscription dite « testament du Lingon » nous apporte l'adjectif numéral ordinal « quatorzième » *(petrudecametos)*, sans plus. C'est avec des données de ce genre qu'il faut écrire l'histoire des Celtes.

Dans les premiers siècles de notre ère l'épigraphie gallo-romaine apporte un contingent de plusieurs dizaine de milliers d'anthroponymes et de théonymes dont les thèmes sont recoupés par des données toponymiques abondantes (l'*Altceltischer Sprachschatz* de Holder compte plus de trente mille notices). Et ces noms, désignant quelquefois des personnages de haut rang, se dispersent en des pays aussi éloignés les uns des autres que le Portugal, l'Allemagne, l'Autriche, la Grande-Bretagne, la Belgique, les Pays-Bas, l'Italie ou la Hongrie, voire la Roumanie, la Pologne, la Tchécoslovaquie ou la Bulgarie. Certains ont à peine changé dans l'évolution du celtique insulaire : le nom de *Vercingétorix* existe en forme irlandaise originale.

Mais tout cela, par sa nature, ne dispense jamais de patientes recherches. Quand on a par exemple des légendes numismatiques ou des marques de potier, il est obligatoire de connaître les recoupements archéologiques de date et de provenance, faute de quoi aucune identification ou interprétation sérieuse n'est possible. On se souviendra aussi constamment que le seul emploi de l'écriture prouve l'influence classique et qu'il n'y a aucune épigraphie celtique de l'époque de l'indépendance gauloise.

Toutes les conditions étant remplies, toutes les précautions étant prises, il faut alors accorder aux documents épigraphiques l'importance qu'ils méritent : ce sont encore eux seuls qui nous renseignent sur l'anthroponymie des Celtes danubiens et de l'Europe centrale. Ils nous renseignent aussi et enfin, dans toute l'étendue de la *Romania* occidentale, sur la survie souterraine et tenace de la celticité pendant au moins quatre siècles.

Les toponymes, hydronymes, oronymes (noms de fleuves et de montagnes) constituent eux aussi des traces sensibles de la présence celtique : très nombreux en Europe occidentale, ils le sont moins en Europe centrale et en Espagne mais on en découvre jusqu'en Pologne et en Roumanie.

Malheureusement, encore une fois, ils n'intéressent que le linguiste spécialisé dans les langues mortes de l'Antiquité, comme si la place des Celtes dans le monde avait été repoussée en marge de l'histoire et de la réalité. Au surplus la meilleure toponymie est celle que l'on fait quand on sait la langue et non pas celle – c'est la plus hasardeuse – où l'étude d'un toponyme n'est qu'un des rares moyens de l'appréhender. Trop d'études toponymiques, en Europe occidentale, sont faites par des chercheurs qui ne savent pas les langues celtiques parce qu'ils n'ont jamais eu l'idée ou les moyens de les apprendre. Et comme on a tendance trop souvent à minimiser la part des Celtes dans la chronologie protohistorique, on confond dans la même demi-teinte obscure le substrat préroman et le substrat préceltique inconnu.

Et en toponymie aussi nous sommes loin de tout savoir : il est des noms de villes cités par les auteurs anciens qu'il est impossible de situer sur la carte et il en est d'autres qui ne s'expliquent que par la comparaison des formes anciennes quand elles existent dans des documents suffisamment anciens : *Laon, Loudun, Leyde, Lyon* proviennent d'un même ***Lugudunum** par le jeu d'évolutions phonétiques plus ou moins avancées selon les régions. Parfois l'erreur devient la règle ou la *communis opinio* : le nom usuel des *Redones* **(Rennes)** a été malencontreusement refait en *Riedones* parce qu'on a découvert cette forme (tardive du seul fait de la fracture vocalique *e > ie*) dans quelques documents épigraphiques. Il s'avère encore par la confrontation de la toponymie et de l'archéologie qu'une ville portant un nom celtique n'est pas antérieure à l'époque romaine : c'est le cas de Kempten *(Cambodunum)* en Allemagne et de Bregenz *(Brigantium)* en Autriche. Si la preuve est ainsi faite que le celtique était une langue bien vivante lors de la fondation de ces villes par l'armée romaine du Haut-Empire, le critère philologique y perd en précision chronologique car nous ne savons pas si d'autres toponymes n'ont pas, à notre insu, une origine de ce genre. Un suffixe toponymique tel que *-ialo-n* (que l'on retrouve dans le gallois *iâl* « terre ») a même servi très avant dans le haut Moyen Âge à des formations non plus celtiques mais romanes.

Après, il ne reste plus, pour approcher les Celtes continentaux, que les chroniques et l'hagiographie mérovingiennes. Mais quand tout est latinisé ou germanisé, déformé, tronqué, et que les noms de villes ou de personnes deviennent méconnaissables (qui, au VIe siècle avait conscience que le nom des *Catalauni > Châlons-sur-Marne*, resté dans l'histoire du Bas-Empire dans celui des célèbres « Champs Catalauniques » où Attila fut durement battu, remonte en forme pleine à un gaulois **katu-ver-laveni* « les meilleurs au combat » ?) l'histoire celtique est définitivement close. Le seul glossaire gaulois connu, un document tardif du Xᵉ siècle, le glossaire d'Endlicher (du nom de l'érudit autrichien qui l'a découvert) est riche de dix-sept mots, lesquels pourraient passer pour du « celtique tardif » à cause de leur état d'évolution.

Seule l'hagiographie offrirait encore quelque intérêt. Mais les hagiographes de toutes les époques et de tous les lieux ont pour but l'édification du lecteur et la gloire d'un saint personnage. Leurs descriptions du paganisme sont conventionnelles et peu sûres, entachées d'une hostilité systématique. Les noms intéressants sont rares et les survivances celtiques, religieuses ou lexicales sont, quand elles existent, aussi difficiles à discerner qu'à exploiter. Chaque fois qu'on a voulu se servir de textes tardifs comme documents principaux, l'échec a été complet. Mais – et c'est là un point de méthode – il ne faut jamais rejeter *a priori* un document, quel qu'il soit. En général ce n'est pas le récit d'un hagiographe qui est utile, ce sont les multiples détails qu'il a omis de supprimer dans les sources qu'il a utilisées, quand ils sont confirmés ou corroborés par d'autres sources. La remarque vaut pour tous les pays d'Europe.

Il est par conséquent d'autant plus nécessaire d'utiliser les auteurs anciens qu'ils sont irremplaçables. Malheureusement, y compris les meilleurs, pour être contemporains des Gaulois, ils n'en sont pas moins étrangers, séparés des Celtes par la barrière de la langue et de la mentalité. À ce titre ils déforment plus ou moins ce qu'ils rapportent, l'ont mésinterprété ou en parlent avec mépris ou malveillance. Mais ils ont le mérite d'exister. Pline l'Ancien, pour ne citer que lui à propos d'un détail célèbre, insiste sur la cueillette du gui par un druide en robe blanche muni d'une faucille d'or. Cependant il passe rapidement, parce qu'il n'en comprend pas la signification, sur le sacrifice des taureaux qui est, de loin, l'élément le plus important du rituel et il ne peut s'empêcher de conclure par une expression péjorative : *tanta gentium in rebus frivolis plerumque religio est* « tel est le comportement religieux d'un grand nombre de peuples à l'égard de choses insignifiantes ». Quant au dossier des sacrifices humains reprochés aux Celtes, mieux vaut ne pas l'ouvrir si l'on veut s'éviter le spectacle d'une quintessence de sottise, aussi bien ancienne que moderne. Mais il faut quand même l'ouvrir, parfois, et faire abstraction de la sottise parce que le cas de Pline a valeur exemplaire : le rituel qu'il décrit se rattache – nous le savons par la comparaison irlandaise – à une grande cérémonie d'intronisation royale qui, dans la Gaule du Ier siècle de notre ère, était devenue une survivance sans objet puisque tous les rois avaient disparu.

Aucune des inscriptions gauloises écrites en caractères grecs, latins, ibériques ou étrusques n'apporte un renseignement fondamental sur la religion. L'inscription du Larzac, récemment découverte, a donné lieu à quelques hypothèses sur des « sorcières » gauloises. Mais il faudrait d'abord disposer de lectures sûres, ce qui, une fois de plus, n'est pas encore le cas parce que les débuts et les fins de lignes sont mutilés. D'un autre côté, les inscriptions gallo-romaines ne présentent d'intérêt que dans la mesure où elles contiennent un théonyme ou un anthroponyme remarquable cependant que tout commentaire autre que typologique se fonde sur des hypothèses invérifiables quand on a affaire à un monument anépigraphe.

L'épigraphie et l'iconographie constituent donc, pour notre propos, une source secondaire dont les renseignements doivent être vérifiés avec une attention particulière. Car, du fait de l'époque à laquelle ils apparaissent, l'impression laissée par les monuments peut se révéler trompeuse : le nom du plus grand dieu gaulois *Lug(us)*, n'est fourni ainsi que par la toponymie, avec pour premier témoignage le nom de *Lugudunum* (Lyon), retrouvé dans trois dédicaces aux dieux *Lugoves*, l'une à Osma en Espagne Tarragonnaise, la deuxième à Avenches en Suisse et la troisième à Bonn. Il y a aussi des anthroponymes du type *Luguselva* « servante de Lugus ». Nous savons qu'en interprétation romaine *Lugus* a été assimilé à Mercure et cela explique le très grand nombre des dédicaces gallo-romaines à cette divinité. César dit aussi que Mercure est le premier dieu du panthéon. Mais, sans la comparaison irlandaise qui apporte le nom, identique, de *Lug* et plusieurs épisodes mythologiques, nous ne pourrions établir aucune relation certaine entre *Lugus* et Mercure.

Personne n'a été jusqu'à présent en état de préciser si les représentations plastiques du Jupiter gallo-romain sont des adaptations provinciales du Jupiter officiel romain plutôt que, par suite du syncrétisme de basse époque, la transposition directe de conceptions celtiques relatives à *Taranis*. Ce dernier nom, suffisamment clair (gallois et breton *tarann* « foudre, tonnerre »), définit en effet un dieu « jupitérien ». Mais nous ne croyons guère au syncrétisme ainsi formulé et nous ne croyons pas davantage que la religion celtique de haute époque s'est « camouflée » sous des figurations officielles et maladroites. Dans la mesure où elle a survécu clandestinement, sa survie a dépendu de celle de la langue, jusqu'à l'implantation définitive du christianisme. Dès le Ier siècle on constate une résurgence des anthroponymes et des théonymes gaulois, par exemple dans l'inscription si souvent citée des nautes de Paris.

Mais la représentation plastique est déjà, en elle-même, la preuve d'une adaptation, au moins superficielle, si ce n'est malhabile, aux conceptions romaines et c'est bien tout ce qu'on pouvait attendre dans un pays administré par des magistrats romains ou romanisés. En outre il est rare qu'on puisse relier directement le nom et la représentation plastique par une simple juxtaposition de l'un et de l'autre. Tous les Jupiters trouvés en Gaule sont-ils des *Taranis* ? Il serait imprudent de répondre par oui ou par non.

On a discuté aussi à perte de vue de l'étymologie et de l'interprétation du « dieu-bûcheron » *Ésus*, cherchant vainement dans le grec, le latin ou le sanskrit un terme de comparaison. Mais c'est tout simplement un surnom divin signifiant le « meilleur » (*cf.* l'épithète latine accordée à Jupiter *Optimus*) par amuissement du *v* initial du thème **veso-*, lequel est la traduction celtique exacte du latin *optimus*. Tout cela n'offre pas la possibilité d'une synthèse immédiate et facile mais nous convainc au moins que le Jupiter gaulois n'était pas simple. Et si les Gaulois avaient eu un équivalent – ou une traduction – de la triade capitoline ? Cela nous éviterait au moins un Ésus de « troisième fonction », dieu de la végétation et de la fécondité.

LES SOURCES INSULAIRES MÉDIÉVALES IRLANDAISES ET GALLOISES

Quand on a épuisé les ressources continentales, ou plutôt, si l'on tient à comprendre ce qu'elles nous offrent, on doit s'intéresser au monde celtique des îles, Grande-Bretagne et Irlande. La romanisation de la Bretagne insulaire entre le premier et le Ve siècle n'a jamais été que superficielle. Elle n'a jamais atteint toute l'île et, s'il a laissé des traces nombreuses et durables, le latin n'a jamais été la langue courante. Il a en tout cas disparu très vite, en tant que langue parlée, après le départ des légions romaines, au début du Vᵉ siècle. L'Irlande, elle, n'a jamais vu un soldat romain et l'influence latine, qui suppose un intermédiaire breton, n'y est sensible qu'avec la christianisation, laquelle n'a pas apporté le latin parlé mais la langue de l'Église, langue liturgique et langue de culture écrite. Le latin d'Irlande, qui n'a jamais été une langue parlée par d'autres personnes que des clercs, est dit « hispérique », langue toute spéciale, truffée de goidélismes et de tournures, métaphoriques ou autres, qui sortent de l'ordinaire.

Les Irlandais n'ont pas eu à souffrir des *Völkerwanderungen* ou « grandes invasions » de la fin de l'Empire romain. Ils ne connaîtront l'invasion que beaucoup plus tard, avec l'arrivée des Scandinaves à la fin du VIIIᵉ siècle, Norvégiens d'abord, Danois ensuite. Leurs moines auront eu le temps de jouer un rôle dans la renaissance carolingienne et de créer une littérature de langue gaélique. La christianisation de l'Irlande est ainsi, par un étrange paradoxe, l'événement historique qui a été la cause de la conservation du fonds mythologique préchrétien.

On distingue deux groupes de sources insulaires, respectivement irlandaises et galloises. Les plus récentes, les textes gallois, et en particulier les quatre branches du *Mabinogi*, sont intimement mêlées à la « Matière de Bretagne » qui a enchanté le Moyen Âge chrétien à partir du XIIᵉ siècle. Ces récits sont tout à fait dans le style des romans de chevalerie, propres à plaire à un public ayant déjà des goûts littéraires. En revanche les textes irlandais sont beaucoup plus anciens, et ils le sont moins par les dates de transcription que par la facture et l'absence de tout souci de composition ou de style. Ils dépeignent un état de civilisation infiniment plus archaïque que celui de l'époque à laquelle ils ont été couchés par écrit. Publiés tels quels, en traduction littérale, sans explication, ils rebutent à coup sûr les lecteurs contemporains.

• Objections et problèmes de méthode

Il faut cependant répondre aux objections que l'on fait habituellement à l'utilisation des sources insulaires.

Il serait difficile de rapprocher des données historiques remontant à l'Antiquité de textes et d'informations dont la majeure partie n'est pas antérieure au XIIe siècle.

Mais un tel argument ne tient pas compte de l'archaïsme foncier de l'Irlande. Quand, dans un récit, il est question d'armes ou d'objets de bronze, on ne peut que s'interroger sur son âge réel. Et si les Celtes avaient déjà été là à l'âge du bronze ? En général la langue des textes est beaucoup plus ancienne que la date de transcription et, quand la langue est rajeunie par une transcription récente, il est rare qu'il ne subsiste pas des traces de formes ou de mots anciens. De toute manière le fonds mythologique est encore beaucoup plus ancien que la langue elle-même. Il est ainsi très fréquent qu'un texte transmis par un manuscrit vers le XIIe ou le XIIIe siècle ait été transcrit pour la première fois vers les VIIe ou VIIIe siècles. Cela se sent dans les textes juridiques auxquels une christianisation immédiate a conservé leur archaïsme. C'est moins sensible dans les textes mythologiques et épiques. Mais ces derniers ont précisément été transcrits plus tardivement parce qu'ils ne présentaient plus, pour les *filid* ou « poètes », qu'un intérêt légendaire ou pseudo-historique. Quand Georges Dottin faisait remarquer que les idées religieuses des Celtes du Moyen Âge irlandais étaient très différentes de celles des Gaulois du temps de César, il avait nécessairement et facilement raison. Mais les transcripteurs n'étaient pas tenus de faire leurs les concepts religieux – d'une tradition morte – véhiculés par les textes mythologiques. Pour eux le Dagda, Étain, Cúchulainn, le roi Conchobar étaient des héros, ou des images, de l'histoire d'Irlande. Les textes irlandais médiévaux sont des récits oraux *(scéla)* saisis par l'écriture. **Ils n'appartiennent à aucune littérature écrite** et ils ont été christianisés *en une seule fois*, ce qu'établissent à la fois les modalités de la transmission et surtout leur ignorance du Purgatoire chrétien, apparu vers le XIIe siècle, bien postérieurement à leur transcription initiale. Il convient aussi d'éviter, à leur endroit, le mot suédois *saga* qui est propre aux littératures scandinaves et, comme l'allemand *Sage*, signifie « légende ».

La difficulté d'accès est grande parce que l'irlandais ancien est une langue compliquée et mal connue.

N'importe quel linguiste répondra qu'aucune langue en soi, pas même le chinois des mandarins, n'est vraiment difficile. La difficulté n'est pas de comprendre ou d'apprendre mais de s'habituer à une syntaxe et à une morphologie, et surtout à un système de pensée différent. Ainsi considérés, le vieil-anglais, le vieux-haut-allemand, le vieil-islandais, le grec homérique, le sanskrit védique ne sont pas non plus des idiomes que l'on apprend dans des manuels élémentaires dès l'école primaire, Le fait n'est pas spécial au celtique et c'est avant tout une affaire d'enseignement et d'apprentissage personnel.

Le désordre des faits celtiques serait trop grand pour qu'il soit possible d'y opérer des classements rationnels.

Certes, il est malaisé de ne pas se perdre, au premier contact, dans l'enchevêtrement des thèmes, des schèmes, des motifs et des diverses versions ou rédactions d'un récit. Mais on pourrait en dire tout autant, sinon plus, de la mythologie grecque. Pour un peu, on reprocherait aux *filid* (« poètes ») irlandais de ne pas nous avoir légué un manuel à jour des théories et des connaissances de notre siècle (ils ont cependant fait de leur mieux !). La difficulté est ici celle de tout profane pénétrant dans un domaine nouveau pour lui. Le domaine celtique n'est, tout bien pesé, ni plus difficile ni plus simple que n'importe quel autre domaine de recherche. Il a, comme les autres, ses problèmes spécifiques. Nous verrons que, tout en manquant apparemment d'ordre, les Irlandais ont multiplié les classifications théoriques et que, pour peu qu'on veuille bien examiner la typologie de certains personnages mythiques ou mythologiques, il est facile de s'orienter.

Ce n'est donc pas généraliser exagérément les inconvénients premiers et superficiels des données irlandaises que de procéder ainsi. Avec un peu de bon sens les problèmes de méthode, tout épineux qu'ils soient, sont vite résolus. La comparaison est une nécessité intrinsèque des études celtiques : non seulement comparaison de deux aires géographiques mais aussi comparaison d'une époque à une autre pour saisir la continuité éventuelle d'une tradition, la résurgence d'une structure ou la persistance d'une mentalité. Il manque surtout l'habitude de la comparaison telle que nous l'avons définie *supra*, p. 41-43).

• La classification

Selon la classification moderne, la littérature irlandaise médiévale comprend quatre cycles.

Le cycle mythologique : le texte fondamental en est le *Cath Maighe Tuireadh* ou « Bataille de Mag Tured » dont on connaît trois versions. Il raconte les origines mythiques de l'Irlande et le combat des dieux ou *Túatha Dé Dánann* (« gens de la déesse Dana ») contre les démons inhérents à la terre d'Irlande que sont les *Fomóire*. L'autre texte mythologique fondamental est le *Tochmarc Etaine* ou « Courtise d'Étain » dont on connaît cinq versions ou rédactions, la cinquième portant un titre différent (*Altrom Tige Da Medar* « La Nourriture de la Maison des Deux Gobelets »). Il raconte les aventures d'Étain, déesse souveraine et personnification allégorique de l'Irlande, partagée entre l'Autre Monde et le monde terrestre. Un prolongement du cycle mythologique est constitué par la série des *Immrama* ou « Navigations ». Elles relatent des voyages merveilleux à travers l'océan vers des îles où le temps ne compte pas, où les femmes sont belles et attirantes, où l'on reste éternellement jeune et dont les noms sont variés et significatifs :

Tir na nòg : « Terre des Jeunes »,
Mag Mór : « Grande Plaine »,
Tir na mBéo : « Terre des Vivants »,
Mag Meld : « Terre du Plaisir ».

Ces récits de navigations, que l'on pourrait qualifier de véritables « parcours initiatiques » ont été beaucoup plus christianisés que le reste du cycle.

Le cycle héroïque d'Ulster ou **Cycle de la Branche Rouge**. C'est de loin le cycle le plus vivant et le plus varié et ses personnages, Cúchulainn, l'archétype du héros, Conchobar, souverain d'Ulster, le roi traditionnel, fastueux et généreux, Conall Cernach, le guerrier coupeur de têtes, Fergus, le roi exilé, la reine Medb et son mari Ailill, souverains du Connaught, animent un grand nombre d'aventures et ont des caractères simples mais fortement typés. Le récit le plus remarquable

– et aussi le plus long – du cycle est la *Táin Bó Cúalnge* ou « Razzia des Vaches de Cooley », racontée avec des variantes dans plusieurs manuscrits des XIe et XIIe siècles. À bien des égards, la « Razzia » est comparable à l'*Iliade*. Les dieux y interviennent fréquemment et elle montre la société celtique dans l'état le plus ancien que nous puissions lui attribuer, celui-là même qui a dû être le sien aux époques de Hallstatt et de La Tène.

Le cycle de Finn, dit quelquefois par erreur **cycle ossianique**. C'est le plus récent et le plus remanié. Au contraire du cycle d'Ulster centré sur Cúchulainn, il raconte les aventures innombrables d'une « bande » de guerriers, les *Fianna*, groupés autour de leur chef *Finn* (« Blanc ») et de son fils *Oisin* (« Faon »). C'est ce cycle, dont l'intérêt mythologique, sans être négligeable, est moindre que celui des précédents, qui a servi de modèle et de matière première aux pastiches romantiques de Mac Pherson à la fin du XVIIIe siècle. La raison en est que ses héros ont mieux survécu dans le folklore d'Irlande et d'Écosse que ceux du cycle d'Ulster.

Le cycle historique, dit parfois **cycle des rois**. On regroupe sous ce titre généralement toutes les annales irlandaises, lesquelles sont du reste parfaitement légendaires et pseudo-historiques. La principale est une compilation intitulée *Lebor Gabála Erenn* ou « Livre des Conquêtes de l'Irlande », qui raconte, depuis le Déluge, les aventures des diverses races mythiques (au nombre de cinq) qui ont occupé le pays : races de Partholon, de Nemed, des Fir Bolg, des Túatha Dé Dánann et enfin des fils de Mile ou Gaëls. Partant de là, on ajoute à ce cycle des récits relatifs à des rois d'Irlande dont les diverses annales datent les règnes entre le IIIe siècle avant notre ère et les environs de l'an mil. Mais il y a dans tous ces récits infiniment plus de mythologie que d'histoire.

Il convient d'ajouter, en bref commentaire, que cette classification, toute moderne, ne correspond en rien à celle des Irlandais médiévaux qui rangeaient leurs récits par genres (*razzias, sièges, amours, cour-*

tises, enlèvements, meurtres, migrations, chasses, exils, etc.). Du point de vue qui nous intéresse d'ailleurs, ni l'une ni l'autre ne sont contraignantes : il y a à peu près autant de mythologie dans le cycle épique d'Ulster que d'épopée dans le cycle mythologique : les personnages s'y comportent à peu près tous identiquement. Mais aucune étude ne se dispense d'un classement des matières ou des thèmes auxquels elle se consacre. Disons cependant que les textes qui nous intéressent le plus sont ceux du cycle mythologique et du cycle d'Ulster.

En regard de la littérature irlandaise qui est le prolongement écrit d'une tradition orale, la littérature galloise présente des traits mythologiques beaucoup moins accentués. Plus récente de fond, beaucoup plus soignée que la prose irlandaise, elle assure la transition entre le simple récit celtique et le conte arrangé au goût du Moyen Âge féodal.

Les récits les plus importants sont :

– **les quatre branches du *Mabinogi***, dites aussi simplement au pluriel les *Mabinogion* (de *mabinog* « disciple » ; le mot a trait sans nul doute à l'apprentissage oral des poètes de cour, ultime trace de la tradition préchrétienne) dont le manuscrit le plus connu, le *Llyfr Coch Hergest* ou « Livre Rouge de Hergest » (avec, en annexe, le *Llyfr Gwyn Rhydderch* ou « Livre Blanc de Rhydderch »), date du XIIIe siècle mais transmet un texte du XIIe, voire du XIe siècle. Ces quatre branches,

Pwyll, prince de Dyfed,
Branwen, fille de Llyr,
Manawyddan, fils de Llyr,
Math, fils de Mathonwy,

constituent à proprement parler le « cycle mythologique » brittonique. On admet la parenté mythologique de l'Irlande et du pays de Galles et l'opinion courante est qu'elle est due à des emprunts gallois. Mais les emprunts sont une solution trop facile qui doit être rejetée parce que les ressemblances sont telles qu'il est préférable de penser à des origines communes masquées par des différences de traitement. Il est inévitable que le pays de Galles, qui a gardé sa langue, ait conservé aussi des traces nettes de mythologie dans des thèmes littéraires ;

– **le cycle arthurien** est, approximativement, l'homologue du cycle irlandais d'Ulster. Le roi légendaire Arthur y tient la place du roi Conchobar et son neveu Gwalchmai (le Gauvain des romans arthuriens français) celle de Cúchulainn. Les personnages sont moins primitifs que ceux des textes irlandais et il n'est pas nécessaire de les étudier très longtemps pour y déceler des caractères à peu près identiques. C'est à l'influence française qu'ils doivent le poli de leur apparence. La facture de tout le cycle est beaucoup plus littéraire encore que celle des *Mabinogion* : ce n'est plus la transcription au mot à mot d'une tradition orale mais une rédaction très élaborée, œuvre de poètes ou d'écrivains raffinés, soignant le style et la narration. C'est dans ces récits *(Lludd et Llevelis, Kulhwch et Olwen, Le songe de Rhonabwy, Le songe de Maxen Wledic, Owen et Llunet, Peredur Ab Evrawc, Gereint et Enid)* qu'il faut chercher l'origine de la « Matière de Bretagne ». La différence entre cette Matière et ses origines celtiques est toutefois que les utilisateurs français, anglo-normands ou allemands n'ont eu aucune idée de la valeur mythique de son contenu parce qu'ils se contentaient d'y emprunter ou de transmettre des thèmes littéraires. La légende arthurienne illustre excellemment le passage du mythe au roman.

On mentionnera encore les littératures gnomiques et hagiographiques, très abondantes en Irlande et au pays de Galles. L'hagiographie est aussi la seule littérature ancienne (de langue latine) que possède la Bretagne armoricaine et elle peut réserver d'énormes surprises. La valeur de ces littératures est cependant très inégale. À côté de quelques œuvres originales ce sont surtout des compilations, voire de simples traductions ou adaptations d'ouvrages étrangers : traités d'histoire, d'étymologie, de jurisprudence, de médecine (traductions de travaux étrangers), glossaires, grammaires, vies de saints et recueils divers, à peu près tout ce à quoi touche l'activité humaine. En prose et en vers, cela fait des milliers de pages qui ne sont pas toutes éditées et encore moins traduites. Les littératures cornique et bretonne de langue indigène ne doivent être mentionnées que pour mémoire. Elles comprennent seulement, depuis le XVIe siècle, des ouvrages d'édification et de piété. Et même dans ce domaine, sans aucun intérêt pour nous, le cornique n'a-t-il presque rien produit. Les œuvres littéraires en breton sont l'exception avant le XIXe siècle. Mais cela ne dispense nullement d'étudier les textes médiévaux bretons sans lesquels toute compréhension du celtique médiéval est imparfaite. La grande originalité de cette langue, tout du moins pour les linguistes, est d'avoir vécu pendant un millénaire dans une oralité presque pure en étroite symbiose avec le français, dont elle a gardé une quantité appréciable d'emprunts médiévaux sortis de l'usage dans la langue d'origine.

LES MODALITÉS DE LA COMPARAISON ET LES DIFFICULTÉS DE L'ÉTUDE

La dissemblance des sources continentales et insulaires est telle que bien rares sont les chercheurs, continentaux et non-celtisants surtout, qui parviennent à surmonter la difficulté initiale qu'elle représente.

Les sources continentales supposent en effet une formation classique à base archéologique (protohistoire et époque gallo-romaine) et épigraphique (d'époque romaine) alors que les documents insulaires sont affaire de médiéviste, de linguiste, de philologue et d'hagiographe. La recherche se ressent durement de ce hiatus : il est des livres qui étudient la religion des anciens Celtes avec pour seul support l'archéologie protohistorique, sans dire un mot de l'Irlande et qui, de ce fait, sont caducs dès leur parution. Il en est d'autres qui étudient la Gaule ou la Grande-Bretagne, ou l'Espagne, ou la Gaule cisalpine, ou la Germanie occidentale, comme si les cultes et les conceptions religieuses dans l'un ou l'autre de ces anciens pays celtiques avaient pu être différents autrement que dans les détails. Et l'on confond dans une unique interprétation toutes les données archéologiques et tous les documents textuels.

La synthèse des disciplines n'est pas faite et la collaboration interdisciplinaire est loin d'être entrée dans les habitudes ou les mœurs érudites et universitaires : des archéologues ont tendance à regarder l'histoire des religions comme une annexe de leurs études (basées sur les monuments et les objets extraits des chantiers de fouilles ou des réserves des musées) et ils ont quelque peine à comprendre que, pour expliquer des faits religieux gaulois, il faille commencer par apprendre des langues aussi lointaines ou mineures que l'irlandais, le gallois et le breton, tandis que les linguistes hésitent, par instinct, à aborder des faits archéologiques complexes qui ne recoupent pas facilement ceux de leur discipline. Hormis quelques *oppida* du genre de Bibracte, de Manching (en Bavière), du Magdalensberg (en Carinthie) ou de la Heuneburg (dans le Wurtemberg), les sites celtiques ne sont pas non plus l'occasion de découvertes monumentales, comparables à celles de l'archéologie classique de Grèce ou d'Italie. Mais on aurait tort de ne pas exploiter méthodiquement ce qu'ils contiennent. Les « tombes princières » de la zone occidentale de la civilisation de Hallstatt (est de la France, Luxembourg, Allemagne du Sud, Suisse du Nord, Autriche occidentale) en sont la preuve.

Il s'en faut d'ailleurs de beaucoup que le travail philologique soit terminé : pour nous borner au domaine très restreint des traductions françaises de l'irlandais, toutes celles que d'Arbois de Jubainville, Dottin, Chauviré et deux ou trois autres ont publiées entre 1880 et 1930 sont entièrement à revoir. D'autres, plus récentes, sont fantaisistes et donnent au lecteur une idée fausse du texte. Ce sont parfois des retraductions avec la répétition ou l'aggravation des erreurs de la première traduction anglaise ou allemande, quand ce ne sont pas des résumés incomplets ou tronqués présentés abusivement comme des « aperçus » exhaustifs (voir à ce sujet l'introduction de nos *Textes mythologiques irlandais I,* Rennes, 1980, p. 20*-53*). D'une manière générale l'interprétation ou l'exploitation des textes insulaires oblige à disposer d'une riche bibliothèque.

Des méprises fondamentales ajoutent encore à la confusion : la protohistoire des périodes de Hallstatt et de La Tène, dans laquelle on a souvent tendance à minimiser le rôle des Celtes, a été au surplus la parente pauvre, négligée au profit de la préhistoire et de l'archéologie classique. Et bon nombre d'archéologues et d'historiens, pour ne rien dire des linguistes, traitent le domaine celtique comme une annexe très secondaire de la civilisation gréco-romaine.

Il en résulte qu'on interprète plus ou moins les lieux communs des écrivains anciens et qu'on étudie les Celtes au moyen et en fonction de critères étrangers. On introduit dans leur panthéon le compartimentage, la répartition fonctionnelle étroite des divinités gréco-romaines et, surtout, on ne comprend ni l'oralité de leur tradition, prise pour une marque d'infériorité, ni leur conception de la société humaine subordonnant le politique au religieux. On ne voit pas que cette subordination est la condition de l'équilibre des classes et des fonctions sociales. On ne comprend pas davantage que la perte de cet équilibre a été, en mode celtique, la cause de toute la décadence ethnique, militaire et linguistique. Au surplus, du fait de la date à laquelle ils sont attestés, les textes insulaires sont fréquemment rejetés à la frange du « folklore » : on en vient ainsi à concevoir une religion celtique « populaire », naturiste, totémiste ou primitive alors que tout, au contraire, prouve l'existence d'une religion savante, élaborée, pourvue de rituels et de textes sacrés, de doctrines précises.

Une cause supplémentaire d'erreur est enfin inhérente à la transmission antique des informations : bon nombre de témoins grecs et latins, et non des moindres, ont pris pour de l'histoire ce qui n'est que du mythe. Et l'erreur est propagée, aggravée par les Modernes qui prennent pour argent comptant tout ce que les Anciens ont écrit.

Pour éviter toutes ces embûches, l'érudition, même universitaire, est impuissante si on n'y ajoute pas – faute le plus souvent d'en admettre l'existence – la compréhension profonde d'une structure traditionnelle, sociale et religieuse, dont l'idéologie trifonctionnelle est l'un des aspects fondamentaux, et dont tout l'équilibre repose sur l'harmonie souveraine du druide et du roi. Depuis quelques années nous commençons, après bien des tâtonnements, à nous faire une idée de la structure du « panthéon » celtique et nous entrevoyons les conceptions religieuses. Nous en savons déjà assez pour affirmer que les sources insulaires sont indispensables et irremplaçables : l'Irlande est un pays où la civilisation de La Tène perdurait encore au ve siècle de notre ère, au moins dans l'enluminure et dans la toreutique (ou art du métal), manifestations les plus spectaculaires de l'art celtique insulaire, mais beaucoup plus encore dans la mentalité et dans la façon de concevoir la société. En pleine époque contemporaine les langues celtiques demeurent ce qu'elles sont depuis dix siècles : des langues médiévales très malaisément adaptables aux conditions de la vie moderne ; elles sont fragmentées en dialectes et, de ce fait, elles ne sont guère susceptibles d'être soumises à des normes et à des codifications orthographiques.

On pourrait ajouter qu'au compte de l'hypercritique il faudrait rejeter aussi comme étant de transmission trop tardive la plupart des textes grecs et latins dont rares sont les manuscrits qui remontent plus avant que l'époque carolingienne. Il faudrait rejeter encore tous les textes scandinaves médiévaux. Le refus de l'utilisation des textes insulaires celtiques est totalement injustifié. Rappelons que ces textes apportent une information destinée à être comparée aux informations continentales et non pas plaquée sur elles.

IV. Histoire et archéologie

LES ÂGES DU FER

Les archéologues s'accordent à penser que le fonds préhistorique européen a passé par diverses phases économiques allant de la cueillette à l'époque mésolithique à une agriculture organisée à l'époque néolithique.

Mais de telles spéculations nous intéressent peu, ainsi que nous l'avons déjà fait remarquer, car nous ne savons rien ou presque de ces populations. Soit qu'elles aient été un substrat rapidement soumis aux envahisseurs indo-européens, soit qu'elles aient été massacrées ou absorbées, elles n'ont laissé que des gravures rupestres ou quelques « sculptures » et, pour l'essentiel, du matériel lithique ou céramique.

Nous avons dit aussi qu'il n'existe pas ce qu'on pourrait appeler une « préhistoire indo-européenne » commune. Partout où elles se manifestent, les invasions indo-européennes indiquent la fin des âges lithiques, le commencement des âges du cuivre et du bronze dans la première moitié du second millénaire avant notre ère. L'âge d'or des Celtes est donc la protohistoire et les limites de cet âge d'or sont, dans les chronologies archéologiques, encore assez vagues, voire changeantes d'un chantier de fouilles à l'autre. On est allé jusqu'à définir, vers la fin du Ier siècle avant J.-C., un « gallo-romain précoce » qui, comme tout ce qui est précoce, comporte beaucoup de déchets. Le problème se résout en quelque sorte dans la constatation que, plus les recherches sont étendues et précises, et plus la part des Celtes grandit et vieillit à la fois dans l'archéologie européenne occidentale, centrale et danubienne ou balkanique.

C'est la raison pour laquelle on préfère souvent parler d'abord de « Protoceltes », d'un mot qui rend moins compte de faits que d'insuffisances de documentation et d'hésitations de méthode. Peut-être a-t-on le droit de qualifier ainsi les porteurs de la civilisation des *tumuli* ? Ce n'est pas impossible mais la portée du terme est obligatoirement restreinte car il suppose un processus de formation qui n'est confirmé par aucune constatation archéologique ou linguistique. Dottin, pourtant sceptique de nature et peu enclin aux virtuosités de l'hypothèse, parle ouvertement, dans son *Manuel,* des « Celtes de l'âge du bronze » et un grand archéologue comme Henri Hubert, à qui nous devons la seule synthèse qui ait jamais été esquissée, a jadis bien perdu son temps quand il a essayé de déterminer dans quelle mesure on pouvait retrouver en Gaule des traces linguistiques ou toponymiques du passage du prétendu premier ban celtique, celui des Goidels, à l'âge du bronze : les survivances goidéliques (mots à thème initial en *k-* et non en *p-* comme en gaulois et en brittonique) sont si peu nombreuses et si peu signifiantes qu'on n'en tire aucune conclusion ethnologique. Elles prouvent une évolution linguistique celtique et non un changement de population. Que devrait-on conclure, dans ces conditions, d'un théonyme gaulois *Pritona,* variante de *Ritona,* nom d'une divinité qui pourrait être celle du « passage » ou du « gué » ? Faudrait-il penser que *Pritona* est une forme indo-européenne « protoceltique » par rapport à *Ritona* qui serait une forme celtique attestant la classique et attendue chute du *p-* indo-européen initial ?

D'une manière générale il n'y a encore aucun recoupement chronologique commun aux philologues et aux archéologues. Les premiers, qui n'ont pas besoin de dates rigoureuses puisqu'ils travaillent sur des chronologies relatives, ont parfois tendance à rajeunir des faits anciens parce que les graphies sont toujours en retard sur l'évolution phonétique. Les seconds, qui privilégient l'étude typologique des objets, surtout métalliques (fibules et épées, fers de lance, boucliers, casques, etc.) exagèrent encore cette tendance et rajeunissent les Celtes en fonction des mouvements attestés par l'histoire classique. On arrive ainsi à descendre jusque vers 500 ou 300 avant notre ère et la culture de Hallstatt n'est plus que préceltique. Pour un peu, la Gaule aurait été celtisée à peine deux cents ans avant l'arrivée de César et les Celtes n'auraient jamais mis les pieds en Aquitaine ou en Armorique. Tout cela est aussi absurde que les théories ethnographiques de Thomas O'Rahilly qui fait arriver les Gaëls en Irlande vers 100 avant J.-C.

Mettons, pour être clair, que la présence des Celtes est certaine désormais aux alentours de 1000 avant J.-C. et qu'elle est très probable pendant le demi-millénaire précédent. **Les Celtes sont un peuple de l'âge des métaux.**

L'APOGÉE DE LA CIVILISATION CELTIQUE

L'apogée de la civilisation celtique se situe aux époques de Hallstatt et de La Tène (du nom des stations éponymes, respectivement en Autriche, dans le Salzkammergut, et en Suisse, au bord du lac de Neuchâtel). Elle fait suite à la civilisation des Champs d'Urnes (anciennement dite civilisation de la Lusace) qui est dans toute l'Europe l'épanouissement de l'âge du bronze et que quelques archéologues ont tendance à rattacher à la première phase de la période suivante (civilisation de Hallstatt). Mais dans quelle mesure les Champs d'Urnes ne sont-ils pas déjà celtiques ?

Vers 900 avant J.-C. le fer arrive en Europe, en provenance du bassin méditerranéen, et c'est de 700 environ que datent les premiers témoignages grecs sur la présence (qui peut être plus ancienne) en Espagne, en Grande-Bretagne et en Irlande de communautés celtiques. Une seconde phase, vers 600, verra les premiers contacts directs entre les Celtes du Danube, d'Allemagne du Sud et les Grecs. Puis, vers 500 environ, on remarque les premières importations de céramique grecque en Bourgogne, les débuts du commerce étrusque. La tombe « princière » de Vix date de cette époque. Et personne ne songe à nier sa nationalité celtique, même si le cratère qui en a fait la célébrité est gréco-étrusque. La même splendeur, la même richesse somptueuse se retrouvent maintenant dans la tombe, royale plutôt que princière, de Hochdorf dans le Wurtemberg. Cela implique quelques déchirements dans l'établissement des datations. On en revient impérativement aux chronologies allemandes – valables aussi pour la France – de Reinecke et Müller-Karpe. Hallstatt est bien celtique. On ne voit d'ailleurs pas ce que la période pourrait être autrement.

Après commence la période de La Tène qui, avec des décalages plus ou moins importants suivant les régions (le cas de l'Irlande qui a passé sans transition de l'âge du bronze à La Tène, et de La Tène au haut Moyen Âge, est spécial), est celle de la plus grande expansion des Celtes. Elle ne se terminera qu'avec l'arrivée de César en Gaule. C'est aussi l'époque de la formation d'un art caractérisé, linéaire et décoratif, empruntant quelquefois ses motifs à des modèles grecs, mais extrêmement vivace et original. L'art de La Tène se prolonge, longtemps et tardivement, dans les enluminures irlandaises bien que ces dernières ne soient pas exemptes d'influences véhiculées par le christianisme. Notons enfin en terminologie technique notre refus de l'adjectif *laténien*, employé depuis peu par quelques archéologues, qui n'est que le décalque français du tchèque *latensky* et qui, comme *parisien* ou *londonien,* ne désigne sémantiquement qu'une origine géographique. Les archéologues allemands disent *latènezeitlich*, « de l'époque de La Tène », ce qui est quand même plus précis quant à la chronologie.

LE DÉCLIN POLITIQUE ET MILITAIRE

Puis, lentement mais inexorablement, c'est la décadence et le déclin devant les entreprises militaires de Rome. La Gaule cisalpine est conquise en 200 avant J.-C. ; Numance, en Espagne, est prise en

133 ; la Province (Narbonnaise) en 123. La Gaule proprement dite est soumise entre 58 et 52. La reddition de Vercingétorix à Alésia met fin à l'existence indépendante, politique d'abord, religieuse et linguistique ensuite, du monde celtique continental.

Le rappel des dates accuse le caractère saillant et précipité des événements vus ainsi de très loin dans le recul de l'histoire. Mais il est peu probable que les contemporains ou les acteurs de la bataille d'Alésia y aient vu une fin d'histoire. L'effacement des Celtes, malgré les rêveries celtomanes, a été un phénomène historique relativement indolore – il a duré un siècle et demi – et non une terrifiante apocalypse. L'absence de structure politique unitaire explique le morcellement chronologique, la progressivité de la conquête romaine laquelle a touché d'abord les régions périphériques, l'Italie du Nord et l'Espagne, puis en dernier lieu, sans parvenir à l'Écosse et à l'Irlande, la Bretagne insulaire.

L'étude de cette période de la protohistoire et du début de l'histoire laisse une impression curieuse : l'extension des cultures fait penser à une « mode » qui se serait transmise par vagues, sans avoir été imposée par voie de conquête brutale. À l'incinération qui est le rite caractéristique de la période de Hallstatt fait suite l'inhumation, généralisée à la période de La Tène sans qu'on décèle le moindre changement de population. Mais César, quand il évoque les funérailles magnifiques des Gaulois, parle de bûchers alors qu'en Irlande les textes les plus archaïques, peut-être sous l'influence du christianisme, n'en font jamais aucune mention. Les Celtes ont participé à la diffusion de la civilisation de Hallstatt. Ils en ont été les porteurs, comme de celle de La Tène. Mais que doit-on penser et conclure si, comme cela semble certain, du Bronze à Hallstatt et à La Tène, il y a une continuité de peuplement ? Car la continuité se prolonge à l'époque gallo-romaine qui correspond cependant à une altération et à une diminution du degré de « celticité » de la Gaule. La romanisation, qui n'est pas en soi un fait archéologique exclusif, se manifeste aussi par des aspects matériels et techniques particuliers. Et le déclin n'est pas dans la capacité d'adopter de nouvelles techniques, il est dans la sujétion politique et militaire. C'est là toute la nouveauté et la brutalité de la conquête romaine.

L'articulation de ces différentes périodes entre elles, leurs aspects généraux et locaux, le pourquoi du passage de l'une à l'autre, tels sont, brièvement formulés et posés, les problèmes que l'archéologie protohistorique actuelle a pour tâche de résoudre. Mais ces questions une fois résolues, à supposer qu'elles le soient un jour complètement, le problème du déclin des Celtes n'est pas ou n'est plus du ressort de l'archéologie.

L'AFFAIBLISSEMENT DES CELTES INSULAIRES

Sans que nous ayons à retracer ici dans le détail les phases de l'affaiblissement de cet ultime bastion du monde celtique indépendant que sont la Bretagne insulaire et l'Irlande, il importe d'en souligner à la fois la lenteur et les particularités. Car les différences sont grandes avec la Gaule :

> La romanisation et la christianisation suivent celles de la Gaule dont elles sont à peu près contemporaines. Mais seule la christianisation sera complète, vers le tournant du ve siècle. La conquête romaine n'atteint pas toute l'île (elle s'arrête aux *vallum* d'Antonin et d'Hadrien qu'il a fallu construire pour endiguer les incursions des Pictes et des Scots) et le latin n'efface pas la langue indigène, le brittonique. Quant à l'Irlande,

elle ne sera jamais romanisée et le christianisme ne s'y implantera pas avant le Ve siècle après J.-C.

Les différences internes aussi sont grandes :

Alors que l'Irlande conservera, presque intacte, sa structure politique et sociale jusqu'aux Xe-XIe siècles, les Bretons ont adopté la conception romaine de l'*Empire* et se sont regardés, au même titre que les Gaulois, comme des citoyens romains. Il resterait à savoir si tout le monde était d'accord mais la Bretagne abandonnée par les légions au début du Ve siècle se considère encore comme une partie intégrante de la *Romania.*

Mais ce n'est pas la *Romania* qui a fait disparaître la celticité insulaire, non plus que le christianisme, ce sont les invasions germaniques, très différentes de celles du continent. Elles commencent par des implantations de colons dans l'est de la Bretagne dès l'époque romaine et, très vite, à partir du Ve siècle, ces Germains, Angles et Saxons venus du continent tout proche, vont constituer des royaumes indépendants qui, lentement, repousseront les Bretons dans l'ouest et le nord de l'île. Dès les VIIe-VIIIe siècles les Anglo-Saxons occupent la majeure partie de ce qui allait devenir la Grande-Bretagne. Le pays de Galles, séparé de la Cornouailles et des Bretons du Nord, tombe dans la vassalité germanique parce que les petits royaumes qui le constituent sont incapables de s'unir et de résister. Les Bretons du Nord et la Cornouailles indépendante durent jusqu'au XIe siècle mais dès la fin du XIIIe siècle le pays de Galles sera dans la mouvance anglaise. Quant à la Bretagne péninsulaire, elle est encore un pays de tradition insulaire à la fin du IXe siècle mais le royaume fondé par Nominoë et Erispoë ne survivra pas aux invasions normandes du Xe siècle. Et la Bretagne historique et ducale sera, dès le XIe siècle, tournée non plus vers les îles mais vers le continent. Obstinément, contre les rois bretons qui voulaient fonder leur propre métropole à Dol, la papauté maintiendra le royaume de Bretagne dans la dépendance de la métropole de Tours, faisant de l'Église bretonne, par la nomination d'ecclésiastiques de langue française, le premier et efficace instrument de la francisation définitive (dès le XIIe siècle les clercs bretons allaient étudier à la Sorbonne !).

L'Irlande, elle, a succombé au choc brutal des Norvégiens et des Danois à la fin du VIIIe siècle : la christianisation avait effrité les capacités guerrières natives des Gaëls qui, en plus, n'étaient pas des marins. Le sursaut libérateur aura lieu au début du XIe siècle mais l'Irlande traditionnelle avait cessé d'exister. Le pays tombe désormais sous la coupe des barons normands et, pour presque huit siècles, cesse d'être indépendant. La ruine s'achève par la dépopulation et l'anglicisation au XIXe siècle. Elle crée du même coup une « question d'Irlande » qui, pendant longtemps et jusqu'à notre époque, va troubler toute la vie politique britannique. Le problème de l'Ulster, en pleine fin du XXe siècle, en prouve encore l'acuité par son insoluble et anachronique antagonisme religieux.

V. Géographie, aire d'extension et berceau

L'AIRE D'EXTENSION ANTIQUE

La géographie du monde celtique est ainsi facile à décrire, du moins tant que l'on s'en tient aux généralités. Un premier centre d'expansion, après le stade des invasions indo-européennes théoriques, a été l'Europe centrale, et plus particulièrement la Bohême, à la jonction des époques de Hallstatt et de La Tène. Les ultimes mouvements dans cette région ont dû être contemporains de la conquête romaine du Norique (en Autriche) et de la Pannonie (en Hongrie). On trouve en tout cas des traces indiscutables de la présence des Celtes dans tout l'ouest et le sud de la Pologne, en Hongrie et dans les Balkans où la progression s'est faite suivant l'axe du Danube. Il est inutile d'insister ici sur l'invasion de la Grèce en 289 avant J.-C. ou la prise de Rome un siècle auparavant.

Mais le principal habitat celtique, de la période de Hallstatt à la fin de celle de La Tène, a été la Gaule proprement dite, de la Manche à la Méditerranée, de l'Atlantique aux Alpes et au Rhin, et c'est de ce pays que Tite-Live, transposant en histoire le mythe du *ver sacrum* d'Ambigatus au VIe siècle avant notre ère, fait partir les vagues d'invasion qui recouvrirent la Forêt-Noire et l'Italie du Nord.

Quoi qu'il en soit l'invasion celtique a très vite touché la péninsule Ibérique, l'Italie du Nord, le sud de la France, toutes les régions rhénanes, de la Suisse aux Pays-Bas et, à partir de la Belgique probablement, les îles Britanniques qui devaient devenir ultérieurement l'ultime refuge de la présence celtique.

Les derniers mouvements se sont accomplis à la lumière de l'histoire. Quand César a conquis la Gaule, des peuplades belges venaient de s'installer en Grande-Bretagne : le souvenir était tout frais, à deux ou trois générations de distance et il est des noms de peuples et de villes qui se retrouvent des deux côtés de la Manche. Les récits irlandais parlent assez fréquemment des *Galeoin* établis dans le Leinster et qui servent de mercenaires à Medb, la célèbre reine du Connaught, en lutte contre l'Ulster. Leur nom a-t-il un lien avec des *Galli* venus là courir l'aventure après la conquête de leur pays par César ? Qu'il le soit ou non, la notion géographique de « Gaule » (et du vin qui en provenait) n'était en tout cas pas étrangère aux Irlandais. Soit directement, soit par l'intermédiaire de la Bretagne insulaire, il y a eu des relations suivies entre les deux pays et elles n'ont pas cessé à l'époque romaine.

Les Grecs et les Latins nous ont fait assister d'autre part aux incursions celtiques en Italie et dans les Balkans. Il y a du matériel celtique en Pologne, en Roumanie, en Yougoslavie, en Bulgarie ; des traces celtiques jusqu'à Odessa. Puis un mouvement ultime a modifié la carte linguistique et politique de l'extrême ouest européen : c'est l'immigration bretonne en Armorique, imposant à la péninsule un nouveau nom et une nouvelle langue. On n'a d'ailleurs pas fini de discuter des conditions, de la date, des causes et de l'ampleur de cette immigration.

L'étendue géographique du monde celtique s'est donc considérablement réduite depuis l'Antiquité : il y a des pays celtiques actuels, mais il y a aussi (et l'étendue en est bien plus grande) des pays qui ont été autrefois celtiques, du Tage au Danube et de la Gaule cisalpine à l'Écosse, avec la conscience d'une certaine unité. À son apogée le domaine celtique recouvre :

La péninsule Ibérique presque tout entière, à l'exception du sud-est, au pouvoir des Carthaginois, et du nord-ouest où subsistent les anciens occupants, Ibères, Lusitaniens, ou bien les ancêtres des Basques.

La Gaule, partagée en trois grandes régions :
• *l'Aquitaine*, où des noms de lieux tels que *Burdigala* (Bordeaux) et des théonymes pyrénéens ne s'expliquent pas par le celtique mais où la part du celtique est, sinon prépondérante, du moins très importante ;
• *la Celtique* proprement dite, de la Garonne à la région parisienne et de la Méditerranée à la Manche ;

• *la Belgique*, de la Marne au Rhin, beaucoup plus grande que la Belgique moderne : elle englobe aussi une large part des territoires rhénans.

C'est en Gaule que, parmi tous les pays anciennement celtiques, la densité des traces toponymiques est la plus grande : presque toutes les grandes villes de France, pour ne rien dire de milliers de localités moins importantes, portent des noms d'origine celtique.

De vastes territoires de :

• *l'Allemagne du Sud* : Wurtemberg, Bade, Bavière ;
• *l'Autriche* : Carinthie, Styrie, Haute-Autriche, Vorarlberg ;
• *la Suisse.*

Il est certain que la romanisation a été lente et superficielle dans beaucoup de régions alpines d'accès malaisé, aux communications difficiles. Les populations de ces régions ont passé directement du celtique au germanique à l'époque des grandes invasions. C'est ce qui explique le nombre relativement élevé de toponymes celtiques conservés, avec des traits de phonétique germanique, en Autriche, en Suisse et dans le sud de l'Allemagne.

Il est probable aussi que les Celtes qui ont colonisé l'Allemagne, ceux dont la présence est attestée en Pologne, en Hongrie et en Roumanie, peut-être même ceux qui, par la vallée du Danube, ont fait irruption dans les Balkans pour aller s'établir en Asie Mineure, en Anatolie, venaient d'Europe centrale. Plus les recherches avancent ou se précisent et plus la part des Celtes grandit dans l'archéologie de l'Europe orientale.

Les îles Britanniques, *Grande-Bretagne et Irlande*, que les Celtes ont occupées entièrement depuis les temps les plus reculés de la protohistoire jusqu'au haut Moyen Âge et qu'ils occupent encore en partie. C'est seulement aux Ve-VIe-VIIe siècles de notre ère que l'invasion anglo-saxonne les a repoussés dans les montagnes d'Écosse et du pays de Galles. Malgré de longues vicissitudes l'Irlande a finalement résisté à l'annexion politique et à l'assimilation.

En résumé ce sont les trois quarts de l'Europe qui, à un moment quelconque de la protohistoire ou de l'histoire la plus ancienne, ont été celtisés. En beaucoup d'endroits les Celtes n'ont fait que passer, ou bien ils ont été rapidement recouverts par une autre vague d'invasion, ou bien ils ont été absorbés par une population autochtone et c'est le cas de l'Europe centrale et danubienne. Mais en Europe occidentale leur établissement a été durable. Il n'est guère, en France, de frontière provinciale ou départementale, ou épiscopale, qui n'ait une ancienne justification remontant, à travers les temps médiévaux, jusqu'à la période gauloise. Sur la côte méditerranéenne où les établissements celtiques ont été moins denses, d'autres populations ont pu subsister, ou cohabiter (tels les Grecs de Marseille !), au prix de compromis, d'arrangements, d'influences ou d'alliances qui ont parfois abouti à de nouvelles ethnies ou, à défaut, à de nouvelles dénominations : Celtibères en Espagne, Celto-Ligures en Provence et dans les Préalpes.

LA NATIONALITÉ : CELTES ET GERMAINS

Mais comme la notion de nationalité est toute moderne et que, sur ces époques lointaines, les documents sont très imprécis, il nous faut nous contenter d'une grande marge d'approximation. Sur les confins celto-germaniques on ne sait pas toujours très bien où commencent les Celtes et où finissent les Germains. Il n'y a pas, cependant, en dehors de la parenté indo-européenne première, de communauté linguistique ou culturelle celto-germanique. D'après César les Belges sont les plus farouches des Gaulois : ils habitent très loin de la Narbonnaise, explique-t-il, et les marchands les atteignent rarement pour leur proposer le confort et le luxe propres à amollir les courages. Mais il fait état aussi de mouvements anciens de tribus germaniques en direction de l'ouest et son intervention officielle en Gaule a lieu à l'appel des Éduens qui voulaient se défendre contre les Séquanes alliés aux Germains d'Arioviste. Or, pour négocier avec Arioviste, il fallait parler, non pas germanique, mais gaulois.

On peut certes penser que les Anciens n'y regardaient pas de si près, les Celtes et les Germains n'étant que des barbares. César a cependant passé plusieurs années en Gaule ; il n'a pas appris la langue (lui-même, on l'oublie trop souvent, parlait plus volontiers grec que latin, comme tous les autres Romains cultivés) mais il a été capable de faire la distinction ethnographique. Cinquante ans plus tôt, lors de l'invasion des Cimbres et des Teutons, c'est encore en gaulois que l'on s'adresse aux envahisseurs, dont tous les chefs portent des noms celtiques. En outre le nom des Cimbres s'explique assez bien par la comparaison de l'irlandais *cimbid* « voler » et on a expliqué, trop facilement peut-être, le nom des *Teutones* par le celtique *touta / teuta* « tribu ». On se perd en conjectures sur le mystère de ces circonstances linguistiques de l'ancienne Europe préromaine.

Il n'est sans doute pas indispensable de recourir à l'hypothèse – qui a été émise très sérieusement – que des celtophones de l'Antiquité pouvaient ne pas être des Celtes mais des peuples soumis contraints d'apprendre le celtique en lieu et place de leur langue nationale (appliquée à notre époque une telle hypothèse serait miraculeuse en Irlande ou en Bretagne. Et que dire de l'Afrique noire ou des Indiens d'Amérique !). On est bien obligé, dans ces conditions, de s'en remettre au compte rendu de César qui explique que les Gaulois ont jadis été supérieurs aux Germains, non seulement en civilisation matérielle et en culture intellectuelle, mais aussi en courage et en vertu militaire. Les langues germaniques montrent à l'analyse une structure très différente de celle des langues celtiques, mais les emprunts de vocabulaire à date ancienne concernent des notions aussi fondamentales du droit et du gouvernement que l'*empire* **(Reich)** ou la fonction administrative de l'*ambactus* gaulois **(Amt)**.

Ce chapitre délicat des relations antiques des Celtes et des Germains pendant le millénaire précédant notre ère a été scientifiquement faussé et empoisonné – le mot n'est pas trop fort – par l'antagonisme franco-allemand entre 1870 et 1945. Les uns lisaient César, qui ne dit guère de bien des Gaulois mais les considère comme supérieurs aux Germains quant à la civilisation et à la culture (avec le Suève Arioviste les émissaires de César négocient, non en langue germanique, dont les Romains ne savent pas un mot, mais en gaulois !) ; les autres lisaient Tacite qui, par comparaison avec la corruption romaine, décrit des Germains vertueux et courageux. Mais les uns ont perdu leur langue dans le naufrage de la Celtie indépendante et les autres l'ont gardée à travers l'écroulement de l'Empire. Les savants français, entre 1870 et 1914, se sont plu à insister sur l'infériorité intellectuelle des Germains dont les Gaulois, ancêtres des Français, auraient été les « instituteurs ». Les savants allemands, entre 1919 et 1940, ont exalté les rudes vertus germaniques de courage guerrier et de pureté morale en opposition à la dégénérescence des Celtes romanisés. Mais il ne faut jamais traiter les faits historiques en fonction des préoccupations ou des passions de l'heure présente et toutes ces polémiques portent depuis longtemps le poids de leur désuétude.

La confusion des Celtes et des Germains a été, dans toute l'Antiquité, si complète, qu'il n'y a jamais eu de « Celto-Germains » : le terme générique

Κελτοὶ ou *Celtæ* s'applique, avant César, aussi bien aux uns qu'aux autres. Il a été consacré une quantité notable d'études à l'examen des correspondances germano-celtiques (limitées essentiellement au vocabulaire) mais on n'a pas encore pris la mesure exacte de l'influence celtique sur le germanique jusqu'au premier siècle avant notre ère (à supposer qu'on ait les moyens de le faire). Il est permis de penser que les Anciens s'y sont souvent trompés, s'agissant de barbares, et ils ont pris presque immanquablement chaque fois les Germains pour des Celtes. Car ils ont toujours eu, quand cela était à leur portée, le souci de l'identification précise, exprimée en ce qui concerne les Celtes, par des dénominations mixtes : *Celto-Grecs, Celto-Thraces, Celto-Scythes, Celto-Ligures.* De telles dénominations ne correspondent pas chaque fois à une réalité concrète et elles traduisent surtout, à la frange du monde celtique, non pas tant des fusions ethniques que des compromis culturels, des contacts de langues et de civilisations.

L'ampleur du fait celtique et son importance considérable dans les origines de l'Europe incitent donc à la prudence dans l'application des concepts de culture et de nationalité. Tout cela est indissolublement lié à la langue. Mais la langue n'apparaît pas dans les fouilles de l'archéologie protohistorique. C'est à l'historien, s'il le peut, quand il le peut, comme il le peut, de faire la synthèse.

CHAPITRE DEUXIÈME

L'organisation du monde celtique

I. L'État et la société

LES CLASSES SOCIALES ET LES FONCTIONS

L'impossibilité dans laquelle on se trouve de donner une définition anthropologique ou ethnologique précise, jointe aux confusions fréquentes faites par les Grecs et les Latins à leur propos, conduit tout naturellement à l'opinion que les Celtes n'ont jamais été, dans leurs États, qu'une minorité aristocratique et guerrière. C'est l'impression que laisse l'épopée irlandaise et on en a parfois tiré la conclusion hâtive que les Celtes dominaient une population soumise. Les conquérants auraient été les *Túatha Dé Dánann* en Irlande, les *equites* en Gaule et les vaincus les *Fomoire* en Irlande et la *plebs* en Gaule. Il y a, chez des savants de l'envergure de d'Arbois de Jubainville, de Camille Jullian ou de Georges Dottin des pages quelquefois surprenantes sur la répartition sociale des « religions » de la Gaule indépendante. J. Pokorny a même émis l'opinion, au tout début du XXe siècle, que les druides ont été une population de sorciers néolithiques capables de subjuguer par leur magie les envahisseurs indo-européens. On doit passer rapidement et charitablement sur ces errements. Car un tel schéma, trop commode et trop réducteur, n'a jamais été celui de la société celtique. Il ne résiste pas à l'analyse du fait évident que, dans « l'histoire » irlandaise, les conquérants sont les Goidels, sans nul clivage fonctionnel et racial, et non leurs prédécesseurs mythiques réfugiés dans l'Autre Monde. En outre, c'est aussi l'impression que laisseraient beaucoup d'autres épopées si l'on voulait bien les envisager ainsi, telles les épopées indienne du *Mahabharata* et germanique du *Niebelungenlied.* On ne retrouve que rarement, dans les types physiques des pays celtiques, l'idéal ou plutôt le cliché courant du Celte grand et fort, à la chevelure blonde et à la peau blanche comme du lait. Peut-être quelques Anciens ont-ils été abusés par l'habitude qu'avaient les Gaulois de se décolorer les cheveux ? La beauté blonde a été l'idéal de l'Irlande tout en n'étant pas la seule : les textes insulaires admirent la perfection physique, féminine ou masculine, sans discrimination de teinte de cheveux. Seuls les *Fomoire* sont noirs et difformes parce qu'ils ont été assimilés aux démons de l'enfer chrétien. Et encore ne faut-il pas trop généraliser à leur sujet puisque le roi Bres, qui est un *Fomóire*, est un archétype de l'élégance masculine.

On admet que le type celtique pur a été altéré par des mélanges avec des populations allogènes. Mais une telle hypothèse peut être émise à propos de n'importe quelle population européenne et elle ferait retomber assez facilement dans l'utopie raciale car on ne sait à quelle époque de l'histoire ou de la plus lointaine protohistoire remonte l'altération. Dans l'étude d'une société homogène c'est un problème mineur, voire même inexistant car, s'il y a eu fusion, elle est achevée depuis longtemps à l'époque qui nous intéresse. Aussi loin qu'on remonte dans le temps les Gaëls forment une ethnie dont les mésaventures raciales (origines égyptiennes, hébraïques ou grecques qui remplissent d'innombrables pages du *Lebor Gabála Erenn* ou « Livre des Conquêtes de l'Irlande ») font partie du seul imaginaire chrétien de l'Irlande, promue au rang de nouvelle Palestine ou de paradis terrestre. C'est tout juste si les successeurs de Patrick n'y ont pas logé Adam et Ève ou, à défaut, toute une escouade de patriarches.

En fait, aucun texte d'aucune sorte ne fait mention de « race » antérieure aux Celtes dans le domaine celtique, ni dans l'Antiquité ni au Moyen Âge, même après les invasions scandinaves en Irlande. On ne réfléchira jamais assez au creux, à l'inanité du sens de l'adjectif « préceltique » employé dans un contexte indéterminé. La seule distinction est celle de la dénomination ethnique au niveau de la « province » ou du canton. Les Éduens se sentent ou se veulent différents des Séquanes qui parlent la même langue et ont les mêmes institutions politiques, sociales et religieuses. Par contre ils sont alliés aux Romains, dont tout les sépare. En Irlande, tous les problèmes politiques consistent en querelles entre les « provinces » ou entre les cantons.

Identiquement, il est assez rarement question de « classe » sociale, au sens où les Modernes entendent le mot, dans les récits insulaires, parce que ne sont guère évoqués que les deux genres de personnages qui animent les cycles mythologique et épique : les **druides** et les **guerriers.** En droit et en fait César confirme : selon lui la plèbe gauloise ne compte pour rien et elle n'ose rien par elle-même *(nihil per se audet).* Mais, jusqu'à plus ample informé, nous ne connaissons de nom indo-européen de l'« esclave » en aucune langue celtique.

La littérature irlandaise, recoupant la description

sommaire que César propose de la Gaule indépendante, souligne la primauté absolue des druides. À cause de leur sacerdoce ils ont de très nombreuses activités ou responsabilités qui influent directement sur la politique et l'administration. Et s'il a existé des spécialisations, théoriques ou pratiques, en Irlande et en Gaule, elles ne changent rien au principe qui veut que la religion commande tout.

Toutefois, s'il n'est que rarement question de « classe » dans les textes mythologiques et épiques irlandais peuplés de dieux et de personnages de haut rang, les distinctions sont nettes et il arrive qu'une phrase ou une remarque souligne crûment le soin que les rois, les princes, les nobles ou les héros guerriers prennent à se tenir à l'écart ou à se démarquer de la « foule » ou des êtres « serviles ». Les rangs sociaux sont même très explicites dans les traités juridiques qui emploient un zèle minutieux à séparer l'homme libre, dont les derniers degrés sont le *bó aire* et l'*oc aire* ou « possesseur de bétail », et l'homme non libre, lié à autrui par un contrat de tenure ou de métayage. Mais seule la richesse foncière (le bétail et non la terre) sert à la distinction entre noble et non-noble. Quand, en 1967, nous avons parlé de « bipartition » à propos du schéma sociologique de César en Gaule, c'est parce que ce dernier n'a pas reconnu la part des artisans qu'il a indûment englobés dans la *plebs*. Mais cela n'est qu'un détail dans l'ensemble de la description. S'il fallait traduire cette plebs césarienne en définition indienne, elle inclurait le *vaishya* (artisan ou producteur inclus dans la tripartition fonctionnelle) et le *paria* et le *shûdra* (hommes de rang inférieur non intégrés au système des castes).

Cela étant, les Celtes connaissent, comme tous les Indo-Européens, des classes sociales définies par des fonctions spécialisées :

– **sacerdotale** (prêtres ou « druides »),
– **guerrière** (noblesse militaire ou *fláith*),
– **productrice** (artisans).

L'erreur de César est celle d'un noble romain habitué à la distinction immédiate des patriciens et des plébéiens et qui n'attachait aucune importance à une classe artisanale qu'il méprisait. Mais si elle assigne à chacun une place précise suivant son rang ou son mérite, l'Irlande ignore – comme devait l'ignorer la Gaule – la définition romaine des *artes liberales* opposés aux *artes serviles*. Était honorable et honoré quiconque était détenteur d'un savoir ou d'un savoir-faire, intellectuel ou manuel. Il faisait partie des *áes dána* ou « gens d'art » et il est prévu le cas où un forgeron a droit, à cause de sa compétence professionnelle, au titre de « docteur » *(ollam)* ou même de « druide » *(druígoba)*, le nom du druide étant ici un simple préfixe superlatif.

Cette souplesse de conception, opposée à la raideur des castes indiennes, explique pourquoi, dans les récits épiques, un fils de druide peut être guerrier et, inversement, un fils de guerrier devenir druide. Ce n'est pas la règle : en général la fidélité à la tradition fait qu'un druide est le plus souvent fils de druide et qu'un bon roi est fils de roi. Mais la tradition n'est pas contraignante. C'est l'occasion de rappeler que cette absence de contrainte jointe au respect du travail manuel rend compte des extraordinaires capacités techniques des Celtes, au moins de ceux des périodes de Hallstatt et de La Tène dans le travail du métal et du bois. L'artisan, nous le voyons assez par les objets innombrables provenant des fouilles archéologiques, pouvait aussi être un artiste, à coup sûr honoré et respecté.

Par ailleurs les Celtes ont eu une vie matérielle des plus simples (comme les Anciens en général avant la Rome impériale), un système économique efficace et robuste et des principes politiques stables. La royauté élective semble avoir été la règle, et là où elle ne l'est plus, comme en Gaule à l'époque de César, c'est que la décadence survient à un rythme rapide car le bon fonctionnement du système politique traditionnel repose sur le parfait équilibre, l'entente du druide et du roi, ce dernier étant extrait de la classe guerrière sous le contrôle des druides. Mais si le roi ne peut se passer du druide, le druide ne peut davantage remplir normalement ses fonctions en dehors de la cour royale. Le *vergobretus,* à la fois nom de la fonction et du magistrat qui l'occupe, que César nous dépeint en exercice chez les Éduens au premier siècle avant notre ère, n'est, encore et toujours, qu'un substitut de roi. César ne s'y trompe pas en parlant de *regia potestas* (« puissance royale »), ce qui ne devait guère inciter ses compatriotes à considérer les Gaulois avec une excessive sympathie.

Et alors que le druide jouit de toutes sortes de privilèges (avant tout exemption d'impôt et de service militaire, ce qui ne lui interdit pas de combattre s'il en a l'envie ou le besoin), alors que son autorité et son prestige sont sans bornes, le souverain celtique est soumis à de très nombreux interdits, les *geasa* irlandaises : ne pas quitter le territoire, ne pas parler avant son druide, ne pas passer plus de huit nuits loin de sa résidence sont des exemples des interdits magico-religieux auxquels il est soumis. La société le considère beaucoup plus comme un équilibrateur ou un distributeur de richesses que comme un détenteur de pouvoirs civils et militaires. C'est vers lui que montent les impôts et les tributs des vassaux et des peuples soumis ou alliés, et c'est de lui que viennent les dons, les largesses, les générosités.

L'archétype du souverain celtique est celui à qui une bonne administration et une chance matérielle remarquable permettent de donner sans compter, sans avarice ni refus. Sous le règne d'un bon roi l'abondance est universelle : la terre est fertile, les animaux sont féconds, la justice est facile et bénigne, la victoire militaire constante. Le mauvais roi est celui qui accable ses sujets d'impôts et de taxes sans rien leur offrir en contrepartie : sous son règne la terre est stérile, les animaux refusent de procréer, la justice est inique et tracassière, la défaite militaire inéluctable. En général le mauvais roi, le roi usé par le pouvoir finit mal, au moins dans les récits, de la triple mort sacrificielle : assassiné par ses ennemis, noyé dans une cuve de bière ou d'hydromel, brûlé vif dans l'incendie de son palais après la prédiction ou la satire d'un druide. Pour avoir mal reçu un *file* ou « poète », autrement dit un druide, le roi « intérimaire » Bres, selon le récit du *Cath Maighe Tuireadh* ou « Bataille de Mag Tured », se voit réclamer par les chefs des hommes d'Irlande la « restitution de la souveraineté ». Mais, dans la pratique, un roi d'Irlande ne « restitue » jamais la royauté : il la perd avec la vie : sa fin ordinaire est la mort violente de la main de son successeur, plus jeune et plus fort que lui.

C'est ce qui explique pourquoi, dans un système politique stable, les rois irlandais (ou gaulois) ont été fragiles et, hormis exceptions signalées par toutes les annales, très éphémères. On réclamait du souverain de rassembler en lui trop de qualités pour que beaucoup de nobles candidats-rois y parvinssent. En outre la structure de l'État était « verticale », à la mode féodale, tout entière inscrite dans les relations personnelles ou la fidélité, la confiance mutuelle du roi et de ses vassaux. L'administration irlandaise est une superposition et une juxtaposition compliquée de roitelets de cantons *(túatha)* et de rois de « provinces » (*cóiced* « cinquième ») sous l'autorité suprême, plus nominale que réelle, du roi de Tara. La royauté suprême, celle du « haut-roi » *(ardrí)*, est une fonction enviée et d'exercice redoutable : elle ne s'impose que par le double effet de la dignité et de la puissance de son détenteur. Car, contrairement aux pharaons égyptiens ou aux rois de quelques traditions sémitiques, **le roi celtique n'est pas prêtre** : **il n'exerce aucune fonction religieuse.**

Il y a peu de « cadres » : le roi a des serviteurs, intendants, guerriers, porchers, druides ou devins, poètes, conteurs, etc., ces derniers remplacés par le chapelain à l'époque chrétienne. Mais, pas plus que le roi mérovingien, le roi celtique n'a de fonctionnaires. Ce qu'il donne est chaque fois une récompense, une libéralité créant ou renforçant un lien personnel : ce n'est jamais un traitement ou une solde correspondant, suivant un statut ou une législation définie, à une fonction régulièrement exercée.

À cela s'ajoute une conception toute différente de la notion juridique de l'État telle que la connaît et l'impose le droit romain. La *respublica* celtique, c'est la fidélité à un homme, à une famille, à un clan, à une cité et non à une notion étatique trop abstraite parce que trop lointaine. Il n'est aucun mot, en aucune langue celtique ancienne, ou même néo-celtique, qui soit susceptible de traduire le latin *patria.* Il n'y en a non plus aucun pour traduire le latin *respublica.* Il faut d'ailleurs rappeler, en exergue, pour la compréhension des choses antiques, que *respublica* signifie « État » et non « république ». Il désigne l'État et non la forme de l'État, l'institution politique et non son contenu. Il nous faudrait d'autres mots et d'autres critères pour juger un « patriotisme » gaulois limité au terroir : les Éduens s'alliant à Rome contre les Séquanes n'ont pas conscience de trahir la Gaule et leurs adversaires, qui appellent les Germains d'Arioviste, pas davantage. La notion de « Gaule » opposée aux pays étrangers existe, mais quelle est sa réalité exacte ? Il nous faudrait une littérature aussi abondante que celle de l'Irlande pour répondre à cette question. Tout ce que nous dirons avec certitude, c'est que les noms de peuples sont **masculins** et que les noms de pays et de fleuves sont **féminins** en Gaule. C'est déjà une indication qui va dans le sens irlandais (il suffit de penser au nom de la Marne, *Matrona,* qui est un dérivé théonymique du nom celtique ancien de la « mère », **matir).* En Irlande, en effet, le nom du pays, *Eriu*, s'applique à une élégante et parfaite allégorie de la Souveraineté. Mais il y a toujours un compétiteur possible. C'est le plus jeune et le plus vigoureux, le plus entreprenant qui l'emporte.

Le morcellement territorial est une conséquence de la conception celtique de la société. À l'époque où nous les entrevoyons dans les débuts de l'histoire, les Celtes ont déjà fait passer sur le plan mythique la notion d'un royaume unitaire et Ambigatus, toutes proportions gardées, est aux Gaulois ce que, bien après, Arthur sera aux Bretons. Ne parlons surtout pas d'« empire » au sens romain ou moderne du mot. Rien n'est plus étranger à la mentalité celtique, sauf par emprunt tardif. C'est parce que les Bretons insulaires du ve siècle ont été, face aux Anglo-Saxons, les meilleurs et les derniers défenseurs de la *Romania,* que le roi Arthur est dit parfois « empereur ».

La véritable cellule sociale est la *fine* irlandaise, la famille au sens le plus large des ascendants et des descendants, directs et collatéraux, le *clan* écossais qui groupe parfois plusieurs milliers de personnes.

Au-delà de cette cellule indestructible ne sont plus reconnus que des liens personnels de dépendance, de vassalité ou d'allégeance à un puissant personnage.

Aucun droit public ne règle les relations d'État à État, d'État à individu. Il y a certes des lois, une jurisprudence, subtiles, des codes précis qui sont ce que l'on appellerait maintenant un « droit coutumier ». Mais la conception celtique de l'État élargit démesurément le droit privé et a pour corollaire la quasi-inexistence de tout droit public. Que ce soit au civil ou au criminel, c'est l'individu lésé ou sa famille, ou son représentant, qui exerce le recours et applique (avec l'aide d'un juriste pour éviter les erreurs de procédure qui annuleraient toute l'action), après un jugement si le cas est épineux, la sanction prévue par la loi ou la jurisprudence.

Loin d'être les rêveurs impénitents et mélancoliques que les Romantiques ont imaginés, les Celtes de l'Antiquité et du Moyen Âge se sont plu à la chicane et à la procédure, à la discussion serrée et à l'argutie subtile : l'un des monuments les plus importants de la littérature irlandaise médiévale est le *Senchus Mór* (« Grande Antiquité »), recueil de lois dont beaucoup ont été appliquées, malgré l'occupation anglaise, jusqu'au XVIIIe siècle. Il n'est pratiquement aucun texte irlandais médiéval, aucun récit mythologique ou épique qui n'ait une implication ou une incidence juridique.

En cas de meurtre ou d'injure, de préjudice matériel ou moral, la loi se borne à fixer le prix de composition (*enechlann* « prix du visage » ou « de l'honneur ») que le meurtrier ou le coupable devra payer à la victime ou à sa famille en fonction de son âge, de son sexe, de son rang social s'il veut éviter le recours à la vendetta ou à la guerre privée.

Autant dire que le système entretient, de génération en génération, des haines inexpiables tout autant que des fidélités résistant à toute épreuve par-delà le bien et le mal. Malheur aussi à celui qui n'a pas une nombreuse famille, une riche postérité : des garçons forts et courageux pour protéger sa vieillesse, de jolies filles qui, achetées très cher par leurs prétendants, procureront de nouvelles ressources et de nouvelles alliances. Aussi bien en Irlande que dans la Gaule du Ier siècle avant notre ère l'isolé, le pauvre, le faible tombe sous la coupe d'un puissant qui, en échange de la liberté, lui assurera la sécurité. Les *factiones* dont parle César sont l'expression sociale et politique gauloise la plus visible de ce système ; en Irlande, ce sont les guerres entre clans, entre rois de cantons ou de provinces. Mais la guerre est un état endémique qui, en Irlande, à ce qu'il semble, n'a rien de désastreux pour la démographie.

La guerre même est vue comme une affaire individuelle et le combat singulier en est la raison d'être. Dans le récit de la *Táin Bó Cúalnge* ou « Razzia des Vaches de Cooley » le héros Cúchulainn arrête à lui seul l'armée des quatre provinces d'Irlande coalisées contre l'Ulster : il a conclu avec la reine Medb une convention aux termes de laquelle on dépêchera chaque jour, au petit matin, un guerrier pour le combattre. Il tue invariablement son adversaire mais il cesse de massacrer les Irlandais à coups de pierres de fronde pendant la nuit.

L'habitat suit des tendances identiques : le monde celtique ignore les ensembles urbains à la mode grecque et romaine. Il n'y a aucun mot, en aucune langue celtique, même contemporaine, pour traduire le latin *urbs*, même par approximation : l'irlandais *baile* ne signifie que « village » et le breton *kêr* (du latin *castra*) n'a jamais voulu dire autre chose que « hameau ». La base de l'habitat est, en Irlande, le *dún* (gaulois *dunum*) ou le *ráth* (gaulois *ratis*), la demeure du chef, maison de bois ou palais rustique autour duquel s'élèvent les huttes de torchis et de chaume des artisans et des serviteurs. La sécurité est assurée par un fossé ou une circonvallation et, le plus souvent, une palissade de bois. Sur le continent, où les influences grecques se sont faites sentir, la base de l'habitat est l'*oppidum*, enceinte parfois très vaste (plusieurs centaines d'hectares) dans laquelle toutes les populations des environs viennent chercher refuge en cas de danger. Il existe en Gaule quelques villes comme Bibracte ou Avaricum, beaucoup de modestes bourgades, des forteresses, mais pas de constructions en pierre, hormis de rares exceptions méridionales, signalées par l'archéologie.

Les matériaux essentiels de la civilisation celtique, nous l'avons déjà vu, sont le bois et le métal. L'usage de la pierre ne se généralisera qu'à la période gallo-romaine. Et encore les sculptures indigènes sur pierre témoigneront-elles toujours de l'énorme distance qui sépare l'art celtique du naturalisme classique. Les Celtes ont été aussi d'excellents artisans des textiles (laine, lin et chanvre) et du cuir. Du reste en Irlande quiconque pratique un art, manuel ou intellectuel, est un « dieu » et les artisans ont une place dans le panthéon, ce que César a omis de dire. Il n'y a pas d'autre explication à l'extraordinaire abondance d'objets métalliques retrouvés dans les sites archéologiques de Hallstatt et de La Tène ou à travers toute l'Europe. Quand ces objets sont en or, ce sont toujours des merveilles de technique et de goût. On peut s'étonner à ce propos que le nom de l'argent *(*arganto-)*, soit indigène dans toutes les langues celtiques et attesté par d'importants toponymes gaulois cependant que le nom de l'or est, dans les langues néo-celtiques un emprunt au latin *aurum*. Cela est-il dû à l'absence de grande industrie ou de grand négoce ? On ne saurait le dire. Mais ce qu'il faut retenir, c'est que la « technique » est, chez les Celtes, individuelle ou familiale et non collective, artisanale et non industrielle, tout en étant certainement très perfectionnée.

Qu'il y ait eu un décalage entre les conceptions religieuses, l'organisation idéale de l'humanité et les réalités sociales, cela n'est nullement improbable : bien avant la décadence de l'Irlande, et même avant celle de la Gaule, quelque dix siècles plus tôt, les Celtes étaient devenus sédentaires, agriculteurs et surtout éleveurs. Ils évaluaient la richesse en bétail ou en femmes esclaves (ce qui est cependant déjà en Irlande préchrétienne plus une unité de compte théorique qu'une réalité concrète). Là où leur archaïsme subsiste, c'est dans l'organisation financière. Il a existé des systèmes d'évaluation par lingots d'or ou de cuivre mais l'Irlande, qui a quelques trésors de monnaies romaines, n'en a frappé aucune antérieurement aux rois scandinaves de Dublin, au xe siècle. Les premières émissions gauloises, douze ou treize siècles plus tôt (cela donne une idée de l'archaïsme insulaire) sont des imitations de monnaies grecques (le statère de Philippe de Macédoine) à partir desquelles il peut être très imprudent d'étudier le symbolisme religieux des images ou des légendes monétaires, ne serait-ce que parce que nous ignorons le rapport éventuel qui pourrait exister entre la religion, l'autorité monétaire (qui exerce là un pouvoir régalien) et l'image proprement dite. Le symbolisme ne se mesure pas au hasard d'interprétations personnelles.

Cela n'a pas empêché les rois et les nobles d'aimer les bijoux d'or, les pierres précieuses ou les émaux, les armes richement ornées, les pommeaux d'ivoire finement travaillés, les broches délicates, les tissus bariolés et brodés d'or et d'argent. L'or surtout fait partie de toutes les sépultures royales. Les Celtes ont aimé au-delà de toute mesure le faste et la joie des festins qui duraient plusieurs jours ou plusieurs semaines. Mais quand un roi d'Irlande, prodigue de ses trésors, reçoit l'un de ses pairs, on étend des roseaux frais sur le sol et, pour boire du vin, de la bière ou de l'hydromel dans des coupes ou dans des cornes d'or rehaussées de gemmes, on s'assied parfois sur des bottes de paille. Aucun chef celte n'a eu les moyens matériels ou militaires, ni surtout l'ambition de fonder un grand État. Les grands souverains modèles, Ambigatus en Gaule, Conn Cetchathach en Irlande, sont mythiques et non historiques.

LE RÔLE DE LA FEMME DANS LA SOCIÉTÉ

On a écrit assez d'incongruités sur ce sujet pour qu'il s'avère indispensable de mettre les choses au point : traiter de la femme dans la société celtique, c'est en effet aborder un faux problème parce que la femme, en tant qu'être humain physiologiquement différent de l'homme, ne pose précisément aucun problème, ni politique ni social ni juridique, dans aucune société indo-européenne, le gouvernement des choses domestiques n'étant évidemment pas en question.

Rappelons que la monogamie est, pour tous les Indo-Européens, une règle juridique ne souffrant aucune exception (*cf.* la fille épiclère en Grèce !). Le concubinage est une simple tolérance qui ne met jamais en cause le patrimoine, et les neuf ou dix degrés de mariage que connaissent et que réglementent les lois irlandaise et indienne sont, non pas une affaire de sentiments entre deux personnes, mais un contrat qui engage et lie deux familles. L'Irlande préchrétienne n'a d'ailleurs d'autre mot que *caratrad* « amitié » pour désigner à la fois le « contrat » et le « mariage ». Le mot irlandais actuel, *pósadh,* est un emprunt chrétien au latin *sponsus* et celui qui, dans les récits, désigne l'amour en tant que sentiment ou attirance que deux êtres ressentent l'un pour l'autre, est un nom de maladie : *serg* « langueur » ou « neurasthénie ».

Nous n'avons pas l'équivalent irlandais de la *confarreatio* romaine, le mariage du *flamen* qui multiplie les précautions et les exigences quant à la pureté de la jeune fille, ou du mariage du brahmane (quand bien même il serait le dixième, lui seul est l'époux !) qui, comme le druide, purifie tout ce qu'il touche. Mais la dignité reconnue à la femme éclate dans le mariage royal des souverains mythiques du Connaught, Ailill et Medb. La seule querelle que l'on connaisse entre les deux époux est, au début de la *Táin Bó Cúalnge* ou « Razzia des Vaches de Cooley », la « dispute sur l'oreiller », lorsqu'il s'agit de savoir lequel des deux est le plus digne et le plus riche. C'est la reine naturellement, et cela se termine très mal pour toute l'Irlande par la faute d'un taureau qui ne se plaisait pas, par orgueil de mâle, sur bien de femme et était allé rejoindre les taureaux du roi.

Loin d'être confinée dans le gynécée ou tenue en servitude comme dans certaines sociétés polygames, la femme irlandaise, bretonne ou gauloise, possède un statut bien défini, lequel est strictement le même que celui de l'homme : elle peut tester, hériter, jouir de ses biens, exercer une profession, avoir sa propre domesticité. Elle a même accès au sacerdoce pour y exercer l'art de la *prophétie*. En contrepartie ou en conséquence de ces libertés, en Irlande, jusqu'au VIIe siècle, la femme propriétaire de biens fonciers est astreinte au service militaire. La polyandrie notée par César à propos des femmes bretonnes a toutes les chances d'être un fait mythique passé mal à propos dans l'histoire (*cf.* les aventures de l'Indienne Draupadi et des cinq Pandavas dans le *Mahabharata*) à moins qu'il ne s'agisse d'une donnée sociologique incomprise.

Les thèmes mythiques les plus féconds de l'Irlande préchrétienne – ce n'est pas un hasard ou un choix de transcripteur – sont ceux qui, en quelque sorte, exaltent la féminité :

- **l'allégorie ou la personnification de l'Irlande** sous les traits d'une jeune femme à la parfaite beauté physique, qui est aussi l'image et la représentation de la Souveraineté, celle que le roi prend, mais qui le choisit et qui, comme la reine Medb (« ivresse [du pouvoir] »), n'est jamais sans un homme dans l'ombre d'un autre ;
- **la belle messagère de l'Autre Monde** qui vient chercher un heureux mortel qu'elle emmène dans une barque de cristal et à qui elle donne, avec son amour, la félicité éternelle.

Il ne manque pas non plus, chez les auteurs grecs et latins, de récits ou d'anecdotes décrivant ou montrant en exemple la fidélité, le dévouement, l'intelligence en même temps que la beauté des femmes gauloises. César lui-même, qui n'était pas un tendre, a fait état, sans mépris, du dévouement religieux des femmes d'*Avaricum* et de *Bratuspantium* qui, la poitrine nue et suppliantes, ont essayé de faire en sorte que leur cité soit épargnée par la soldatesque romaine. Vérités historiques ou mythes historicisés, peu importe : ce sont les Celtes qui ont légué à l'Europe médiévale, par le biais de la légende arthurienne (Tristan et Yseult), le thème – qu'on a pu imiter mais non pas dépasser – de l'amour absolu et du destin librement choisi et assumé. Mais l'absolu des sentiments humains n'atteint sa perfection que dans la mort et c'est le prix que paient les amants. C'est encore le récit des amours tumultueuses de Deirdre et de Noisé : plutôt que de devenir la concubine du roi d'Ulster, Deirdre se choisit un époux, qu'elle contraint à l'enlever et, son mari ayant été tué par traîtrise, elle préfère se fracasser la tête contre un rocher et ne pas lui survivre. La Gaule a connu des légendes ou des histoires comparables de fidélité conjugale exemplaire, celle d'Éponine par exemple. La « femme-truie », la « déesse-jument », toutes les laideurs ou les dépravations issues de la poubelle du subconscient et dignes des monstres de Jérôme Bosch, tout cela est absent de nos sources celtiques dans lesquelles toute laideur physique ou morale est une calamité que l'on fuit. La légende irlandaise contient parfois quelques détails d'une verdeur toute médiévale et d'une franchise très naturelle, mais l'honneur est toujours sauf. La *meretrix* exerce en Irlande un métier reconnu par la loi mais il n'y a pas d'*erotica* celtiques insulaires et il ne semble pas y en avoir eu en Gaule avant l'époque romaine. Les amours hors mariage de Vercingétorix et d'une jeune et belle druidesse sont le thème obsessionnel de quelques fictions mal romancées.

II. La fin du monde celtique

Le sort des Celtes continentaux a été scellé à Alésia. Mais nos éléments d'appréciation sur la portée et les conséquences de cet événement sont des plus variables. La Gaule a-t-elle perdu sa liberté pour gagner en compensation la civilisation qu'elle méritait ? S'est-elle soumise à bout de forces et de sang ou, au contraire, s'est-elle laissée romaniser volontairement ? Ce serait calomnier, assurément, les *equites* gaulois que de penser qu'ils auraient volontiers accepté de perdre leur liberté en échange du confort de la fortune et des titres. Et si la Gaule s'est laissée romaniser volontairement, c'est qu'elle avait perdu ou qu'on lui avait aussi volé jusqu'à son âme, sort le plus indigne qu'on puisse faire subir à un vaincu. Sans trop lire entre les lignes du *De Bello Gallico,* ce que nous pouvons supposer de plus probable est que César s'est débarrassé de la majeure partie de la classe militaire gauloise et qu'il a domestiqué le peu qui en restait. Le douloureux dénouement d'Alésia, s'il a marqué l'histoire, est cependant plus une étape qu'un aboutissement et plus une conséquence qu'une cause.

Car c'est au moment où il atteignait sa plus grande extension que le monde celtique commençait sa décadence. Les Grecs n'y sont pour rien, si ce n'est en Galatie, encore que les Galates aient survécu à la conquête des rois de Pergame au IIIe siècle avant notre ère. Sans qu'on sache très bien pourquoi (est-ce à force d'exporter des mercenaires dans toutes les directions ?), l'infériorité militaire de la Gaule est manifeste dès le IIe siècle avant notre ère et, pour protéger son indépendance politique, religieuse et économique, il lui aurait fallu une insularité aussi lointaine que celle de l'Irlande. Les guerres orientales et les troubles qui agitent la république romaine valent aux Celtes un répit de quelques dizaines d'années. Mais Rome est devenue assez puissante pour arrêter net à Verceil les Cimbres et les Teutons et, pendant ce temps, les turbulentes tribus germaniques à la recherche de nouvelles terres affaiblissent la Gaule. César fait le reste et, en six ou sept ans, tout est terminé.

Avant et après Camille Jullian les historiens français ont souvent cherché la raison profonde de ce rapide écroulement, tant est grande la nostalgie d'un monde qui n'a pas été : le morcellement territorial était infini, les querelles intestines, les guerres civiles étaient quotidiennes. Et il est des peuples comme les Rèmes qui, pendant toute la guerre des Gaules, feront campagne du côté romain. Quand Vercingétorix surgit, il ne réussit pas à faire l'unanimité : il lui faut se livrer, avec des contradicteurs ou des rivaux, à de byzantines querelles sur la tactique à suivre et on n'a pu s'empêcher de trouver sa conduite quelquefois bizarre. Mais que savons-nous de Vercingétorix qui ne nous est connu que par les comptes rendus de son adversaire implacable et quelques légendes monétaires ? Et que savons-nous de la réalité gauloise, en dehors des récits des historiens classiques, et des fouilles archéologiques ? Un détail au moins doit être signalé et souligné : chaque fois que César rapporte les discours, les paroles, les arguments d'un chef ou d'un officier gaulois la phraséologie est beaucoup plus proche de celle d'un avocat romain que des tendances des langues celtiques. Cela nous oblige à réfléchir.

Par comparaison l'état politique, sinon militaire, de la Germanie ne trahissait pas une meilleure organisation. Mais on oublie que le patriotisme n'a pas pris corps en Europe avant la fin du Moyen Âge. Dans le monde antique l'organisation fortement charpentée, la vigueur militaire de l'État romain sont une exception et il n'est aucune ethnie isolée, pas plus la Grèce que la Germanie, qui lui ait résisté. Les Celtes ont lutté avec ce dont ils disposaient, peu de chose au fond : c'est leur mentalité qui était la moins préparée, pour des raisons religieuses, à une guerre totale où tout mouvement, toute décision est le résultat d'un calcul stratégique minutieux. César a eu en outre l'intelligence de ne pas les combattre tous en même temps : c'était d'autant plus facile que chaque « cité » gauloise ne se sentait pas concernée par les affaires des autres. Il avait des troupes disciplinées, du matériel de siège, des officiers d'état-major expérimentés, du génie militaire. Les Gaulois n'avaient rien de tout cela et quelques milliers d'hommes lui ont suffi.

Au surplus la réduction de la Narbonnaise en province romaine, soixante-dix ans auparavant, et les activités des marchands romains dans tout le reste de la Gaule avaient préparé le terrain. C'est que, considérée dans le détail pratique, l'organisation de la société celtique était complexe et il semble qu'à l'époque de César les druides aient eu quelque difficulté à maintenir la classe guerrière au rang et à la place que la tradition lui assignait. La royauté était partout en recul, remplacée par des oligarchies, la noblesse s'agitait et, à partir du Iᵉʳ siècle avant J.-C. la Gaule était condamnée.

Elle aurait pu refaire ses forces et se révolter, et c'est peut-être ce qu'elle a fait à deux ou trois reprises, nous n'en savons trop rien. Elle aurait pu encore se résigner à l'inévitable, perdre son indépendance politique et garder sa personnalité, sa langue et sa religion, comme la Grèce qui, au lieu de se latiniser, a hellénisé Rome et la moitié de l'Empire. Elle n'en a rien fait. On doit se demander pourquoi.

L'ABSENCE D'INFÉRIORITÉ INTELLECTUELLE

Nous n'avons pas de texte gaulois éclairant l'histoire de cette période éloignée de deux millénaires et nous ne pouvons infirmer sur pièces l'opinion commune selon laquelle le latin l'a emporté parce qu'il représentait une culture. Mais si l'on veut bien la considérer dans le contexte de la romanisation de la Gaule une telle opinion paraît fragile. L'élite intellectuelle gauloise, autrement dit la classe sacerdotale, habituée depuis très longtemps aux contacts avec le monde méditerranéen, savait le grec. C'est même en caractères grecs qu'elle a commencé à écrire sa propre langue : les inscriptions de France et d'Italie, les légendes numismatiques en témoignent. Il est probable aussi que beaucoup de Gaulois cultivés ont su le latin. Des emprunts ou des influences ne sont pas, toutefois, pour une langue, un poison mortel. Et si la langue gauloise a servi aux spéculations métaphysiques, philosophiques, théologiques ou astronomiques dont parle César ; si elle a servi, comme c'est encore probable, à la transmission orale d'une littérature héroïque analogue à celle de l'Irlande, il faut penser que ses possibilités et virtualités lexicales et expressives, pour être différentes de celles des langues classiques, ne leur étaient pas inférieures. Les capacités techniques prouvées par les découvertes matérielles de l'archéologie protohistorique obligent aussi à admettre l'existence d'un vocabulaire spécialisé dont il ne subsiste plus ou presque plus de traces dans les langues néo-celtiques.

La supériorité d'une langue sur une autre est en l'occurrence un faux argument, premièrement parce que nous connaissons l'une et ignorons l'autre (comment juger ce que nous ne connaissons pas ?), secondement parce que son développement et son perfectionnement ne reflètent que le degré d'intelligence technique et de réalisation intellectuelle de ceux qui s'en servent : l'irlandais était une langue savante alors que l'anglais était tombé à l'état de dialecte sans avenir sous le règne de souverains de langue française, et ce n'est pas la supériorité intellectuelle qui a fait que l'anglais, fortement teinté de scandinave et de roman, a gagné du terrain, ce sont des raisons politiques et économiques. De même le breton et le français vivent côte à côte en Basse-Bretagne depuis dix siècles et le vocabulaire breton est pénétré de mots romans. Mais la structure grammaticale est peu touchée par l'influence française et c'est parce que le français a été la langue officielle du duché et des États de Bretagne que le breton a cessé d'être, vers le XIe siècle, une langue de culture.

LES RAISONS DE LA ROMANISATION

À la vérité les Gallo-Romains ont adopté, lentement, le latin parce que c'était la langue qui procurait, quand on savait l'employer, des honneurs et des places (on pourrait comparer, dans un autre contexte, les Irlandais qui, après l'abolition des lois pénales, en 1831, ont appris l'anglais pour occuper des postes subalternes dans l'administration. Il fallait bien vivre). C'était aussi la langue administrative et commerciale de tout l'Empire à une époque où le rôle économique de la Gaule était loin d'être négligeable. Cela suppose que les écoles des druides ont été immédiatement supplantées par des écoles latines. Car les druides ne pouvaient se maintenir longtemps en dehors du cadre religieux et politique dans lequel ils exerçaient leur activité. En outre leur enseignement était oral et il était devenu sans valeur par rapport à l'enseignement écrit du latin. L'assimilation linguistique a donc pu commencer parce que la couche intellectuelle dirigeante a cessé de compter – laissant son nom à des substituts inférieurs ou à des guérisseurs de village – et que les cadres politiques et administratifs gaulois se sont romanisés. Eu égard à ce fait majeur, les édits de Tibère et de

Claude sont probablement pour peu de chose dans la disparition effective des druides. Ils ont, au pire, hâté, précipité ou entamé un processus de disparition qui, dans le cadre de l'Empire, était inéluctable. Nous voudrions bien d'ailleurs avoir lu ces édits dont le texte est malheureusement introuvable.

D'autre part le latin populaire des soldats et des marchands, celui des fonctionnaires et des colons que l'administration romaine a implantés en Gaule, celui que les voyageurs gaulois ont entendu en Italie, n'était pas le latin oratoire de Cicéron. Et le menu peuple, quand il a commencé à le parler ou le comprendre tant bien que mal, peut-être vers le IIIe siècle de notre ère, peut-être plus tard encore, était loin d'en saisir toutes les subtilités. La Gaule romaine a été certainement pendant très longtemps un pays bilingue où coexistaient une langue écrite, officielle et de peu d'extension, le latin, et une langue orale, parlée par tout le monde, le gaulois. Pendant les longs siècles des époques mérovingienne et carolingienne la Gaule, en train de devenir la France, a parlé un ensemble de dialectes et de sous-dialectes bas-latins dont le français, en tant que langue digne de porter ce nom, n'est pas issu avant le Xe siècle. Il a fallu huit siècles, à travers une foule de bouleversements politiques et militaires, économiques, ethniques, démographiques et religieux, pour que le latin devînt le roman des Serments de Strasbourg en 842, puis le français proprement dit. De même, si les Francs de Clovis et de Chilpéric ont fini par se romaniser, c'est parce qu'ils se trouvaient en minorité dans une ambiance romane. Là où ils sont restés majoritaires le pays s'est germanisé. Précisons au surplus qu'un changement de langue se produit d'autant plus rapidement qu'il affecte une population plus restreinte. Il suffit d'évoquer le cas du norrois parlé par les Vikings installés en Normandie à la fin du IXe siècle.

Deux cents ans plus tard il n'en restait plus que des traces toponymiques. On pourrait penser aussi à ce qui reste de français parlé dans les îles Anglo-Normandes.

Les progrès du latin ont dû être assez lents pour que la plupart des Gaulois (le « Gallo-Romain » est une abstraction ethnique !) du IVe, du Ve, voire encore de la première moitié du VIe siècle aient su encore leur langue. Mais le processus de latinisation s'est précipité et achevé avec l'installation du christianisme dont le latin était la langue liturgique. Les choses se passèrent autrement en Grande-Bretagne (voir *supra*, p. 79-81) où l'occupation romaine n'a été ni si dense, ni si complète, ni si longue. Après que les légions romaines eurent abandonné l'île à son sort en 410 le brittonique survécut, fortement marqué d'emprunts latins, mais avec une structure phonologique et grammaticale intacte. Ce qui n'a malheureusement pas survécu parce que la latinisation politique était déjà achevée, ce sont des rois ou des souverains capables de concevoir une unité bretonne indépendante du concept impérial romain. L'incapacité n'était pas politique, encore moins intellectuelle, elle était religieuse : Rome, c'était aussi la capitale du christianisme occidental contre les volontés de qui un chrétien ne se révoltait pas. Et la Bretagne de l'Antiquité finissante a été une proie facile pour les Anglo-Saxons. Le pays de Galles ne devait réaliser son unité au Xe siècle que pour tomber dans la sphère d'influence des rois anglo-saxons.

En Irlande les choses se sont passées encore différemment puisque la très mince romanisation du vocabulaire s'est faite à partir d'un vocabulaire liturgique importé par l'intermédiaire de la Grande-Bretagne. Le latin est resté une langue écrite sans emploi parlé avec un rôle de communication sociale insignifiant. Du reste le latin écrit en Irlande, ou latin hispérique, est truffé d'idiotismes, de tournures ou de métaphores gaéliques. Cela n'empêche nullement le latin de Scot Érigène, de Dichuil, ou même de saint Patrick et de son hagiographe Muirchu, d'être d'excellente qualité. Nous l'avons déjà signalé mais il n'est pas inutile d'insister à nouveau sur le fait, assez paradoxal, que, sans les Irlandais, la culture classique aurait sombré dans le néant de la nuit mérovingienne et que la renaissance carolingienne n'aurait pas été ce qu'elle a été.

En résumé, les Celtes ont disparu parce que la structure politique et religieuse de leur société était inadaptable à la conception romaine de l'État. La classe sacerdotale une fois éliminée, la classe militaire soumise, les classes artisanale et rurale christianisées, la Gaule, réduite à la nouvelle bourgeoisie commerçante des villes et aux grands propriétaires fonciers exploitant des armées d'esclaves et de serfs, n'a plus cherché à se séparer de l'Empire. Quand elle s'est révoltée, c'est chaque fois pour s'y tailler une meilleure place : aucun des « Empereurs gaulois » du IIIe siècle n'a renié la romanité. Et deux siècles plus tard, dans un pays non romanisé, l'Irlande, c'est la classe sacerdotale des druides, elle-même, qui a facilité la conversion au christianisme et qui lui a fourni ses premiers évêques. Le monde celtique continental est ainsi devenu solidaire de l'Empire et le monde celtique insulaire, après la disparition de l'Empire, est devenu solidaire du christianisme.

L'un et l'autre avaient malgré tout une chance de survie, surtout dans les îles où le christianisme celtique a été intellectuellement très brillant. Mais les invasions germaniques sont venues tout détruire. À l'époque carolingienne le nom de la Gaule disparaît de la carte, la Bretagne insulaire est anéantie par les Anglo-Saxons et, en Bretagne péninsulaire, l'expansion bretonne qui aurait sans doute recouvert tout le

Massif armoricain, a été brutalement arrêtée par l'invasion normande. La Cornouailles disparaît en tant qu'entité politique dès le Xe siècle. Quant à l'Irlande, après avoir brillé d'un éclat incomparable aux VIIe-VIIIe siècles et envoyé des moines missionnaires à travers toute l'Europe, elle ne s'est jamais remise des invasions scandinaves.

S'il existe encore à notre époque moderne des langues celtiques vivantes, c'est un miracle dû en grande partie à l'isolement géographique et non à la ténacité de l'ensemble des populations celtophones. Et ces langues ne sont que l'ombre de ce qu'elles ont été ou de ce qu'elles auraient dû être. On a une idée approchée de la culture qu'elles auraient été capables de transmettre par le dernier apport du monde celtique à la chrétienté médiévale : la littérature arthurienne et la légende du Saint-Graal.

III. La langue et la littérature

Les langues celtiques appartiennent au groupe « italo-celtique » des langues indo-européennes et elles se subdivisent en deux branches que l'on distingue, dans la nomenclature, par le trait essentiel qui les sépare : la labio-vélaire indo-européenne *kw* - s'est réduite à une gutturale aspirée / X / en goidélique et à une labiale / p / en brittonique. Le nom du cheval **ekwo-s* (latin *equus)* est devenu *ech* en vieil-irlandais et *epo-s* en gaulois. Les Goidels sont ainsi devenus des « Celtes en *k-*» et les Bretons et Gaulois des « Celtes en *p-* ». Mais le véritable classement n'est pas que morphologique. Il est aussi chronologique puisqu'il oppose le celtique insulaire attesté depuis la fin de l'Antiquité sous la forme des langues néo-celtiques et le celtique continental qui a disparu avant le début du Moyen Âge.

DE L'INDO-EUROPÉEN AU CELTIQUE

Ainsi que nous l'avons déjà plusieurs fois signalé dans le premier chapitre (voir p. 34-41), l'indo-européen, c'est avant tout, dans le domaine du langage et de la religion, un terme classificatoire et explicatif. Mais à coup sûr il n'est pas normatif. Car si nous savons assez bien en quoi consiste l'indo-européen en tant que concept, nous ne connaissons pas d'hommes indo-européens, se qualifiant ou qualifiés comme tels. Nous ne savons donc pas qui étaient les Indo-Européens. Nous ne disons pas qu'ils n'ont pas existé, mais nous ne pouvons remonter jusqu'à eux : dès la plus haute protohistoire ou préhistoire indo-européenne les peuples ont des noms et des langues propres, différents et distinctifs. L'époque à laquelle nous écrivons nous contraint aussi à la précaution verbale et classificatoire quant à la prétendue distinction de la nation et de l'ethnie, de l'« Indo-Européen » pur de tout mélange et du peuple non-indo-européen qui aurait été « indo-européanisé ». Si l'on pense actuellement aux Sud-Américains qui parlent espagnol ou portugais, aux peuples des Antilles qui parlent français ou anglais, on mesure tout ce que la distinction a de spécieux et d'inquiétant. Une telle distinction, alternant avec son contraire, la confusion, des Indo-Européens « purs » et des Indo-Européanisés autorise tantôt l'amalgame, tantôt la dissociation de la langue et de l'ethnie et, partant de là, toutes les divagations dogmatiques et idéologiques. La réalité tangible est plus simple : sauf exception rarissime nous n'avons aucun moyen de distinguer, dans une ethnie antique indo-européenne, caractérisée par la langue et la religion, ce qui serait éventuellement d'origine pure et ce qui serait non-indo-européen, c'est-à-dire le résultat d'une assimilation antérieure. Nous avons des Irlandais, des Bretons et des Gallois parlant irlandais, breton et gallois : nous savons, parce que le phénomène est chronologiquement récent, que certains, si ce n'est beaucoup d'entre eux, ont perdu leur langue parce que des conditions économiques et politiques nouvelles leur ont fait adopter l'anglais ou le français comme langues de communication usuelle. Mais nous n'avons aucun témoignage du « mélange » avec des populations antérieures dont nous ne savons rien. À la rigueur on doit supposer que les néolithiques ont appris le celtique. Mais jusqu'où pouvons-nous remonter ? Une seule chose est certaine : nous sommes habitués à décrire des langues qui, flexionnelles, agglutinantes ou monosyllabiques, fonctionnent suivant des systèmes déjà évolués et à propos desquelles il est impensable de concevoir une origine commune.

Cependant, toute discipline commence par la méthode et, plus encore, par l'idée qu'on s'en fait. Voici, dans la traduction de Michel Bréal, comment Franz Bopp, *Grammaire comparée des langues indo-européennes*, Paris, 1866, tome Ier, p. 1-2, concevait son étude :

Je me propose de donner dans cet ouvrage une description de l'organisme des différentes langues qui sont nommées sur le titre, de comparer entre eux les faits de même nature, d'étudier les lois physiques et mécaniques qui régissent ces idiomes, et de rechercher l'origine des formes qui expriment les rapports grammaticaux. Il n'y a que le mystère des racines ou, en d'autres termes, la cause pour laquelle telle conception primitive est marquée par tel son et non par tel autre, que nous nous abstiendrons de pénétrer ; nous n'examinerons point, par exemple, pourquoi la racine I signifie « aller » et non « s'arrêter », et pourquoi le groupe phonique STHA ou STA veut dire « s'arrêter » et non « aller ».

Ces lignes datent du milieu du siècle dernier et personne n'oserait plus s'en servir comme base de départ d'une discussion ou d'une démonstration. Mais les intentions des linguistes n'ont pas beaucoup changé quant au fond. Où en sommes-nous maintenant ? Voici la définition très courte de Jean Haudry, *L'indo-européen*, Paris, 1980, p. 3 :

> *C'est une langue – non attestée – dont il faut postuler l'existence pour expliquer les concordances, nombreuses et précises, qu'on relève entre la plupart des langues d'Europe et plusieurs langues d'Asie.*

L'un se réfère aux mécanismes de la langue, lesquels permettent de rechercher l'origine des formes, l'autre aux concordances qui expliquent l'unité linguistique de l'Europe. La formulation méthodologique a changé, mais non pas l'esprit dans lequel elle est conçue : il s'agit toujours de critères de détermination du fonctionnement et des origines, puis, finalement, de reconstruction et de reconstitution. Le résultat est en général un gigantesque édifice étymologique, aux matériaux les plus divers mais, il faut le souligner aussi, à l'architecture le plus souvent sanskrite ou classique. Les linguistiques indo-européennes (il y en a autant que de langues et d'écoles de recherches) restent marquées par leurs origines proches, à savoir la découverte de l'indo-iranien à la fin du XVIIIe siècle, cependant que toutes les démarches intellectuelles des philologues portent encore l'empreinte de la redécouverte du latin et du grec classiques par les érudits de la Renaissance.

Dans tout cela le celtique n'a guère de place, pour des raisons dont la plupart n'ont rien à voir avec la philologie et qui ont trait presque toutes à l'absence d'un enseignement normal des langues celtiques dans les lycées et les universités. Cette faiblesse irrémédiable ou plutôt cette sous-représentation anormale du celtique dans la majorité, sinon la presque totalité des travaux indo-européens est le fait à souligner avec le plus d'insistance au début de ce survol de la question. Outre que les celtisants spécialisés dans les langues anciennes en poste dans des universités ne se comptent pas même encore sur les doigts d'une main, au moins en France, il serait difficile de dire que leurs études sont appréciées et favorisées.

Car le sanskrit en particulier et l'indo-européen en général, tel qu'on le reconstitue, ajouté à un peu de grec et de latin, formeraient-ils l'essentiel de ce qu'est tenu de savoir un spécialiste, ou un simple étudiant, de l'indo-européen ? Et si le celtique n'était pas que marginal ou « substratique » ? Faudrait-il continuer à l'ignorer ? C'est la question à laquelle nous tenons à apporter une réponse adéquate, même au niveau élémentaire du présent ouvrage. Il nous semble en effet tout aussi évident que l'indo-européen élaboré par la reconstitution érudite des XIXe et XXe siècles ne ressemble en rien à l'idéal de perfection que supposent le sens et la composition du mot par lequel le sanskrit se désigne lui-même *samskrta* « orné, achevé, parfait ». L'indo-européen, en regard, n'est pas une hypothèse, mais ce n'est guère plus qu'un concept à partir duquel se sont organisés des systèmes et des doctrines.

Au départ cependant, l'indo-européen, c'est très concrètement un recensement numérique et une estimation géographique en même temps qu'une nomenclature. Les Européens actuels y sont souvent si sensibles qu'ils ont tendance à confondre, en dépit de nationalités multilingues patentes (Canada, Suisse, Belgique, URSS, et même Grande-Bretagne, France et Italie), **la langue et la nationalité**. Au XIXe siècle finissant, pour des raisons qu'il ne nous appartient pas d'analyser ici, un nombre appréciable de citoyens français munis de tous leurs droits civiques ne parlaient pas un mot de français. Mais si, actuellement, la plupart des celtophones (Irlandais, Bretons, Gallois, Écossais) abandonnent leur langue natale parce qu'elle constitue pour eux un obstacle à leur promotion sociale normale, car cela ne signifie pas qu'ils ont cessé d'être des Bretons, des Irlandais, des Gallois ou des Écossais, cela signifie qu'ils n'ont plus aucune conception ni aucune conviction linguistique de l'existence de leur ethnie.

La famille a des parents pauvres (le celtique et le balte par exemple) qui ont mal réussi mais, dans l'ensemble, elle est nombreuse, riche et puissante. Et nous touchons là à l'ultime paradoxe préalable : alors que, pour l'étude du passé, nous constaterons qu'il n'y a pas d'histoire commune, nous dirons, pour toute une protohistoire dont le détail nous échappe, que le fait indo-européen est essentiellement linguistique et religieux. Il pourrait sembler inutile, tant l'évidence est grande, d'écrire que les langues indo-européennes forment une famille dense et étendue qui, au cours des siècles, a recouvert toute l'Europe, les Amériques et des parties appréciables de l'Asie, de l'Afrique et de l'Océanie. Il n'existe pas, ainsi, de meilleure preuve que le fait linguistique est indépendant, dans la plupart de ses manifestations, des faits ethniques et raciaux. En Europe même, les quelques groupes allogènes qui ont su garder leur langue, Finnois, Hongrois, Basques, y sont parvenus au prix d'une assimilation complète des modes de vie et de pensée.

L'importance culturelle, moderne et contemporaine – dépendant de facteurs ou de causes économiques et politiques – de cette famille linguistique est donc telle qu'à peu près tout ce qui compte dans le monde moderne parle « indo-européen » ou a été influencé par lui. La diffusion n'a pas été égale pour toutes les langues du groupe (l'anglais s'est attribué de loin la meilleure part) et le fait en soi ne manifeste ou ne traduit aucune prétention impérialiste : ce n'est pas au nom de l'indo-européen que le russe a conquis la Sibérie et que l'anglais, le français, l'espagnol et le portugais se sont imposés dans le Nouveau Monde. Ce n'est pas non plus le pangermanisme qui a fait de l'allemand, au XIXe siècle, la langue commune de l'Europe centrale, mais c'est une supériorité militaire, économique, politique, culturelle, démographique telle que la force d'expansion était irrésistible.

Nous ne prétendrons pas que la protohistoire a été idyllique et respectueuse du concept très récent des « droits de l'homme » : l'homme indo-européen, comme tous ses congénères non-indo-européens, participe à l'agressivité naturelle à l'espèce humaine. Mais nous nous abstenons ici de toute considération d'ordre politique ou historique. Nous noterons en annexe ou en marge, pour cette raison, que le terme allemand *indogermanisch* date d'une époque (XIXe siècle) où les représentants les plus notables de la science philologique allemande étaient convaincus que les Germains étaient les plus purs représentants des Indo-Européens. Le mot a subsisté, mais non la conviction, dans le lexique de la plupart des spécialistes actuels de langue allemande. Il ne reflète plus aucune idéologie autre que linguistique.

Il y a donc lieu de constater, préalablement à toute description ou énumération, pour ne pas dire à toute étude, qu'il n'y a pas de nationalité indo-européenne effective, déclarée. Il y a moins encore la conscience d'appartenance à une communauté du genre de la *koiné* grecque. Il n'y en a jamais eu. Et il n'y a, et pour cause, aucune archive. Les dialectes indo-européens, au sens où les entendait Meillet, remontent donc par nécessité aux origines mêmes de la « langue » indo-européenne et il serait présomptueux de vouloir dater ces origines, ou bien encore les modalités ou les circonstances du passage de l'indo-européen théorique à la réalité discernable des langues indo-européennes. L'émiettement ou l'éclatement dialectal ne s'est pas fait partout à la même vitesse ni simultanément non plus que suivant les mêmes lois ou dans les mêmes conditions. En science humaine chaque cas est toujours unique dans son essence.

En outre, le « concept » indo-européen, plutôt que le « fait » indo-européen, ne servira jamais qu'à cerner les origines, soit d'une ou de plusieurs langues, soit d'une ou de plusieurs idéologies religieuses montrant un certain nombre de caractéristiques communes. L'analyse et le commentaire supposent d'ailleurs une documentation considérable et un grand luxe de précautions, loin de tout maniement brutal ou aventuré : que « roi » se dise *râj* en sanskrit, *rex* en latin, *rix* en gaulois et *rí* en irlandais à partir d'un thème **rêg*, cela signifie certes que la valeur sémantique ne nous échappe pas et qu'il existe une base solide pour l'établissement des équations linguistiques ou religieuses, voire « sociologiques ». Mais on se gardera d'en conclure que le *rex* latin et le *rí* irlandais ont eu les mêmes droits et les mêmes devoirs. On peut en dire tout autant du *flamen* latin et du *brahman* indien.

D'ailleurs, beaucoup de linguistes renoncent désormais à situer une hypothétique communauté indo-européenne, nécessairement préhistorique, dans le temps et dans l'espace :

– **dans le temps** parce que les morphologies les plus anciennement connues ne fournissent l'image que de langues ou de groupes clairement distincts et constitués (comment poser une chronologie convenant à la fois au sanskrit qui, cinq siècles avant notre ère, possédait déjà une grammaire, et au lituanien qui n'a pas de documents attestés avant la fin du Moyen Âge ?) ;

– **dans l'espace** parce que nous ne savons pas d'où les Indo-Européens ont essaimé dans toutes les directions (Ukraine, Asie centrale, Lituanie ?) : aucune archéologie indo-européenne ne renseigne directement sur leur état de civilisation matérielle et seules des traditions religieuses les font venir du Nord.

Autrement dit, nous avons sous les yeux les conséquences ou les résultats et nous ignorons tout des causes et des commencements. Tout ce que nous avons le droit d'affirmer, c'est que l'état le plus ancien auquel l'histoire linguistique permette de remonter est, en Europe, une protohistoire indo-européenne fondée sur quelques parentés ou convergences essentielles. Plus avant dans le passé, c'est l'inconnu, l'absence d'histoire ou, pire encore, l'absence de tout mythe et de toute tradition. Le linguiste qui voudrait reconstituer une langue indo-européenne commune engagerait un pari aussi risqué que le philosophe prétendant résoudre l'énigme de l'origine du langage. Disons à la décharge des linguistes de notre siècle qu'ils ont renoncé depuis très longtemps à cette prétention illusoire. Les dictionnaires d'indo-européen, avec quelques variantes dans la méthode et parfois beaucoup de divergences dans les résultats, se bornent à enregistrer les diverses évolutions à partir de racines communes.

Le critère linguistique appliqué au concept indo-européen est donc excellent car il est à la base de toutes les définitions fondées sur l'*évolution* : les *équations* de l'évolution celtique sont régulièrement différentes des équations de l'évolution latine ou de l'évolution grecque. Mais, en l'absence d'archéologie, tout ce que nous savons des Indo-Européens (société, institutions, droit, religion) découle, directement ou non, de la connaissance de leurs langues. Il est donc préférable de parler concrètement de la formation des langues indo-européennes plutôt que d'une « dispersion » des Indo-Européens en tant que peuple constitué, conscient et unique.

Mais le concept indo-européen est fondamental et indispensable parce qu'il constitue notre unique ressource de classement et de compréhension, en dépit de l'éloignement de la plupart des langues modernes de leur état ancien. Et c'est là que les langues celtiques deviennent intéressantes, non pas parce qu'elles représenteraient aujourd'hui un état « indo-européen » (ce qui serait faux après tant d'évolutions et d'avatars), mais parce que l'état linguistique le plus ancien de l'Europe occidentale est le celtique, abstraction faite de quelques bavures marginales, et parce que le celtique est d'origine indo-européenne. Nous n'avons pas de celtique commun analogue au « roman commun » qu'est le latin, mais nous avons suffisamment de preuves de son existence passée. Malheureusement ce n'est pas la bigarrure et la diversité présentes de l'Europe qui nous donneront le moyen de les confirmer ou de les soupçonner. Alors que le celtique constitue un chapitre très intéressant de l'histoire linguistique occidentale, les accidents qui ont marqué son histoire ont fait qu'il est descendu au plus bas de la hiérarchie des valeurs. Il n'y a plus aucune commune mesure entre l'extension de l'anglais sur plusieurs continents et la survie de l'irlandais, du gallois et du breton dans un *refugium* exigu, à l'écart des grandes voies de communication.

Il est caractéristique de l'état présent de nos connaissances que le principal spécialiste français des études indo-européennes, Antoine Meillet, ait intitulé sa description théorique et pratique de notre famille linguistique, *Les Dialectes indo-européens* (éd.

Champion, Paris, 1950), marquant par l'emploi du mot *dialecte,* à propos d'une matière incomplètement connue, tout ce que l'étude comporte d'imprécis, de complexe et d'aléatoire.

Il est caractéristique aussi que beaucoup de linguistes de notre époque privilégient la synchronie aux dépens de la diachronie, ou bien étudient la langue à travers les déviations et les maladies du langage. On a tendance à étudier aussi, parfois préférentiellement, les moyens physiques ou physiologiques de la phonation, négligeant les aspects conceptuels et intellectuels qui donnent au langage humain sa principale valeur.

Il n'entre évidemment pas dans nos intentions, surtout pas dans un ouvrage simple, de refaire le travail de Meillet, non plus que celui des autres linguistes spécialisés. Mais certains aspects de leurs travaux nécessiteront, du point de vue du celtisant, une profonde révision. Nous ne remettons pas en cause, dans son principe, la définition première :

> *Ce qui rend possible la grammaire comparée des langues indo-européennes, c'est qu'il y a eu une « nation indo-européenne » définie, et que chacun des groupes en lesquels elle s'est brisée, s'est, à son tour, constitué en une nation, nation « aryenne » (indo-iranienne), nation « hellénique », nation « italo-celtique », etc. Dans chaque domaine, une aristocratie dominante, organisatrice, a fait prévaloir une langue sensiblement une, comme elle faisait prévaloir son type de structure sociale.* (Les Dialectes indo-européens, *op. cit.*, p. 6-7.)

Mais dans les correspondances du vocabulaire religieux du celtique et de l'indo-iranien, dans les correspondances lexicales celto-germaniques et dans les correspondances morphologiques italo-celtiques, quand le fil qui les relie devient trop ténu, à force de creuser l'hypothèse on côtoie l'utopie. Nous ne croyons guère à l'existence, même temporaire, d'une nation « italo-celtique », rejoignant ainsi par ce doute, les préoccupations de l'historien des religions qui, à travers un fonds commun, enregistre entre les Celtes et les Italiotes plus de divergences que de convergences. En fait, à l'heure actuelle, c'est le sanskrit qui sert de fondement à l'édifice indo-européen. Et cependant tous les linguistes savent que le vocalisme de l'indo-européen primitif était plus complexe que celui du sanskrit.

En correction très partielle des inégalités et des injustices du destin, nous constaterons donc que l'indo-européen est tout d'abord et avant tout une nomenclature et que, si l'on n'y prend garde, la nomenclature devient facilement hétéroclite et imprécise. D'emblée, en effet, commencent les difficultés, car il est impossible que la nomenclature ne soit pas à la fois géographique, historique et classificatoire. Un linguiste ne précise jamais assez sur quel plan il situe ses travaux. On doit toujours être conscient que :

– **Les apparentements théoriques unissent parfois des langues séparées par des distances chronologiques considérables** : une comparaison ou la constatation d'un apparentement de l'irlandais et du sanskrit ne saurait faire perdre de vue que le sanskrit ne se parlait plus quand l'irlandais ne se parlait pas encore. Les apparentements, dûment établis et vérifiés, jouent donc comme preuve supplémentaire de l'archaïsme de l'irlandais.

– **Nos connaissances ou parfois nos ignorances sont susceptibles d'évolution et de changement** : la découverte du Linéaire B, dans les années cinquante, a modifié nombre de perspectives dans les études grecques. Un certain nombre de langues qui, au milieu du XIXe siècle, ne figuraient pas dans les nomenclatures et les indices de Grimm, de Bopp et de Zeuß, sont aujourd'hui usuellement citées. Tel est le cas du hittite, du tokharien de l'Asie centrale et de la plupart des langues asianiques.

– **La notion de « groupe » est déterminante :** une langue n'a de place assurée dans une liste ou une classification que dans la mesure où elle présente des traits pertinents certifiant son appartenance à un groupe donné. Une identité lexicale de l'irlandais et de l'albanais, si elle est isolée, n'a guère de sens et elle sera plus une coïncidence qu'une correspondance parce que nous n'avons aucune série de faits comparables. Dans le même ordre d'idées, quelle que soit leur importance présente, des langues romanes telles que le français, l'italien ou l'espagnol, ne sont pas prépondérantes dans la recherche indo-européenne parce qu'elles sont issues du latin et qu'il est préférable, le plus souvent, de se reporter à la langue mère. L'ennui est que, dans le cas du celtique, la langue mère est pratiquement inconnue.

– **Nous ne pouvons mentionner dans nos études que les langues que nous connaissons,** quand bien même, comme c'en est le cas pour le picte et le vandale, nous n'en connaissons plus que le nom. Les nomenclatures les plus érudites sont ainsi obligatoirement imparfaites parce qu'elles sont impuissantes à découvrir ce qui a disparu sans laisser de trace dans l'histoire. La remarque s'applique évidemment aussi à l'histoire interne de chaque langue : nous connaissons bien le latin de Cicéron, mais Cicéron n'est pas *tout* le latin. Il en va de même pour le celtique. Une langue comme le cornique est, dans la réalité concrète, très mal connue parce que les quelques textes subsistants représentent une langue ecclésiastique qui n'a pas été celle des locuteurs cependant que nous ne savons presque rien, en breton, de la langue parlée du Moyen Âge. Nous avons de bonnes raisons de croire qu'elle était presque semblable à la langue actuelle, dialectale et fragmentée. Mais les preuves sont peu abondantes.

– **La recherche hésite souvent entre la *diachronie* qui est l'étude des faits dans leur continuité ou leur évolution historique et la *synchronie* qui est l'étude d'un système linguistique dans son fonctionnement à un moment déterminé.** La synchronie est relativement facile dans le cas de langues de grande extension comme le français, l'anglais, l'allemand, l'espagnol ou le russe qui offrent une documentation textuelle abondante. Elle est beaucoup plus difficile dans le cas de langues mortes, comme le latin, ou de langues pauvres, comme le cornique. Nous savons que, dans le cas du celtique, toute synchronie est prématurée parce que les études diachroniques ne sont pas assez développées. Un des grands handicaps de la linguistique comparée indo-européenne est ainsi fait des énormes inégalités dans les développements respectifs des différents cantons à envisager.

– **L'indo-iranien, l'italo-celtique, puis le celtique et le germanique commun sont autant d'étapes intermédiaires entre l'indo-européen et les langues attestées.** Mais aucune de ces étapes n'a la même valeur ni la même importance : nous avons des traces de l'état indifférencié de l'indo-iranien, il n'y en a pas de l'italo-celtique ; d'autre part nous connaissons bien le latin, langue mère des langues romanes modernes, mais nous n'avons que des bribes du celtique ancien d'où sont issues les langues néo-celtiques.

– **Une partie notable des faits linguistiques contemporains est trop récente pour s'expliquer par l'indo-européen :** cela a été l'illusion de la fin du XIXe siècle et des premières années du XXe siècle, que de tout faire remonter à la plus haute Antiquité. En fait l'indo-européen détermine les structures et les tendances de l'évolution. Mais si l'on voulait expliquer la conjugaison irlandaise par la comparaison brutale du sanskrit et du grec, ce serait l'échec complet. De même le vocabulaire breton actuel, tout en étant celtique dans ses lignes de base, doit plus au français médiéval qu'aux souvenirs perdus de la langue de Vercingétorix.

1. Le goidélique porte le nom ancien *(goidil)* des populations qui l'ont parlé. Le mot *gaélique* vient, par l'intermédiaire de l'anglais, de la forme gaélique moderne des hautes terres d'Écosse *Gàidhlig* (irlandais moderne *Gaeilge*). Le gaélique d'Écosse, apporté par des colons, n'est en effet au départ qu'une variété dialectale du gaélique d'Irlande. Le nom des *Scotti* était, en latin médiéval, appliqué à tous les celtophones de langue gaélique, autrement dit principalement aux Irlandais et la première remarque à faire est que les trois dialectes goidéliques (irlandais, manx et gaélique d'Écosse) sont beaucoup moins distants les uns des autres que leurs correspondants brittoniques (gallois, breton et cornique). Les subdivisions internes du goidélique sont les suivantes :

– L'irlandais. C'est la langue celtique la plus importante et la mieux connue des celtisants. Les documents les plus anciens sont quelques courtes inscriptions dites « ogamiques », (du nom de l'alphabet qui a servi à les écrire) vers les Vᵉ-VIᵉ siècles. Ensuite viennent de nombreuses gloses que les pérégrinations des moines qui les ont écrites ont dispersées en dehors d'Irlande, partout où les missions irlandaises se sont établies (principalement à Saint-Gall, en Suisse, à Würzburg en Bavière, et à Milan en Italie), des textes religieux (homélies, hymnes, prières, telle la célèbre *Lorica* de saint Patrick) et quelques courtes légendes. Cette période, qui se termine vers le début du Xᵉ siècle, est celle dite du **vieil-irlandais**. C'est la période la mieux caractérisée de la langue et celle que les celtisants ont la mieux décrite pour deux raisons : parce que c'est la plus courte et que les évolutions sont peu sensibles ; et parce que le volume des textes à examiner en dehors des gloses est relativement peu important. La période suivante est celle du **moyen-irlandais**, beaucoup plus longue et beaucoup plus floue, du Xe siècle environ au tout début du XVIIe siècle. La confusion d'une langue ancienne en voie de détérioration (perte du genre neutre, réfections nombreuses dans le système verbal et pronominal) fait que la difficulté d'étude de la langue est beaucoup plus grande mais c'est cependant la période littéraire la plus riche car les textes sont présents dans environ un millier de manuscrits dont les deux principaux sont le **Livre de Leinster** (*Book of Leinster,* en irlandais *Lebor Lagin*) et le **Livre de la Vache Brune** *(Lebor na hUidre)* qui datent du XIIe siècle. Tous les textes mythologiques et épiques datent de cette période ou au moins y remontent dans leur version la plus ancienne. La troisième période est celle de l'irlandais moderne qui, reculant sans cesse devant l'anglais depuis le XVIIIe siècle, n'est plus parlé à notre époque que dans les régions occidentales et septentrionales de l'île, la *gaeltacht.*

L'irlandais est devenu, depuis 1921, la langue officielle de l'État Libre, puis de la république d'Irlande. Cependant cette promotion politique et sociale, trop tardive, a été impuissante à enrayer le recul de plus en plus rapide de la langue parlée, laquelle ne joue plus aucun rôle social réel. La cause déterminante du déclin a été la grande famine de 1848 qui a vidé le pays d'une grande partie de sa population (émigrée aux États-Unis où elle s'est anglicisée sans perdre totalement conscience de ses origines). La littérature irlandaise de langue anglaise, dite *Anglo-Irish* ou *anglo-irlandaise,* très importante à partir du XIXe siècle, et dont les grands noms sont Yeats, Joyce et Synge, ne doit être confondue en aucune façon avec la littérature de langue gaélique, de diffusion beaucoup plus faible, qui est encore productive.

– Le gaélique d'Écosse ou erse : la langue est encore parlée par quelques milliers de personnes dans les Hautes-Terres *(Highlands)* et les îles adjacentes. Elle y a été apportée à partir du VIe siècle par des immigrants venus d'Irlande en conquérants (ils ont repoussé ou assimilé les Pictes et les Bretons du Nord). Pendant tout le Moyen Âge l'Écosse a eu la même littérature que l'île voisine et, actuellement encore, les différences ne vont guère au-delà d'une divergence dialectale accentuée.

– Le manx ou dialecte de l'île de Man. La langue était encore parlée par quelques centaines de personnes au début du XXe siècle mais elle est pratiquement éteinte. Pour une enquête linguistique effectuée vers 1950 il a été difficile de découvrir plus d'une dizaine de nonagénaires ou d'octogénaires parlant la langue de naissance. Comme l'erse, c'est un dialecte différencié du gaélique d'Irlande mais les graphies sont fortement influencées par celles de l'anglais. La grammaire a subi des transformations dans le sens de la simplification (les déclinaisons ne subsistent plus qu'à l'état de traces). La seule littérature connue est d'inspiration religieuse. Comme dans le cas du cornique mais avec pour différence que la transmission n'est pas complètement interrompue, des érudits s'efforcent de faire revivre une langue qui ne soit pas trop artificielle.

2. Le brittonique (anglais *Britannic* ou *British*), du nom de l'ancienne île de Bretagne (la Grande-Bretagne moderne) où il était parlé dans l'Antiquité et au très haut Moyen Âge, n'est pas attesté autrement que par des noms propres et des légendes monétaires. On ne possède ni textes ni inscriptions dans cette langue qui, à partir des Ve-VIe siècles, s'est fragmentée en dialectes dont sont issues les langues brittoniques connues :

– Le gallois (anglais *Welsh*), qu'on a souvent appelé au XIXe siècle *cymrique* (du nom indigène *cymraeg*), est la langue celtique la plus vivace et, des trois langues brittoniques, c'est elle qui nous offre, de très loin, la littérature la plus riche et du niveau le plus élevé. Comme en irlandais on distingue trois périodes dans l'histoire de la langue : le **vieux-gallois** dont les débuts, vers le VIIIe siècle, sont attestés par des noms propres : ceux qui, par exemple, sont cités dans les œuvres de Bède le Vénérable. Puis, à partir du IXe siècle apparaissent des gloses et de courts fragments de prose et de vers. Le **moyen-gallois** commence au XIIe siècle et dure jusqu'à la fin du XIVe siècle ; c'est à cette période qu'appartiennent tous les textes qui nous intéressent, en particulier les quatre branches du *Mabinogi.* Le **gallois moderne** a enfin, depuis le début du XVe siècle jusqu'à notre époque, une très abondante littérature, favorisée au départ par la conversion rapide au protestantisme du pays de Galles tout entier. La langue n'a souffert d'aucun ostracisme : la Bible a été traduite en gallois et c'est en gallois qu'a été et qu'est encore dispensé l'enseignement religieux. Au contraire de ce qui s'est produit en Bretagne, le gallois n'est jamais tombé à l'état de langue populaire.

– Le cornique (anglais *Cornish*), langue de la péninsule de Cornouailles, est mort à la fin du XVIIIe siècle et des traces en ont subsisté très avant dans le XIXe siècle. Nous possédons des gloses en vieux-cornique, contemporain du vieux-gallois et du vieux-breton (dont on ne le distingue quelquefois que par l'écriture, les langues brittoniques n'ayant vraiment commencé à se différencier que vers le IXe siècle), et des textes, peu nombreux, étagés du XVIe au XVIIe siècle. Mais c'est une littérature uniquement religieuse (des « mystères » comme en moyen-breton). Quelques érudits font actuellement de grands efforts pour rendre le cornique à l'état de langue vivante, parlée ou lue par quelques centaines de personnes.

– Le breton, parlé dans la moitié occidentale de la Bretagne, où il a été introduit par des immigrants, venus principalement du Devon, à partir des IVe-Ve siècles. Mais les causes, les circonstances, la date et l'ampleur de cette colonisation sont moins que claires. On ne sait trop non plus s'il faut continuer à croire, comme cela a été enseigné pendant presque un siècle, que les Bretons sont arrivés dans un pays vide, de langue exclusivement romane, où il ne subsistait plus que de très rares îlots gaulois que le breton aurait absorbés.

Les premiers témoignages, outre les noms propres et les toponymes des cartulaires, sont des gloses, généralement très courtes, et dont l'état est tel, du point de vue linguistique, qu'il est difficile d'affirmer que certaines d'entre elles sont bretonnes plutôt que galloises ou corniques (le breton et le cornique ont beaucoup de traits communs) et l'on sait qu'il y a eu, parmi les immigrants, une forte minorité galloise. Mais il n'y a pratiquement aucun témoignage linguistique breton, hormis des toponymes et des anthroponymes attestés dans les cartulaires, entre le Xe et le XIVe siècle. Le moyen-breton apparaît dans l'histoire littéraire avec quelques phrases simples aux XIVe-XVe siècles, par un dictionnaire trilingue, breton-latin-français (le *Catholicon,* attesté par un manuscrit de 1464 et trois éditions imprimées en 1499, sans date et en 1521 ; le *Catholicon* est aussi le premier dictionnaire français !), et par des textes religieux, drames et mystères, catéchismes et ouvrages d'édification depuis le XVIe siècle. Cette période se termine au milieu du XVIIe siècle mais le breton moderne ne commence vraiment qu'au début du XIXe siècle, à la fin de la période révolutionnaire et napoléonienne. La langue des XVIIe et XVIIIe siècles est dite « prémoderne » et elle se caractérise, dans sa littérature, par une fragmentation dialectale très accusée. Comme le moyen-breton, le breton prémoderne, qui se prolonge parfois jusqu'à la fin du XIXe siècle (la date limite est 1914), a une littérature religieuse et d'édification, traduite ou imitée d'œuvres françaises similaires.

La langue contemporaine est parlée par un nombre de locuteurs mal évalué (quatre ou cinq cent mille environ, six cent mille au plus) à l'ouest d'une ligne Vannes/Saint-Brieuc et cette frontière linguistique date approximativement de la fin des invasions normandes qui a provoqué un important recul du breton.

L'extension primitive allait jusqu'à l'embouchure du Couesnon, s'incurvait à une trentaine de kilomètres à l'ouest de Rennes et suivait le cours de la Vilaine, dont elle débordait l'estuaire pour englober toute la région de Guérande et de La Baule. Le recul a été causé par le départ de l'aristocratie militaire de langue bretonne, peu nombreuse, devant les Normands. La majeure partie de la population était de langue romane et la celtisation n'a pas eu le temps de se faire.

Le renouveau littéraire contemporain, qui commence au début du XIXe siècle et s'accélère à partir du XXe siècle, est obvié par le fait, constant depuis le XIIe siècle, que le breton, qui vit en symbiose avec le français dont le vocabulaire l'a pénétré, n'est plus la langue des classes aisées et dirigeantes mais uniquement celle des milieux populaires, surtout ruraux, qui parlent tous leur dialecte natal et ne comprennent pas le breton littéraire standardisé dont la lecture – ou même parfois la simple audition – leur est impossible.

Étant donné l'éclosion tardive de la littérature bretonne non religieuse il n'en sera guère question dans l'histoire générale des Celtes. Mais il ne faut pas omettre l'hagiographie : quelques allusions ou traces indiscutables montrent que la Bretagne a participé au même fonds de traditions mythologiques que l'Irlande et le pays de Galles. Certains contes bretons recueillis vers la fin du XIXe siècle sont même, à cet égard, d'un intérêt remarquable.

Bien qu'ils soient contemporains des documents irlandais les plus anciens, les premiers textes brittoniques sont loin de présenter le même intérêt pour les linguistes et les philologues. Les changements phonétiques et morphologiques intervenus lors du passage du vieux au néo-celtique entre le Ve et le VIIe siècle sont beaucoup plus importants en brittonique qu'en goidélique (perte totale des déclinaisons, simplification importante des conjugaisons, adoption de nombreux mots étrangers, romans et français surtout). Beaucoup d'emprunts latins remontent au début de la Bretagne romaine où, pendant deux ou trois siècles, le latin a été une seconde langue et les emprunts irlandais ont presque tous un intermédiaire brittonique. Le breton, en particulier, à cause de sa position géographique péninsulaire et de la francisation de la cour ducale au XIe siècle à la suite des invasions normandes qui ont brisé l'essor du royaume de Bretagne, a été soumis à une influence constante du roman et du français.

On peut affirmer qu'au début de la conquête romaine de la Bretagne insulaire les différences entre le goidélique et le brittonique étaient beaucoup moins accusées qu'elles ne le sont maintenant (les langues celtiques sont d'ailleurs toutes allées dans le sens d'une fragmentation dialectale de plus en plus grande). Plus l'on remonte dans le temps – quand on le peut – et plus les langues celtiques témoignent d'une forte unité de culture et d'expression, compte tenu du fait que, partout, les distinctions dialectales remontent aux origines mêmes de l'irlandais, du gallois et du breton.

En annexe on mentionnera le **picte**, parlé autrefois en Écosse. Mais les Pictes et leur langue ont disparu au plus tard vers le Xe siècle de notre ère, supplantés ou assimilés définitivement par les Irlandais, sans laisser d'autres traces que quelques noms propres qui permettent de conclure, sans plus, à leur nationalité celtique et, peut-être, à un état intermédiaire entre le brittonique et le goidélique. Cependant, *a priori*, un tel état est douteux et le plus vraisemblable, si l'on examine la forme des quelques anthroponymes attestés, est une langue goidélique, peut-être un peu plus archaïque que l'irlandais. Il n'est pas exclu que le picte ait subi, par contiguïté, quelques influences brittoniques mais le plus honnête est encore d'avouer que notre savoir, à ce sujet, se compose surtout d'hypothèses.

On se gardera aussi de prendre pour du celtique l'anglais un peu teinté d'idiotismes parlé en Irlande et au pays de Galles *(Anglo-Irish* et *Anglo-Welsh)*, ou bien encore l'écossais des Basses-Terres *(Scottish)*. Quant au gallo dont il subsiste des souvenirs encore très nets dans le domaine entièrement francisé de la Haute-Bretagne, il appartient aux groupe des dialectes romans de l'ouest de la France et il a beaucoup plus influencé le breton (de Tréguier et de Vannes) qu'il n'a été influencé par lui.

LE CELTIQUE DE L'ANTIQUITÉ

Toutes les langues insulaires que nous venons d'énumérer s'opposent chronologiquement au *celtique continental,* plus souvent appelé *gaulois* pour simplifier la terminologie. Mais l'opposition n'est pas morphologique et elle n'est pas davantage géographique : le gaulois se rattache au groupe brittonique. Elle est chronologique : il convient donc de dire **celtique de l'Antiquité.**

Il s'agit en réalité d'une langue, ou d'un groupe de langues, parlées non seulement en Gaule mais dans les diverses régions d'Europe qui ont été peuplées de Celtes. Le nom de « gaulois » n'indique que le domaine où la langue s'est maintenue le mieux et le plus longtemps. En fait on devrait dire **celtique.** On a donc parlé celtique aussi en Belgique, en Suisse et en Rhénanie où des peuples germaniques comme les Trévires ont apparemment été celtisés ; en Gaule cisalpine où le latin ne s'est établi définitivement que vers le premier siècle de notre ère ; en Espagne, en

Europe centrale, sur les bords de la mer Noire et en Asie Mineure. Le celtibère en Espagne, le galate en Asie Mineure, dans la mesure où ils sont identifiables par les maigres restes que nous en connaissons, sont des idiomes celtiques continentaux et, à ce qu'il semble, ils ne sont en rien différents du celtique parlé en Gaule Belgique ou chez les Helvètes.

Malheureusement aucun de ces idiomes n'a survécu à la fin de l'Empire romain et au double effet des invasions germaniques et de la christianisation. Le cas des Galates n'est différent que dans la mesure où il y a eu hellénisation et non pas romanisation. Mais le résultat a été plus rapide et plus absolu encore. Chose plus grave, aucun peuple celtique de l'Antiquité ne nous a laissé une seule trace écrite de l'existence de sa langue, hormis les restes de l'épigraphie gauloise du midi de la France, d'Espagne et d'Italie du Nord, lesquels sont quantitativement misérables s'il faut les comparer à l'épigraphie gallo-romaine de langue latine. Le principal problème qui se pose est donc celui de l'exploitation méthodique de sources multiples, fragmentaires, de valeur très inégale et d'époques très différentes. Car, des historiens grecs aux hagiographes du Bas-Empire, les témoignages recueillis sur le gaulois s'étagent sur presque un millénaire. Or, il n'y a rien de commun entre un Pausanias qui nous décrit en quelques mots la *trimarkisia,* terme technique du vocabulaire militaire (l'équipage, composé de trois personnes, le guerrier, le cocher et un serviteur, du char celtique de combat au IIe siècle de notre ère), et l'auteur anonyme du *Glossaire d'Endlicher,* qui, vers le VIe ou le VIIe siècle de notre ère, glose par une simple paraphrase latine *rem pro rem dare* le gaulois romanisé *cambiare.*

Les documents textuels directs, épigraphiques sans exception (nous n'avons aucun texte celtique analogue à ceux des écrivains classiques, transmis jusqu'au haut Moyen Âge par tradition scripturaire), consistent en inscriptions lapidaires, au nombre de trois cents environ, presque toutes funéraires, parfois dédicatoires, réparties entre l'Italie du Nord, le sud de la France et l'Espagne, là où l'influence classique est à l'origine de l'emploi de l'écriture, caractères grecs, latins, ibériques ou lépontiques (étrusques). La découverte d'une inscription gauloise en Belgique ou en Allemagne de l'Ouest ou du Sud serait un événement philologique considérable qu'il ne faut guère espérer.

Le texte épigraphique le plus long, le calendrier de Coligny découvert en 1897 – deux mille lignes qui contiennent un vocabulaire de plus de deux cents mots, noms de mois et formules diverses – n'a donné jusqu'à présent que des résultats philologiques décevants en dépit de recherches incessantes (pas toujours très sérieuses) : on n'a pu reconnaître aucune forme verbale exploitable et la plupart des mots sont des abréviations malaisément explicables. Ce mystère des mots gêne considérablement l'élucidation du fonctionnement du calendrier lui-même. Les autres inscriptions sont comparables et il en est peu qui aient la clarté de celle de la coupe découverte à Banassac, *nessamon delgu linda* « je contiens la bière du prochain » (allusion à la manière de boire des Gaulois). Il en est encore moins dont l'interprétation soit définitivement établie. Et dans de très nombreux cas les lectures ne sont pas sûres, ou bien, quand elles le sont, nous ne savons que faire du mot ainsi déchiffré.

Les milliers d'anthroponymes et de toponymes transmis par les inscriptions gallo-romaines ou les légendes monétaires datant de l'indépendance, les marques de potiers, les noms de localités des itinéraires *(Table de Peutinger, Itinéraire d'Antonin, Anonyme de Ravenne),* les quelques mots cités fortuitement par les écrivains grecs et latins nous donnent cependant les moyens d'une reconstitution de l'essentiel de la phonologie, d'une partie du vocabulaire courant et de plusieurs détails de la déclinaison. Mais l'accentuation n'est partiellement déterminable que par l'évolution de formes toponymiques quand on peut les suivre depuis l'époque de César jusqu'au VIe siècle. De la syntaxe, du simple ordre des mots, de la conjugaison ou de la structure d'une phrase, tout ou presque nous échappe. Nous entrevoyons, dans un système verbal inexpliqué, quelques thèmes thématiques et athématiques, de rares pronoms dont nous ne savons trop s'ils sont démonstratifs ou personnels, sujets ou régime, enclitiques ou proclitiques. Y avait-il des préverbes comme en irlandais et, vraisemblablement, comme en brittonique ancien ? Y avait-il un nom verbal, un participe, un gérondif, des temps d'habitude, des désinences verbales relatives ? Nous ne savons encore rien de tout cela.

Les éléments du vocabulaire gaulois qui nous sont connus s'expliquent généralement le mieux par la comparaison des langues celtiques insulaires, avec l'inconvénient du décalage chronologique. Quand il n'y a pas d'équivalent ou de parent insulaire, c'est l'obscurité, avec comme gêne supplémentaire que les formes insulaires ne sont pas vieil-celtiques mais néo-celtiques. Les celtisants sont dans la situation qui serait celle des romanistes s'il leur fallait étudier le latin en ne connaissant que les langues romanes médiévales et modernes. En outre, compte tenu de la nature de certaines sources, on n'est jamais à l'abri de l'erreur d'un écrivain ancien se trompant sur la nationalité ou le sens d'un mot qu'il cite ou recopie de seconde main. Et parce que saint Jérôme a eu le malheur de dire que les Galates *ont parlé* la même langue que les Trévires, c'est tout juste si l'on n'affirme pas que les destinataires des épîtres de saint Paul, profondément hellénisés, parlaient encore la langue de Brennos en train de piller Delphes.

Un intérêt non négligeable du gaulois est que des éléments de son vocabulaire ont subsisté dans le français, usuel, argotique ou dialectal, dans des dialectes de langue d'oc, voire dans les dialectes de la Suisse romande ou italiens de l'ancienne Gaule cisalpine. Ces mots sont au nombre de plusieurs centaines et il en est qui sont très courants, tels « changer » *(cambiare)*, « charrue » *(carruca)*, « gouge » *(gulbia)*, « jambe » *(gamba)*, « lieue » *(leuga)*. La plupart appartiennent aux techniques artisanales ou agricoles, ce qui est une indication quant aux milieux où le gaulois a perduré le plus longtemps.

Il importe d'insister enfin à nouveau sur le fait que la division des Celtes en deux branches linguistiques ne doit donner lieu à aucune hypothèse archéologique. Les deux vagues successives de peuplement ont peut-être existé (et il y en a eu alors, si chaque peuplade traversant la Manche a été une « vague », beaucoup plus !) mais les groupes actuels et leur histoire linguistique témoignent simplement d'un degré d'évolution différent : enfermés dans leur île les Goidels en sont restés à un stade beaucoup plus archaïque que les Bretons, lesquels sont déjà archaïques par rapport aux Gaulois. Les menues traces de « goidélisme » (*kw-* au lieu du *p-* attendu) dans le nom de la Seine, *Sequana,* dans un mot du calendrier de Coligny *(equos),* ou dans des documents épigraphiques celtibères constituent une preuve nette que les différences linguistiques internes du groupe celtique n'ont pas de recoupement ethnique. Une autre preuve enfin est définitive quant à l'unité du celtique en tant que langue sacrée parlée par des prêtres à travers de longs siècles et dans des régions éloignées les unes des autres : c'est l'identité morphologique du nom des druides en irlandais et en gaulois. César dit *druides,* singulier **druis* ; dix siècles plus tard l'irlandais est encore *druíd,* singulier *druí,* d'une forme commune **dru-uid-es* « les très savants » ou « ceux qui ont la grande connaissance ». Le préfixe *dru-* sur lequel les celtisants ont tant glosé est, dans les deux langues, composé identiquement d'éléments proclitiques (placés devant le radical) semblables *do-* et *ro-* qui ont la même valeur augmentative et superlative. Le mot est resté figé en irlandais dans une forme archaïque.

LES MANUSCRITS IRLANDAIS ET GALLOIS

Au cours d'une enquête effectuée en 1883, d'Arbois de Jubainville avait répertorié neuf cent cinquante-trois manuscrits irlandais conservés dans des bibliothèques de Grande-Bretagne et d'Irlande. Mais d'après ses propres évaluations, c'est plus du double que l'on devrait compter dans les îles Britanniques. De tous ces manuscrits, une quarantaine datent d'une époque antérieure au XVe siècle, sept datent du XIe siècle. Les autres se répartissent entre le XVe et le XVIIIe siècle. Nonobstant quatre siècles d'existence de l'imprimerie, le dernier manuscrit irlandais a été copié de la main d'Eugene O'Curry, professeur à l'université de Dublin, vers 1848. On ne connaît pas toujours le sort des manuscrits contenus dans les collections privées.

De nombreux manuscrits continentaux contiennent aussi des gloses irlandaises, écrites sur des textes latins par des moines venus à la suite des grands fondateurs de monastères aux époques mérovingienne et carolingienne. On trouve des gloses, ou assez souvent des textes suivis, à Berne, Bruxelles, Cambrai, Karlsruhe, Dresde, Engelberg (canton d'Unterwald, en Suisse), Florence, Klosterneuburg (Autriche), Laon, Leyde, Milan, Nancy, Paris, Rennes, Rome, Rouen, Saint-Gall (Suisse), au monastère de Saint-Paul, près du bourg d'Unterdrauberg en Carinthie, à Stockholm, Turin, Vienne, Würzburg.

Les gloses de Saint-Gall, Würzburg et Milan, qui sont parmi les plus abondantes, datent du VIIIe au IXe siècle. Elles représentent l'essentiel de notre connaissance du vieil-irlandais et font donc partie des documents auxquels la philologie celtique fait très souvent appel. Mais comme elles commentent uniquement des textes chrétiens (épîtres de saint Paul aux Corinthiens et quelques psaumes) ou bien des grammairiens latins, elles ne sont pas archaïques de fond. Hormis quelques exceptions, tous les récits mythiques traditionnels sont contenus dans des manuscrits qui n'ont pas quitté l'Irlande ou la Grande-Bretagne. La transcription est plus récente mais le fond est beaucoup plus ancien. Il est même possible de dire que la majeure partie des récits a été transcrite dans quelques grands manuscrits, le *Livre de Leinster,* le *Livre de la Vache Brune*, le *Livre Jaune de Lecan,* le *Livre de Ballymote,* le *Livre de Fermoy,* compilations faites à toutes les époques du Moyen Âge et que les hasards de l'histoire ont sauvées de la destruction.

Le cas des manuscrits gallois est un peu différent car il ne s'en trouve pas sur le continent et, s'il en est plusieurs qui atteignent l'âge vénérable des plus vieux manuscrits irlandais, la plupart sont récents et ne remontent pas au-delà du XVIIe siècle. Un petit nombre seulement contient des récits légendaires ou des allusions à la mythologie : le *Livre Noir de Carmarthen,* le *Livre Rouge de Hergest,* le *Livre Blanc de Rhydderch* (qui datent tous les trois du XIVe siècle). Les quatre branches du *Mabinogi* sont semblables à quelques variantes près dans le *Livre Rouge* et dans le *Livre Blanc*.

LA TRANSMISSION ORALE ET ÉCRITE

Le style des récits mythiques irlandais fait apparaître la transmission écrite comme un état anormal et tardif de la tradition. Les langues celtiques, à aucune époque de leur existence, n'ont été prédestinées à la littérature et le contraste est paradoxal entre l'oralité foncière de la tradition celtique et l'acharnement mis par les Irlandais christianisés à copier et recopier inlassablement leurs textes, quels qu'en soient la nature et le contenu. Quelques chercheurs irlandais sont même allés jusqu'à supposer que les textes, tels que nous les connaissons, ont été des canevas sur lesquels les *filid* brodaient à l'infini. Il y a du vrai dans cette supposition dans la mesure où – cela se vérifie aisément – la prose de certains récits constitue le commentaire, plus libre, et la répétition de fragments versifiés énigmatiques, concis et archaïques. Mais il ne faut pas confondre le *file* de haute époque, savant longuement formé à des techniques poétiques et mnémotechniques de très haut niveau et le « conteur » du folklore moderne qui, comme ses homologues de toute l'Europe, a toujours des formules usuelles et personnelles de présentation et de conclusion, ou au moins une certaine façon de dire. Cependant, il n'y a pas lieu de croire que les conteurs aient beaucoup brodé et tout est loin d'être devenu du folklore. Il faut seulement ne pas confondre les niveaux : beaucoup de récits, tels qu'ils sont contenus dans les manuscrits, sont en effet des compositions savantes anciennes auxquelles ne manquent ni les mots rares ni les digressions érudites. Si le style en est gauche et maladroit suivant nos conceptions modernes, si des épisodes sur lesquels un auteur contemporain ferait tout un livre sont expédiés en deux ou trois lignes, c'est que les transcripteurs n'y attachaient aucune importance : les phrases sont simples, généralement courtes ; les liaisons sont fréquentes, mais sans variété, avec une grande quantité de pléonasmes et de redondances, de répétitions et d'ellipses, de sous-entendus.

La base de l'expression est la métaphore ou, parfois, la figure étymologique, très vieux procédés indo-européens. Le style courant accumule les épithètes et les qualificatifs sans liaison verbale, les formules triples, les synonymies, ce qui est à la fois pittoresque, brutal et puéril. Tout cela convient très bien à la phrase celtique, au rythme rapide mais au souffle court : la multiplicité et la souplesse des formes verbales autorisent une extraordinaire richesse d'expression dans la proposition principale. Mais l'absence de relatifs (remplacés par des particules verbales ou des tournures périphrastiques à conjonction de subordination et préposition) et la place obligatoire du syntagme verbal en tête de la proposition subordonnée suffisent à empêcher toute période oratoire ayant quelque longueur (la traduction d'un auteur latin classique en une langue celtique moderne est un exercice de virtuosité stylistique). Cela rend compte, entre autres, de l'allure parfois chaotique et presque ridicule de certaines phrases du breton ecclésiastique, entre le XVIe et le XIXe siècle, directement traduites du français ou du latin. Cela rend compte surtout de la presque totale impossibilité des « littératures » celtiques de s'adapter aux genres littéraires contemporains.

Les récits étaient donc initialement destinés à la récitation et non à la lecture individuelle. Et s'ils ont été transcrits par les *filid* christianisés, c'est parce qu'ils n'avaient plus aucune importance religieuse après la facile conversion de l'Irlande. Ils n'étaient plus que des *figmenta poetica,* des « fictions poétiques » selon le mot final du transcripteur de la *Táin Bó Cúalnge* ou « Razzia des Vaches de Cooley », le principal récit épique médiéval. Mais ces récits racontaient aussi les faits et gestes de personnages qui appartenaient à l'histoire d'Irlande (dont il importait peu qu'elle fût légendaire ou réelle puisqu'elle était authentique, réservée aux Gaëls et à leurs ancêtres les plus lointains) et c'est bien ainsi que les moines les ont traités, occultant, pour la bonne réputation même de leurs héros, tout ce qui leur apparaissait comme inconciliable avec les préceptes de l'Évangile.

Mais ils ont omis de biffer ou de transformer quantité de détails ou d'épisodes qui leur semblaient anodins. C'est très sensible dans les recueils juridiques mais ce l'est tout autant ailleurs. Sans la conversion de l'Irlande nous n'en saurions sans doute pas plus aujourd'hui sur sa mythologie que nous n'en savons sur la mythologie gauloise. Ajoutons le fait significatif déjà noté, que, dans la chronologie de la transcription, les récits mythologiques et épiques ne sont pas, et de loin, les plus anciens. La première littérature irlandaise a été latine et chrétienne, puis gaélique, mais tout aussi chrétienne.

À partir du Moyen Âge les Irlandais ont donc assuré, dans leurs *scriptoria,* la transmission écrite d'un fonds légendaire important. Cependant il est fréquent et inévitable qu'on ait, d'un même grand récit, plusieurs versions remontant chacune à une époque différente – ou donnant un aspect différent du récit – et plusieurs rédactions de chaque version. Ajoutons à cela que beaucoup de thèmes mythiques ont survécu dans le folklore – tel le thème de la déesse de la guerre, la Mórrígan, lavant les dépouilles des héros morts, retrouvée dans les lavandières de nuit du folklore breton – et nous aurons donné une idée assez exacte de la richesse de la littérature insulaire et des difficultés de son étude. Il n'y a pour ainsi dire aucun hiatus entre la tradition manuscrite et les premiers travaux philologiques sérieux du XIXe siècle. Des textes archaïques comme le *Oidhe Chloinne Tuireann* ou « Mort des Enfants de Tuireann » ne sont connus que par les manuscrits du XVIIIe et du début du XIXe siècle. La langue et les graphies ont été rajeunies, maladroitement ou non. Elles ne dissimulent pas l'ancienneté du fond. Il n'est pas jusqu'à la formule d'introduction la plus usuelle et la plus banale des contes, dans les pays celtiques commme partout ailleurs en Europe, « il était une fois », qui ne fasse le récit échapper à la mesure et à la fuite du temps. Tout cela concourt à prouver que la christianisation s'est faite rapidement et en une seule fois, l'allure de la plupart des récits saisis par l'écriture étant celle du début du processus de dégradation de la mythologie. Un détail qui a valeur de preuve directe est l'absence du Purgatoire dans tous les textes légendaires christianisés.

On peut dire que, actuellement, en dépit de graves lacunes, une partie appréciable des légendes irlandaises a été publiée, soit en allemand, soit en anglais et il est indispensable de nommer les deux grands pionniers de la fin du XIXe siècle, Whitley Stokes et Kuno Meyer envers qui la postérité n'a pas toujours été très juste. Mais leurs éditions, tirées à un très petit nombre d'exemplaires (quelques centaines tout au plus) ou parues dans des revues spécialisées, sont devenues rares. Par surcroît ces travaux de philologues, plus ou moins vieillis, ne s'accordent plus avec toutes les exigences de la critique textuelle et les progrès de la philologie celtique. Dans les circonstances présentes l'utilisation d'un texte irlandais à des fins comparatives exige une maîtrise complète de la langue et une vérification, et du texte et de la traduction d'après les éditions diplomatiques, les collotypes ou les fac-similés quand on ne peut accéder directement aux manuscrits. Il est déplorable que la plupart des ouvrages de langue française (ou parfois anglaise, voire allemande !) qui vulgarisent la littérature médiévale de l'Irlande, soient rédigés par des semi-lettrés qui, ne sachant rien ou presque, se moquent ouvertement – et outrageusement – du grand public.

LES TEXTES ARTHURIENS

Les problèmes posés par les textes arthuriens sont moins graves en ce sens qu'ils sont rédigés dans des langues de grande extension, français, allemand, anglais, voire italien. Ils sont mieux connus que les textes celtiques parce que les principaux d'entre eux ont déjà fait l'objet de multiples travaux et, dans l'ensemble, ils sont beaucoup plus faciles à consulter dans des éditions ou des adaptations en langue contemporaine. Mais la difficulté est de savoir ici pourquoi les thèmes ont été repris et développés dans une œuvre littéraire, comment ils ont été empruntés ou transmis et quelle signification ou importance leur est attribuée. Le foisonnement des textes arthuriens est tel, en effet, que leur classement et leur commentaire sont toujours des travaux malaisés à mener à bien.

Le thème central des romans arthuriens est en effet la quête du Graal et il est beaucoup de chercheurs qui ne pensent guère à en admettre l'origine celtique (les Celtes sont des barbares !) ou qui, souvent, ne l'envisagent qu'à titre d'hypothèse secondaire. On replace tout cela dans un réseau complexe, inextricable, d'influences et d'emprunts qui va de l'Inde à l'islam et de l'Occitanie à l'Iran. Ou bien on traite les textes médiévaux les plus vénérables comme des contes recueillis au XIXe siècle, avec parfois l'arrière-pensée que ces textes ou ces contes peuvent être le fruit de l'imagination d'un conteur, ce qui est le comble de l'absurde. On confond, une fois de plus, correspondances, similitudes, convergences traditionnelles normales et emprunts, supposés ou non. Les textes arthuriens ne s'expliquent cependant pas en dehors de la transformation de thèmes mythologiques celtiques en thèmes littéraires européens (*Parzifal* n'est pas une invention de Wagner !). Ils ont perdu dans cette transformation toute signification religieuse préchrétienne et le symbolisme de la **coupe de souveraineté**, sublimé par le Graal, a été annexé par l'ésotérisme chrétien médiéval pour le peu de temps que ce dernier a vécu. Il faut comprendre aussi, ce qui ne va pas toujours de soi, qu'on ne peut soumettre aux mêmes méthodes ou critères d'analyse et de commentaire des textes mythologiques, des textes littéraires et des textes folkloriques.

Il est permis par conséquent de supposer que l'influence des bardes bretons et gallois a été déterminante à une époque où la cour ducale de Bretagne, de langue française, était en relations constantes avec les principales cours d'Europe, de l'Anjou à la Champagne et de l'Angleterre à l'Allemagne. Il faut supposer aussi que la transmission a été antérieure à la décadence des bardes bretons qui était un fait accompli depuis longtemps vers le milieu du XVe siècle (*barz ne* signifie plus en moyen-breton que « mime, jongleur »). Tout cela nous ramène vers les XIe-XIIe siècles et les noms de Marie de Champagne, de Chrestien de Troyes, de Wolfram von Eschenbach, Walter von der Vogelweide, donnent à eux seuls une idée de ce que l'influence celtique a pu être.

Du fait de leurs origines, les textes arthuriens

constitueront un jour une mine inépuisable de renseignements précieux qui compléteront ou confirmeront les informations insulaires. Mais il sera nécessaire aussi, au préalable, de vérifier par la comparaison irlandaise l'authenticité de l'origine celtique – voire indo-européenne – des thèmes. Qui penserait par exemple que le thème du chevalier gardant la fontaine a un équivalent, lointain sans doute, mais équivalent tout de même, dans le thème grec d'Amikos, gardien de l'eau selon Théocrite ? Nous abordons là un domaine de recherches à peine effleuré.

Mais nous devons déjà souligner le contraste des sources : alors que l'Irlande n'a jamais exporté sa mythologie, considérée comme une histoire nationale par les *filid*, le pays de Galles et la Bretagne armoricaine sont les points de départ obligés des thèmes arthuriens concentrés dans ce que la tradition galloise, déjà littéraire, a confiné dans les quatre branches du *Mabinogi* et quelques récits périphériques, parfois indûment baptisés « contes ». Car tous les thèmes arthuriens ne sont certes pas attestés par le *Mabinogi* mais tous sont d'origine celtique et indo-européenne indubitable.

Et tous ont passé, directement, de l'état mythique à l'état littéraire en gardant leur aspect merveilleux. Il ne s'agit pas, de toute façon, d'épisodes historiques mais d'un ensemble de faits qui appartiennent au mythe dans son sens le plus profond. On a avancé, en faveur de l'historicité qui serait certaine et mineure, que le roi Arthur portait un nom d'origine latine *(Artorius)* et qu'il a effectivement régné vers les Ve-VIe siècles. Le fait historique n'est pas impossible, encore qu'il ne soit possible ni de l'affirmer ni de l'infirmer mais l'essentiel n'est pas là, il est dans le couple d'Arthur et de Merlin, le roi et le devin (qui tient lieu du druide) qui, à travers une christianisation déjà très ancienne, reproduit et maintient **l'ancien schème celtique de la souveraineté, exprimé par l'accord de l'autorité spirituelle et du pouvoir temporel.** Arthur est, dans le domaine celtique brittonique l'équivalent du Roi du Monde et son épouse Gwenhyfar est l'allégorie, la personnification de la **souveraineté**, comme la reine Medb en Irlande.

Il est tout aussi vain de vouloir localiser à toute force la légende : à l'échelle celtique elle est universelle mais les enchantements médiévaux ne sont pas de simples contes du folklore. La fontaine de Barenton est mythiquement l'homologue de la source merveilleuse de la Segais dans la mythologie irlandaise et Brocéliande est, tout entière, un *nemeton* celtique.

CHAPITRE TROISIÈME

Le monde spirituel des Celtes

I. *Tradition et religion*

MÉTAPHYSIQUE, PHILOSOPHIE ET DRUIDISME

Dans son ouvrage sur les Celtes, *Les Celtes et la civilisation celtique,* paru en 1932 mais dont la conception, l'organisation et l'essentiel de la rédaction étaient antérieurs à 1914, Henri Hubert a jadis étudié la religion comme *un* élément et non pas même comme l'élément déterminant de l'organisation sociale. C'est un point de vue moderne que commandait la matière de l'ouvrage, consacré à une civilisation matérielle et à ses conséquences ou implications culturelles. Henri Hubert se voulait tour à tour archéologue, ethnologue, sociologue, linguiste, historien aussi et surtout, mais non pas historien des religions au sens où l'entendait Georges Dumézil une génération plus tard et où nous l'entendons encore. Il ne consacrait pas une ligne à l'étude d'une métaphysique (problématique certes si l'on en juge au premier abord les documents attestés) ou d'une philosophie (encore plus douteuse !). Entre 1900 et 1950, avant que les travaux de Georges Dumézil ne fussent reconnus – ou même simplement connus tant l'incompréhension était grande – il ne pouvait d'ailleurs pas venir à l'esprit d'un linguiste celtisant et, *a fortiori*, à l'esprit de quelqu'un d'autre, que les Celtes de l'Antiquité eussent été les détenteurs ou les initiateurs d'une pensée intellectuelle élevée. La « philosophie » druidique était – et reste encore à bien des égards – le divertissement discrédité des celtomanes (voir *infra*, p. 238-252). On croyait, comme Bergson, que la religion était secrétée par la société et non pas que la société fût organisée suivant des principes religieux. Le contresens de méthode est élémentaire, mais le non-sens de pensée est grave.

Pour notre propos il est désormais indispensable d'inverser les termes de la démarche, ne serait-ce que pour respecter les principes traditionnels et religieux les plus importants, et de voir dans la société celtique un reflet des conceptions métaphysiques des druides, lesquels ont créé la société humaine à l'image de la société divine dont ils ont été les représentants terrestres. Précisons bien de toute façon notre formulation : il importe très peu qu'ils l'aient ou ne l'aient pas créée matériellement. **Ce n'est pas la matérialité du fait qui compte mais la correspondance du concept religieux et de l'organisation humaine et notre compréhension de cette correspondance.** Il ne sert à rien en effet de découvrir des correspondances de vocabulaire religieux du celtique et du sanskrit comme l'a fait Vendryes en 1918, si ces correspondances ne sont pas replacées dans l'idéologie religieuse. C'est la méthode historique la plus rigoureuse, et non pas une fantaisie déséquilibrée, qui exige de l'historien, non pas seulement de constater des faits – et rien que des faits – mais de pénétrer très avant dans la compréhension de l'idéologie qu'il étudie.

Nous ne dirons donc pas que la tradition celtique

est une « philosophie ». Car si le mot convient à des définitions de la pensée grecque, lesquelles se sont imposées à tout l'Occident, il est inadéquat dans le cas des Celtes parce que, tout simplement, il n'y a pas de philosophie celtique. La tradition que l'on commence à entrevoir, en effet, grâce à de longues séries d'études comparatives est irréductible à un système quelconque parce que son « activité » est totale et universelle. Transposée en définition moderne approchée, c'est une philosophie non aristotélicienne, autrement dit une forme de spéculation indépendante de la logique des raisonnements grecs, et qui ne nous est intelligible que dans la mesure où nous sommes capables de déchiffrer les symboles, figuratifs ou écrits, sur lesquels elle s'appuie. Nous en approfondissons d'autre part notre compréhension par la comparaison interne, puis par la comparaison, externe, d'autres données mythologiques, religieuses ou métaphysiques, hindoues pour l'essentiel. Ensuite vient, le cas échéant, la synthèse comparée des documents linguistiques et, éventuellement, archéologiques, ce qui n'est pas la partie la plus facile du travail.

Le lecteur ne verra pas ici tout l'appareil de la démarche parce que, ayant négligé l'écriture, les druides ont négligé aussi d'écrire leurs *Vedas* et leurs *Upanishads.* Et le détail du travail de comparaison est lent, difficile, hésitant. Disons, pour aller tout droit au résultat, que nous avons désormais quelques lueurs sur les rituels, quelques notions claires sur les doctrines. Mais nous ne chercherons pas à attribuer aux druides des dogmes qu'ils n'avaient certainement pas, la notion d'une vérité révélée, exclusive de toute autre croyance, étant une innovation chrétienne. Il est indispensable enfin d'être intimement persuadé que tout cela n'est pas simple et que toute notion traditionnelle, considérée dans sa valeur propre, même expliquée clairement, n'est pas *ipso facto* accessible à n'importe quelle intelligence.

LA VALEUR EXEMPLAIRE DE LA TRADITION CELTIQUE

Il découle de ce qui précède qu'on ne peut étudier la religion (ou la tradition) celtique comme un fait historique comportant un point de départ dans le temps et une évolution dont il serait loisible de suivre les phases grâce à des textes successifs qui en marqueraient les gradations ou les points de rupture.

D'une part la tradition celtique ne nous est accessible que par le symbolisme et la valeur signifiante des mythes qui exposent les données et d'autre part il est impossible, à un moment quelconque de l'étude, de déceler le plus minime changement. Les modes, les techniques matérielles peuvent évoluer, changer, s'influencer. À moins qu'on ne change de religion, ce qui était aussi inconcevable pour un homme du premier millénaire avant notre ère que pour un brahmane de l'Inde, les croyances, le corpus des concepts de base ne sont, au contraire, susceptibles d'aucune évolution ou adaptation. Car évoluer, cela a consisté pour la tradition celtique à céder la place à la religion officielle romaine, puis au christianisme, et à disparaître. À partir du moment où elle s'est vue assigner une place dans le temps historique, c'est-à-dire quand les textes qui l'exposent, implicitement ou explicitement, partiellement ou totalement, ont été couchés par écrit parce que l'Irlande s'était convertie au christianisme, elle ne s'est plus prolongée qu'à l'état de tradition morte. En ce sens **les bases documentaires et doctrinales de nos études sont sans mystère**.

Le mythe étant irréductible au temps, on expliquera par là l'impossibilité dans laquelle se trouvent les chercheurs utilisant la méthode historique d'aboutir à des résultats appréciables et ce n'est pas médire de l'histoire et des historiens que de constater le fait. C'est ainsi que l'on a reproché aux Celtes de ne pas avoir laissé de documents écrits. On oublie que, suivant leurs conceptions traditionnelles l'écriture ne servait qu'à la magie. Elle était exclue de la transmission d'un enseignement qui devait rester oral et vivant. On leur a reproché encore, comme une tare sociale et intellectuelle, de ne pas avoir su former d'États, de ne pas avoir eu de conceptions politiques nettes, c'est-à-dire celles qui sont devenues les nôtres, autrement dit celles de toute l'Europe. Mais dans leur conception du monde de tels reproches sont lettre morte et ils ne se fondent que sur une incompréhension foncière. Car il ne suffit pas de ne pas se méprendre sur la distance qui sépare nos mentalités modernes et nos conceptions contemporaines de celles des gens de l'Antiquité et du Moyen Âge. Il faut éviter de penser aussi que les mythes seraient ou auraient été un besoin de l'homme étranger à l'expérience, une sorte de rêve échevelé et inorganisé dans un univers surnaturel et fantastique. Le mythe n'est rien de tout cela, c'est une explication qui a sa vérité et sa cohérence, vérité et cohérence qui cessent d'exister si l'on change quoi que ce soit au récit traditionnel, jusques et y compris dans sa plus infime variante traditionnelle. Si nous n'en saisissons pas le sens la faute nous en incombe et c'est là que, en plus d'être sans mystère, la tradition celtique est exemplaire parce qu'elle se situe hors de l'histoire.

Il est évident que l'on pourra toujours inscrire un événement historique, que ce soit la guerre des Gaules, la Révolution française ou l'une ou l'autre des deux guerres mondiales dans un symbolisme mythique qui prouvera la nécessité inéluctable de l'événement. Mais il serait dangereux et illusoire de s'adonner à cette facilité. Il serait aisé, ainsi, à propos de l'état social et politique de la Gaule à l'époque de la conquête, de parler d'une « révolte de *kshatriyas* » (suivant la définition hindoue désignant la tendance de certains membres de la classe guerrière à s'emparer de fonctions supérieures pour lesquelles ils n'ont aucune aptitude) dont les druides, qui ne la maîtrisaient plus, auraient tiré la conclusion nécessaire.

Mais si Rome n'y est pas pour quelque chose, directement ou non, nous ne savons pas pourquoi la turbulente aristocratie gauloise substituait partout à la royauté des formes de gouvernement oligarchique. L'événement historique, dans le domaine celtique tel qu'il se présente à nous, compte finalement beaucoup moins que la structure mythique qui lui sert de cadre et dont il n'est, en bonne doctrine religieuse, que l'application ou la répétition contingente. **L'histoire est accidentelle, le mythe est éternel.** Jamais l'Irlande n'a replacé son jeune héros Cúchulainn dans le temps à la manière d'un Roland neveu de Charlemagne et c'est en vertu d'une liaison toute symbolique que l'une des versions du *Aided Conchobuir* ou « Mort de Conchobar » fait le roi d'Ulster mourir en même temps que le Christ, ce qui bien évidemment est un hommage au Christ et la réhabilitation d'un roi, qui, du point de vue chrétien, en avait grand besoin.

Si l'on tient du reste à vérifier la consistance historique de tels personnages on ne réussit jamais qu'à prouver, trop facilement, leur inexistence. C'est l'aventure qui est survenue depuis 1950 environ à toute une école d'érudits irlandais : ils ont prouvé péremptoirement que la Tara des rois n'a eu qu'une existence beaucoup plus modeste que celle qui lui est attribuée dans les légendes. Hélas ! Jamais personne n'a constaté par l'archéologie ou prétendu par des conclusions historiques que Tara avait été,

réellement, une grande capitale. Identiquement, on comprend à la simple lecture de Tite-Live que l'histoire de l'*« empire »* d'Ambigatus et de ses deux neveux Bellovèse et Ségovèse est incompatible avec les données usuelles de l'historiographie romaine, pour ne rien dire de l'histoire pure. Ces trois personnages sont une excellente contrepartie gauloise (ou celtique continentale) du thème oriental du Roi du Monde et de ses deux assesseurs. Nous pourrions multiplier les exemples.

II. Les illusions et les faux pas de la recherche moderne

À partir du fait historique de la conquête et de sa conséquence immédiate qu'est la présence romaine généralisée en Gaule, on déduit trop souvent des conclusions aventurées sur la volonté romaine d'assimiler les cultes celtiques ou sur la tendance gauloise à interpréter les faits religieux romains. On débouche alors sur une multiplicité de cultes dits « populaires » que l'on ne distingue plus de la religion de l'indépendance et l'on devient incapable de distinguer le mythe du simple témoignage folklorique attesté au hasard d'une survivance ou d'un témoignage hagiographique. À la vérité, nous savons, grâce à quelques indications éparses, qu'il a existé une mythologie gauloise mais il faut tout de suite ajouter que cette mythologie ne nous est pas accessible par le biais de l'iconographie d'époque romaine qui est, à la fois romanisée et, sauf exception (Épona est pratiquement la seule), anépigraphe, c'est-à-dire non inscrite. La seule présence romaine oblige même à une rupture avec le passé celtique et la survivance gauloise est plus souterraine que de surface. Ce ne sont pas les *realia* qui en expriment l'existence mais, conjointement, des théonymes et des traces au niveau du folklore.

Nous ne pouvons croire non plus que les druides se soient fiés à un système politique et religieux qui était la négation même de leur existence. Nous ne pouvons davantage admettre l'invention d'une mythologie exclusivement basée sur le chaudron de Gundestrup (antérieur à la conquête) et celle du pilier des Nautes de Paris (de l'époque de Tibère). Le mélange d'un mythe controuvé, de l'iconographie d'époque romaine et, en dernier lieu, du folklore, est une confusion et non une explication. En fait il suffit de fréquenter quelques musées ou quelques chantiers de fouilles archéologiques pour s'apercevoir que nous ne savons presque rien de l'histoire de la Gaule, qu'elle soit celtique ou romaine, et fort peu de choses de sa religion, abstraction étant faite de toutes les hypothèses.

Car c'est dès le départ, dans la conception des recherches à entreprendre, que les contresens sont irrémédiables :

– **contresens géographique** d'abord, qui consiste à fragmenter l'étude de la religion en cantons séparés, traitant la Gaule comme une île isolée en plein milieu d'un océan ; supposant par un apriorisme étrange que les Celtes de Cisalpine avaient des croyances, des cultes et des doctrines radicalement différents de ceux de Grande-Bretagne, d'Irlande ou d'Espagne ;

– **contresens chronologique** ensuite qui suppose une ou des séries de différenciations locales sous des influences étrangères ou substratiques, comme si une religion était aussi variable et fluctuante que des théories économiques modernes ; on a même cru que l'on pouvait dater de la période de La Tène l'apparition de la croyance à l'immortalité de l'âme ; il ne s'agit pas de nier que la Gaule a été un lieu de rencontre de toutes sortes de courants de pensée et de religions ou de sectes ; il s'agirait plutôt de savoir dans quelle mesure, large ou restreinte, la religion celtique a été entamée, à l'époque romaine, par ces influences extérieures dont la religion officielle impériale n'est pas la moindre ;

– **contresens méthodologique** qui éparpille la recherche et la disperse vainement en investigations partielles sur des dieux isolés et séparés de tout contexte théologique ou doctrinal ; contresens aux conséquences multipliées par la tendance historicisante qui consiste à voir partout de l'histoire là où le mythe est prépondérant ;

– **non-sens disciplinaire** enfin, qui fait l'archéologie servir aussi bien à l'histoire religieuse qu'à l'histoire tout court. Aucun historien de l'Antiquité n'a le droit de négliger l'apport et les acquis de l'archéologie parce que la civilisation matérielle est toujours, en toutes circonstances, le complément naturel de la culture, quelle qu'elle soit, sans quoi la tripartition sociale et l'idéologie tripartie des Indo-Européens n'auraient aucun sens. Mais les archéologues savent que l'archéologie n'est pas toute l'histoire.

RELIGION CELTIQUE OU GALLO-ROMAINE ?

Pour autant qu'ils nous soient accessibles, les dieux de la Gaule, pour nous borner à ce seul exemple, même s'ils portent d'autres noms, sont inséparables de ceux de l'Irlande, même médiévale, quant à l'interprétation générale. Car la recherche basée uniquement sur l'iconographie et l'épigraphie gallo-romaines débouche sur un polythéisme syncrétiste (ou supposé tel) qui n'a plus de celtique que la mince façade de quelques théonymes et d'une poussière de *cognomina.* La seule évolution actuellement décelable dans les cultes aussi bien que dans les dieux et dans les théonymes gaulois est cette transformation

– dont nous connaissons la raison et le résultat, mais dont les modalités sont indéfinissables – de la religion celtique à tendance monothéiste en une religion gallo-romaine officielle et polythéiste. Il y aurait beaucoup à dire sur la définition du « monothéisme » opposé au « polythéisme » dans les traditions religieuses de l'Antiquité préchrétienne et nous y reviendrons. Mais le premier non-sens est de baptiser « celtique » ces apparences superficielles et composites et le second non-sens est de corriger le « celtique » (le schéma du panthéon gaulois présenté par César) en fonction du « gallo-romain », lequel est une survivance, parfois archaïsante, plus souvent romanisée, et non une continuation systématique ou structurée.

La résurgence des théonymes et des anthroponymes celtiques dans la Gaule des IIe et IIIe siècles de notre ère n'est donc ni une renaissance ni un revival (les inscriptions sont en latin !) mais une survivance tenace, le signe que les celtophones de Gaule s'étaient adaptés, ou résignés, à un nouvel état de chose politique, administratif, culturel et religieux.

Notre propos n'est pas d'épiloguer sur l'insuffisance de la formation des celtisants du siècle dernier et de ceux de notre temps. Ce ne sont d'ailleurs pas chaque fois des insuffisances d'ordre personnel. Mais là où il aurait fallu des philosophes formés aux doctrines traditionnelles orientales et occidentales, la structure de l'enseignement européen n'a plus permis – héritage de la Renaissance – que la formation de philologues et de linguistes classiques dont les langues celtiques ont rarement été les langues maternelles. En outre trop de philologues n'ont considéré les textes que pour leur vêtement lexical ou grammatical cependant que trop d'archéologues avaient tendance à reconstituer la religion celtique d'après leurs idées personnelles. La conséquence a été les contresens et non-sens que nous avons signalés et, inévitablement, une prédominance extrêmement lourde d'interprétations littérales et positivistes dont les discordances elles-mêmes signalent les impossibilités. Et il y a encore plus grave dans le fait que la plupart des auteurs qui traitent de la religion ou de l'histoire des Celtes n'ont que très rarement des notions sérieuses de celtique. Ils ne sont pas en état d'endiguer le flot des ouvrages fantaisistes.

Ce que l'on nomme aussi, improprement au pluriel, les « religions de la Gaule » consiste en général en un essai de classement chronologique, morphologique ou autre, de faits isolés et disparates notés, avec ou sans désaccord dans le détail, par les écrivains de l'Antiquité classique et auxquels on ajoute parfois quelques résultats de fouilles récentes. L'absence d'unité et de cohérence oblige dès lors à une multiplicité de possibilités ou de conceptions possibles cependant que toutes les méthodes de recherche s'élaborent à partir de documents ou de constatations parfois contradictoires, presque toujours insuffisantes. Et tout ce qui va à l'encontre de ce confusionnisme méthodologique est le plus souvent mal reçu. L'éminent germaniste qu'était Jan de Vries, fourvoyé dans l'étude d'un domaine qui n'était pas le sien, avait ainsi, en 1961, dans sa *Keltische Religion*, p. 71, réussi à ne citer que du bout des dents l'article-clé sur *Le dieu celtique aux liens. De l'Ogmios de Lucien à l'Ogmios de Dürer*, paru dans *Ogam* 12 en 1960, p. 209-234, dont il n'avait pas compris le sens général. Plusieurs ont fait mieux depuis en reprenant à leur compte la découverte cependant que d'autres encore évoquent le texte de Lucien de Samosate sans même mentionner le nom d'Ogmios ou se perdent en conjectures diverses sur les dieux de la Gaule à travers leur seule iconographie. Dans un genre très voisin on refuse obstinément la comparaison celtique insulaire à cause de la christianisation, relative et irrégulière des textes, oubliant que c'est grâce à cette christianisation que les textes existent et qu'ils ont conservé leur archaïsme parce que la première transcription les a définitivement figés par l'écriture dans la forme orale ultime qui était la leur lorsque les *filid* chargés de la transmission se sont convertis.

POLYTHÉISME ET ANTHROPOMORPHISME

La première interprétation erronée a donc consisté à ne faire aucune distinction entre la religion celtique de haute époque, celle de l'indépendance, et la religion gallo-romaine de basse époque, l'une et l'autre étant baptisées de l'adjectif *celtique* ou *gaulois*. On a donc défini les dieux des Celtes continentaux en fonction des conceptions religieuses romaines. Et parce que César constate en Gaule l'existence de cinq grandes divinités auxquelles il prête des noms du panthéon classique, on s'est mis en quête de Jupiter, de Mercure, d'Apollon, de Mars et de Minerve dans les représentations figurées et dans les inscriptions. Rien n'était plus facile que de les trouver, par centaines et par milliers. Et comme il y a toutes sortes de Mercures, d'Apollons, de Jupiters, de Mars et de Minerves, de la statuette la plus fruste ou la plus malhabile à celles, plus évoluées, qui se rapprochent de l'art classique, on a fait toutes sortes de classements typologiques correspondants à des « niveaux » religieux.

Mais le Jupiter des statuaires gallo-romains a souvent pour attribut la roue, pas toujours le foudre et nous cherchons encore l'explication définitive du géant à l'anguipède. Des centaines de surnoms n'apparaissent qu'une fois, accolés à un nom ou à une épithète divine, illustrant ou non une représentation figurée et il en est dont on ne sait s'ils conviennent à Mercure, à Mars ou à Jupiter. Le syncrétisme est une solution trop commode pour être acceptable : il n'existe que dans les interprétations contemporaines de la religion des Celtes continentaux et jamais, au grand jamais, nous n'en avons trouvé la moindre trace dans les documents qui sont nos sources normales.

C'est pire encore quand on cherche, sans le secours d'un commentaire discursif, à définir la fonction d'un dieu d'après les analogies classiques, son habillement, son aspect physique ou son attitude. On voit un symbole solaire dans la roue de Jupiter-Taranis et on ne pense nullement à la roue cosmique du maître du monde. Un Mars gallo-romain, parce qu'il aura été découvert au milieu d'un champ ou à proximité d'une source thermale, deviendra un patron des récoltes ou un dieu guérisseur. Ainsi naît le Mars agraire, aquatique ou médecin. Déviant de la description technique et typologique qui est la contribution sûre et utile de l'archéologie à la recherche scientifique, on fait tout dire au chaudron de Gundestrup qui, étant anépigraphe, ne peut ni contredire ni protester et sert de base ou de compendium à une bande dessinée de mythologie gauloise, indépendante et fantaisiste. On peut même expédier la cosmogonie celtique (il n'y a pas, dans une tradition complexe, *une* mais *des* cosmogonies !) en quelque cent petites pages avec pour thème central les mésaventures, si faciles à interpréter, du Dieu-Père et de la Déesse-Mère, tantôt femme et tantôt jument.

Des centaines de livres et d'articles de revues s'efforcent ainsi, vainement et contradictoirement, de tracer les contours d'une religion aussi confuse que protéiforme. Rien n'égale la facilité des démonstrations sinon leur multiplicité et leur illogisme lorsqu'on s'avise de les confronter. Le défaut de méthode le plus sournois et le plus fréquent est celui qui consiste à illustrer directement des représentations figurées continentales par des mythes insulaires. Ce n'est pas le principe de la comparaison qui est en cause mais son application erronée. C'est ce qu'avait tenté imprudemment jadis M. L. Sjoestedt, expliquant la légende irlandaise de Cúchulainn par les images de monnaies gauloises. Selon elle, la légende de Cúchulainn se serait formée à partir de thèmes iconographiques monétaires gaulois. Mais peut-on dater une légende dans le temps historique ? Quand les Irlandais préchrétiens auraient-ils importé ou imité des monnaies gauloises alors qu'eux-mêmes ne concevaient pas l'usage de la monnaie ? Et quel corpus monétaire gaulois aurait été assez détaillé pour contenir ou exposer tous les épisodes, clairement interprétables à partir de l'image, de la légende entière de Cúchulainn ? Est-il possible d'imaginer les Irlandais de la fin de l'Antiquité ou du haut Moyen Âge, ou même leurs lointains prédécesseurs, druides et *filid* contemporains de Jules César, adonnés aux jeux savoureux et subtils d'une telle reconstruction arbitraire ?

Nous répéterons une fois encore que la comparaison doit porter sur des ensembles et non sur des détails sans lien organique. La théorie de Sjoestedt était vouée à l'échec. Mais elle a alimenté depuis lors des théories celtomanes aberrantes. Car il était inévitable qu'on en n'arrivât pas à des conclusions qui, finalement, sont bizarres ou extraordinairement plates. Les Celtes seraient ainsi polythéistes à la mode gréco-romaine mais d'un polythéisme curieux, aggravé de centaines, de milliers d'entités divines, locales ou tribales, voire familiales ou corporatives, Parce qu'on n'a pas compris les raisons de l'absence d'un grand État celtique unifié, on a reporté cet émiettement politique dans le domaine religieux. Et parce qu'on n'a pas mieux compris la structure sociale, on a tout fait descendre au niveau tribal le plus élémentaire. Toutes ces divinités gauloises étant parfaitement interchangeables, aucune n'ayant de fonction précise, tranchée, comme à Rome et en Grèce, on en a vite conclu que la religion celtique était restée à un stade primitif d'élaboration ou d'évolution, les dieux y étant indifférenciés. Il s'est même trouvé des érudits pour décréter que les Celtes ne connaissaient aucune divinité et ne faisaient preuve que d'une indistincte et indigente religiosité.

Puis, quand on s'est essayé aux devinettes de la synthèse, on a paradoxalement compris ou ramené le polythéisme, si pratique pour classer tous les menus détails dans le même tiroir, à un monothéisme qui aurait été celui d'un « grand dieu », accompagné ou non d'une « grande déesse », aux contours nébuleux et au nom imprécis, auquel n'importe quel monument représentant une forme humaine pourrait servir d'archétype. On a oublié aussi ce faisant, que l'essentiel de la théologie, voire de la doctrine religieuse, n'est pas la simple galerie de portraits, même divins. À cet égard la multiplication des découvertes archéologiques a indéfiniment multiplié les difficultés en rendant chaque fois plus délicate la synthèse de théories ou d'hypothèses qui sont loin de converger. Il est des ouvrages fort répandus qui laissent ainsi l'impression de n'être qu'une collection de fiches classées par tirage au sort. D'autres ne sont que des interprétations fantaisistes à partir de faits concrets : le poignard découvert dans une tombe serait le couteau sacrificiel et la fosse-dépotoir servirait au culte chthonien. Mais comment analyser, à partir du contenu d'une poubelle, la doctrine religieuse qui commandait le sacrifice ?

Comme enfin on ne retrouvait pas, et pour cause,

la trace de tant de divinités dans le schéma de César – qui n'est pas un annuaire – on a d'abord corrigé le proconsul, le taxant de légèreté, d'inexactitude, presque d'inintelligence puisqu'il n'y comprenait rien, puis on a reparlé de syncrétisme : pendant et après les « bienfaits » de la *pax romana* les quelques milliers de dieux ou de *numina* gaulois auraient été casés tant bien que mal dans les compartiments de la typologie romaine. Mais chaque dévot, ou chaque région, ayant pour son dieu une vénération exclusive ou envahissante, lui aurait prêté un rôle multifonctionnel, des capacités polyvalentes synthétisant et condensant en quelque sorte celles de tous les autres.

Pour tous ceux qui la voient sous cet habit d'Arlequin la religion change d'un canton à un autre et celle de la Gaule, variant des Éduens aux Helvètes, ne saurait être que très différente de celle de la Bretagne insulaire, et plus encore de celle de l'Irlande. C'est, entre autres, une raison suffisante pour refuser le contrôle irlandais et gallois et, par conséquent, pour se dispenser en toute honnêteté et bonne conscience de lire des textes aussi rébarbatifs que des idéogrammes chinois. On prend de cette façon pour des faits principaux et autonomes des faciès locaux analogues aux particularismes régionaux de l'art religieux chrétien : une croix irlandaise n'a certes pas le même style qu'une icône russe.

Qui plus est, par comparaison à la statuaire gréco-romaine, l'art plastique de la Gaule latinisée est un vaste musée des imitations. Il existe de très belles choses en Gaule romaine. Il faut cependant parfois toute la bonne volonté d'un engouement sentimental pour reconnaître dans des corps quelquefois difformes, des visages inexpressifs ou des attitudes figées l'expression d'un art digne de Praxitèle. Que l'art gallo-romain ait été présenté comme une miraculeuse quintessence d'abstraction, cela tient plus des intérêts ou des idées toutes faites de critiques modernes que de la volonté d'artisans antiques plongés dans le concret.

Mais cet art « gallo-romain » est la continuation certaine d'un art proprement gaulois. Les défauts éventuels viennent du changement de matériau : la pierre et non plus seulement le bois et le métal. Il manque parfois aux historiens de l'art la compréhension que l'art religieux des Celtes n'était pas gratuit, encore moins fantaisiste ou individuel. Il doit être bien entendu que les artisans, sculpteurs, graveurs ou fondeurs gaulois avaient la capacité de réaliser des œuvres esthétiquement parfaites (la toreutique, ou art du métal, en offre assez de témoignages indiscutables) mais que la perfection naturaliste n'était pas toujours désirée ou nécessaire. Les statuettes votives du sanctuaire des sources de la Seine correspondent plus à des nécessités religieuses qu'à une incapacité technique. Les écrivains de l'Antiquité, en particulier Lucain dans la Pharsale (*Les statues des dieux manquent d'art et montrent la laideur de troncs mutilés* III, 412), ne semblent pas avoir compris ce détail.

Pas plus que le polythéisme, l'anthropomorphisme n'est un fait religieux normal et cela explique à suffisance l'« aniconisme » foncier de l'art celtique : c'est une déviation dont la pensée religieuse grécoromaine est la cause. Dans la conception celtique première les dieux en tant que « principes » métaphysiques appartiennent au domaine de l'infini et ne sont pas réductibles à la finitude. Les ramener à l'état humain revient à les atrophier cependant que leur représentation plastique ou linéaire correspond parfois à l'expression d'une perfection dans laquelle chaque geste et chaque attitude, comme dans l'art indien, a un sens très exactement défini. C'est pour cette raison que l'aniconisme de la plus ancienne tradition artistique de La Tène a transposé linéairement, sans imitation superflue, ce qu'il avait emprunté. Fernand Benoit a montré, dans de nombreux ouvrages, que la plastique gallo-romaine était imprégnée d'influences classiques, venues très tôt par la Méditerranée. Cela est vrai. Mais entre la plastique et les conceptions celtiques originales le fossé n'a pas été comblé parce qu'il ne pouvait pas l'être.

C'est donc par une conséquence de la romanisation en Gaule et de la christianisation en Irlande, que les dieux celtiques se sont vus munir d'un vêtement et d'un état civil humains ou, au moins, anthropomorphes. Parce qu'ils ne pouvaient plus les considérer comme des divinités, les moines et tous les transcripteurs irlandais se sont faits évhéméristes et, ne voulant pas les transformer en démons (ce que l'un d'eux explique complaisamment dans le *Livre des Conquêtes*), il ne leur restait plus qu'à les travestir en hommes ou, plutôt, en rois, en princes et en guerriers pseudo-historiques. Tendance historicisante tardive qu'il n'est pas difficile de déceler : quand on analyse l'éternelle répétition des schèmes mythiques et les variations anthroponymiques on retrouve l'essence divine sous l'écorce anthropomorphe. Comme dans la définition biblique c'est l'homme qui a été créé à l'image de la divinité et non l'inverse. Dieu peut créer l'homme mais l'homme ne peut pas créer Dieu ni même le regarder en face.

CULTES NATURISTES ET AGRAIRES

Il existe un contraste frappant, d'un point de vue « moderne », entre les progrès prodigieux de la philologie et de la linguistique depuis le début du XIXe siècle et la stagnation des études de mythologie comparée. Autant les premières, dans les années vingt et trente du présent siècle, étaient honorables et honorées, autant les secondes étaient sujettes à suspicion et à méfiance. Les sentiers complexes des théologies anciennes supportent mal la linéarité simpliste des raisonnements modernes. Il est vrai que, lorsqu'on relit les écrits de George James Frazer, on est frappé par l'intime conviction qui habite l'Européen contemporain de sa propre supériorité sur tout ce qui l'entoure, et sur tout ce qui l'a précédé, en Europe et ailleurs. Disons pour être justes que le *Golden Bough* de Frazer contient une documentation considérable mais difficile à manier et dépourvue de doctrine. Jusqu'aux travaux de Georges Dumézil l'histoire des religions, mal dégagée de ses complexes et de ses insuffisances, a pour ainsi dire été abandonnée à son sort. Les linguistes celtisants, en particulier, ont totalement négligé cette partie de leur domaine, ou bien quand ils s'en sont occupés, il aurait presque mieux valu qu'ils s'abstinssent. Les grands bénéficiaires de ce vide intellectuel et érudit ont été les cultes naturistes et agraires, durablement promis à des dignités surprenantes.

Le concept bergsonien de la religion élaborée, secrétée par la société, rendait en effet assez bien compte de la confusion apparente, de la luxuriance du panthéon gaulois par rapport au polythéisme ordonné et à l'anthropomorphisme élégant des dieux classiques. Le polythéisme et l'anthropomorphisme étant pris pour des normes rationnelles, issues de la claire pensée grecque, il était évident que l'on avait affaire d'un côté à la civilisation et de l'autre à la barbarie...

Les intellectuels occidentaux du XVIIIe siècle auraient déjà été en peine, pour la plupart, de faire la moindre distinction entre la **religion** au sens que César donnait à *religiones* et la **tradition** telle que nous l'entendons maintenant au sens métaphysique. Dans l'esprit des érudits modernes, locaux ou « officiels » (et non seulement contemporains) une religion dont on ne discernait plus que des dieux à l'état d'ex-voto, de statues muettes ou de surnoms obscurs ; une religion qui n'avait laissé aucun texte écrit sur sa doctrine, ses rituels, ses liturgies et ses dogmes ; une religion dans laquelle on ne discernait ni système de pensée ni philosophie organisée et que par surcroît on devait étudier à travers des textes irlandais que personne ou presque ne savait lire, une telle religion ne pouvait être qu'une sorte de religiosité naturiste, vénérant, au hasard des imaginations telle ou telle divinité à la théologie facile. Elle était donc très en retard, adonnée à la vénération des forces élémentaires de la nature : le vent, l'eau, la terre, le soleil, l'orage, sans oublier les organes de la reproduction.

À ce niveau de confusion de la création et du Créateur, il n'est point besoin de complications doctrinales ou de rituels minutieusement ordonnés : des superstitions populaires suffisent, avec quelques fétiches ou amulettes pour conjurer le mauvais sort. Quant aux druides, ce sont des chamanes ou des sorciers et non une classe sacerdotale structurée. Combien de fois n'a-t-on pas invoqué, à l'appui de cette affirmation grossière, le sens de l'irlandais moderne *draoí* « sorcier » ? Comme si le sens moderne n'était pas une dégradation sémantique du sens ancien.

Une religion ainsi conçue présente d'énormes avantages car elle est à la portée intellectuelle d'à peu près n'importe qui et elle ne réclame pour être établie qu'un strict minimum de connaissances et de preuves. Car elle se résume en une série de typologies variables, prêtes à entrer dans n'importe quel système de classement et dans lesquelles se retrouvent éventuellement les dieux et les déesses les mieux attestés. Les autres, dans leur faiblesse, se contentent d'être des *numina,* presque des élémentaires. Enfin et surtout une telle religion s'adapte docilement à toutes les découvertes archéologiques ou linguistiques, quelles qu'elles soient, ainsi qu'à n'importe quel folklore, fût-il plus jeune de vingt siècles.

Le cas n'est pas absolument spécial aux Celtes et les religions extérieures au monde indo-européen, américaines, africaines, polynésiennes ou amérindiennes, ont très souvent subi de pareils mauvais traitements. On en tire de temps à autre des conclusions ethnographiques ou psychanalytiques d'un primarisme désolant. Mais, à propos des Celtes comme des autres, nous perdrions notre temps à vouloir réfuter dans le détail toutes les modes successives des mythes solaires, des mythes d'orage, des cultes agraires, sidéraux ou de fécondité : dès lors que l'on oubliait que la base de toute religion, comme de toute culture, est par définition savante (que l'on se reporte au nom des druides !) et non populaire on se condamnait à des définitions fausses, confondant malgré la chronologie archéologique et les évidences les plus manifestes la religion celtique de haute époque dont César indique les schémas essentiels, et la religion décomposée de basse époque vaguement entrevue comme un grouillement inanalysable de cultes populaires, mi-superstitieux, mi-folkloriques. Quand il le faut, on appelle à la rescousse Pline l'Ancien et on nous explique gravement que l'oursin fossile ne peut flotter à la surface de l'eau. Est-il besoin de lire une revue savante, estimable et fort chère, pour s'en douter ? Mais on n'explique pas que Pline a donné une interprétation matérialiste erronée du symbolisme de l'oursin fossile.

D'ailleurs, d'une manière très générale, le symbolisme, manifestement si important dans toutes les religions de l'Antiquité, est ce qui est le moins bien compris dans les ouvrages contemporains (nous pensons surtout à la catastrophique *Keltische Religion* de Jan de Vries) dans lesquels on le mésinterprète de la façon la plus littérale possible. On explique le « druide » par le nom du chêne sans vérifier que le « chêne » et le « druide » supposent deux radicaux différents en celtique (respectivement **dervo- et *dru-uid- < *d(o)-r(o)-wid-*) et on oublie que le chêne est le support végétal de la sagesse et non la sagesse elle-même, l'un des moyens du rite et non le moteur ou le bénéficiaire de la cérémonie religieuse.

De tels cultes n'ont eu pour justification, bien entendu, que des divinités agraires ou de fécondité. Qu'aurait pu patronner un Mars belliqueux dans la Gaule du Bas-Empire ? Il fallait donc que César ait menti et il s'est trouvé un érudit très estimable pour montrer, dans tout un livre, que le Mars gaulois était guérisseur et aquatique. La démonstration n'a, grâce à l'abondante moisson iconographique du *Recueil* d'Espérandieu et parfois malgré elle, aucune peine à être menée à bien. Il ne lui manque que la vraisemblance du militaire gaulois pacifique et buveur d'eau.

Les déesses-mères s'inscrivent dans le même contexte : car toutes les déesses sont mères, sans qu'on sache toujours très bien de qui. Elles sont invariablement parèdres d'un dieu protecteur ou guérisseur ; on ne leur demande rien d'autre que de la pluie et du soleil, des fruits, du bétail, des enfants. Seule la décence a dû empêcher qu'on leur demandât un jour officiellement une jolie courtisane.

Toutes les divinités féminines étant ainsi ramenées systématiquement au plus bas niveau de la « troisième fonction » productrice, il n'est jamais venu à l'idée de personne que le contrôle et le gouvernement de la production et de la procréation étaient autrement complexes et personne non plus n'a vérifié si les « déesses-mères » irlandaises (comparées quelquefois de seconde main aux *matres* gallo-romaines), qui ont au mieux un enfant ou deux, et bien souvent n'en ont aucun, ne seraient pas plutôt des déesses souveraines.

L'ignorance des textes insulaires aidant, les résultats sont à la fois ridicules et monotones. Mais il a suffi que W. Hennessy, en 1870, dans un bref article de la *Revue Celtique,* modestement tirée à trois cents exemplaires, traitât de la déesse celtique de la guerre en citant à peu près tous les extraits de textes irlandais qui s'y rapportent, pour que le sujet n'ait pour ainsi dire plus jamais été abordé. Et parce qu'une glose isolée traite la Mórrígan de *lamia,* on en a fait une déesse de cauchemar en invoquant une racine **mori-* qui n'est attestée qu'en germanique et en slave. (Voir à ce sujet notre ouvrage sur *La Souveraineté guerrière de l'Irlande, Celticum* 25, Rennes, 1983, qui contient toutes les mises au point nécessaires.)

ZOOMORPHISME ET TOTÉMISME

Les érudits ont été plongés dans un grand embarras par les innombrables figurations animales de la statuaire gauloise ou par les dénominations animalières de l'anthroponymie et de la toponymie. La conclusion la plus courante, la plus immédiate, a été que les Celtes, adorant les forces primitives de la nature, ont du même coup adoré les animaux. Étranges divinités, que l'homme passe à la broche pour s'en nourrir, qu'il chasse impitoyablement et qu'il parque dans des étables ! Le corbeau étant par exemple l'animal de Lug en Irlande, et aussi l'oiseau qui apparaît, sans hasard, dans les auspices de fondation de la ville de Lyon *(Lugu- dunum),* un érudit s'est demandé le plus sérieusement du monde si le corbeau n'aurait pas été la première forme du dieu Lug. Un détail mineur est que le corbeau est noir et que Lug est un dieu lumineux, mais l'explication a quand même été proposée et, ce qui est pire, souvent reprise.

Et parce qu'on a négligé d'analyser attentivement le rituel indien de l'*ashvamedha* – sacrifice du cheval accompli par un roi de haut rang –, on en rapproche indûment et imperturbablement depuis plus d'un demi-siècle, en se fiant à une description malveillante du moine gallois Giraud de Cambrie, une cérémonie d'intronisation royale pratiquée dans un canton d'Ulster au XIIe siècle (voir *infra*, p. 231-232).

Dans le même genre de comparaison, on a voulu à toute force rapprocher la déesse gauloise Épona de la Galloise Rhiannon et de l'Irlandaise Macha. Épona est, quant au nom et à l'iconographie, l'adaptation continentale (relativement tardive), de la « maîtresse des chevaux » ou « maîtresse des animaux » hellénistique et nous n'avons, à son sujet, qu'une très vague trace de mythe chez le Pseudo-Plutarque (un certain Fulvius Stellus, misogyne, épousa une jument et en eut une fille, Épona, qui a régné depuis sur le tiers des Italiens). Sans jamais tenir compte de l'extraordinaire importance iconographique et épigraphique de la divinité gauloise à l'époque romaine, on a voulu en faire une déesse chevaline ou une déesse-jument. À ce titre elle fait un peu de tout : protectrice des chevaux et des ânes, gardienne des écuries (on lui en confie parfois la clef !), déesse psychopompe, elle n'a pas de métier très bien défini. C'est tout juste si elle n'a pas servi de monture à la Sainte Vierge fuyant la persécution d'Hérode... La Galloise Rhiannon, elle, est par l'étymologie de son nom, une « reine » ou une « dame ». Dans le *Mabinogi* de Pwyll (écrit une bonne douzaine de siècles après le texte du Pseudo-Plutarque) elle devient l'épouse de ce prince. Et comme beaucoup de gens l'ont fait jusqu'à l'invention de la bicyclette et de l'automobile, Pwyll et Rhiannon montent à cheval. Faut-il mettre au rang des divinités hippomorphes tous les personnages médiévaux, mythiques ou non, qui en ont fait autant ? Et Pwyll, pas plus qu'aucun autre prince gallois, irlandais, breton ou celtique en général, n'a jamais épousé une jument... Macha, enfin, éponyme de la plaine et de la capitale antique de l'Ulster (*Emain Macha,* interprété par les Irlandais en « Jumeaux de Macha »), n'a de chevalin que le fait de courir contre les chevaux du roi Conchobar et de gagner cette course. Et les deux jumeaux qu'elle met au monde au terme de l'épreuve ne sont pas des poulains. On oublie aussi que ses autres noms, *Mórrígan* (« Grande Reine »), ou *Bodb* (« Corneille ») font d'elle l'aspect guerrier de la Souveraineté. Car la Souveraineté est double : elle est sacerdotale, certes, mais elle est aussi guerrière et une preuve patente du contresens moderne dans l'interprétation et l'appréciation du fait religieux celtique est la **méconnaissance de son aspect guerrier**. La pratique de la guerre est dans la dépendance des aspects « passionnels » de la féminité et, par voie de conséquence, elle épargne à la divinité féminine et guerrière toutes les contingences de la fécondité élémentaire et passive. Faut-il rappeler encore que la surveillance de la fécondité et de la prospérité, leur maintien et leur garantie, sont des responsabilités confiées au roi – sous le contrôle du druide – et à personne d'autre ? Nous sommes loin de la simple gardienne des écuries.

Pour des raisons identiques d'analogie on a fait de *Mullo*, surnom du Mars aux tas de butin, le patron des muletiers. *Cernunnos* est un dieu-cerf, Épona est la déesse-jument ou la déesse des juments et *Artio* une déesse-ourse. La liste serait longue de ces interprétations terre à terre dont, une fois qu'elles ont été émises, personne ne sait que faire.

Le zoomorphisme a eu une annexe sous la forme du totémisme, théorie en grande faveur chez quelques auteurs de la première moitié du XXe siècle, par emprunt à l'ethnographie de l'Amérique du Nord : si les Gaulois se nommaient volontiers, aussi bien peuples que gens, de noms d'animaux, n'était-ce pas parce que l'animal en cause, cheval, taureau, sanglier, cerf, corbeau, était le totem ou l'ancêtre mythique de la race ?

De l'Antiquité au Moyen Âge il n'en est jamais question dans aucun texte, quel qu'en soit le pays ou l'auteur. Mais une telle théorie convenait on ne peut mieux à une religion primitive et naturiste. Personne ne semble avoir réfléchi, pendant bientôt un siècle que, s'il existe à Berne une déesse *Artio* (« Ourse »), ce n'est pas du tout parce que les anciens Helvètes de l'endroit se sont pris pour des descendants d'ours ou parce qu'ils ont pensé que leur divinité protégeait les plantigrades, mais tout simplement parce que l'ours est, comme en témoigne aussi le nom du roi Arthur, un symbole royal, à côté du sanglier, symbole sacerdotal. Les *Volcæ* portent le nom du « loup » et l'Irlandais Cúchulainn celui du « chien » sans que la confusion ait été faite quelque part entre l'espèce humaine et l'espèce animale. Les symboles chrétiens des quatre évangélistes n'ont jamais été regardés par les docteurs de l'Église comme une preuve ou un souvenir de zoomorphisme ou de totémisme chrétien.

Nous ne dirons rien ici de la mythologie gauloise inventée de toutes pièces à partir d'interprétations fantaisistes des décors des plaques du Chaudron de Gundestrup. Nous y avons déjà fait allusion et ce n'est pas le lieu d'entrer trop avant dans les détails. Il y aurait trop à en dire et à y corriger, à commencer par le principe même de son existence telle qu'on l'imagine. Élaborée en fonction de quelques idées préconçues et suivant un syncrétisme généralisé et généreux de toutes les psychanalyses, elle réduit les dieux de la Gaule à quelques marionnettes grotesques jouant le théâtre ridicule de quelques affabulations humaines et modernes.

III. Les dieux et la mythologie

LES DIEUX ET LA TRIPARTITION

Nous précisons d'emblée que nous n'employons ici éventuellement le mot *panthéon* que par approximation, faute d'en connaître un qui soit mieux adapté à la désignation de l'ensemble des dieux celtiques. Un tel mot, en effet, ne devrait normalement s'appliquer qu'à la religion grecque, essentiellement polythéiste, alors que la tradition celtique tend au monothéisme : les dieux celtiques sont, chacun en ce qui le concerne, les divers aspects de la grande divinité suprême, hors classement et hors fonction parce qu'elle transcende toutes les classes et assume toutes les fonctions.

Cette réserve étant faite, la meilleure définition des dieux de la Gaule est donnée par César dans un court passage du *De Bello Gallico*. Il y explique que les Gaulois connaissent des dieux correspondant aux cinq fonctions représentées à Rome par : Mercure, Jupiter, Mars, Apollon, Minerve.

Mais il ne cite aucun théonyme indigène et nos contemporains le lui ont vivement reproché. S'il l'avait fait, pense-t-on, les comparaisons seraient beaucoup plus faciles. Nous saurions, entre autres, d'une manière irréfutable si le Lugus attesté par le nom de *Lugu-dunum* (Lyon) a été ou non un grand dieu assimilable au *Lug* irlandais. Nous saurions aussi si le Jupiter gaulois était, oui ou non, un **dago-devo-s* (« dieu bon ») correspondant au *Dagda* d'Irlande ou si Mars s'appelait vraiment *Ogmios.*

Nous le saurions peut-être, mais irions-nous beaucoup plus loin ? Outre que la similitude parfaite des théonymes, si souhaitable qu'elle soit, est loin d'être indispensable, la preuve absolue n'est pas toujours atteinte par de tels moyens primaires. Le *flamen* de Rome, qui porte le même nom que le *brahmane,* n'a ni la même importance ni la même capacité religieuse.

Que le proconsul ait donc consacré quelques paragraphes à la religion et quelques lignes aux dieux, cela est déjà beaucoup. Il faudrait aussi, en tout premier lieu, se demander quels théonymes il aurait nommés : chaque divinité gauloise attestée a, dans tout son vaste domaine, plusieurs dizaines de surnoms, fonctionnels, locaux ou topiques qui, à notre époque, ne sont plus qu'une infime partie des possibilités théonymiques réelles des Gaulois, chaque divinité ayant eu sans doute, comme dans l'Inde, quelques dizaines de milliards de noms possibles. Même si on ne lui en a nommé que quelques-uns, César avait donc l'embarras du choix.

Aussi a-t-il eu raison de limiter à un simple canevas ce premier essai d'explication (qui n'est pas une *interpretatio romana* expresse). César n'avait au demeurant lui-même qu'une confiance limitée dans l'exactitude de ses définitions puisqu'il prend soin de préciser que les Celtes avaient sur les dieux, « presque » *(fere)* la même idée que les autres nations, c'est-à-dire, en bref, que leurs idées sur les dieux étaient, malgré quelques correspondances générales, différentes de celles des Romains. En cela, ajoute-t-il un peu plus loin, ils diffèrent des Germains qui n'ont de dieux que ceux qu'ils voient, c'est-à-dire Vulcain, le Soleil et la Lune.

Le système celtique, foncièrement irréductible à la comparaison classique immédiate, fait que l'interprétation romaine élémentaire est rarement utilisable. Mais César, s'adressant à des Romains, était dans l'obligation d'employer des expressions qu'ils étaient susceptibles de comprendre. Par exemple l'Apollon celtique porte en Gaule une bonne douzaine de surnoms et César nous dit qu'il « chasse les maladies » *(Appollinem morbos depellere)*. Mais « Apollon » ne fait pas que cela et il existe en Irlande deux aspects de cette divinité : l'un, *Diancecht,* correspond à la définition de César ; l'autre, *Mac Oc* « fils jeune », est l'Apollon vu dans son aspect de jeunesse.

La divinité celtique est donc plus complexe que César ne le dit. Le Mars celtique a lui aussi deux visages : l'un est royal et clair avec *Nodons / Nuada* en Grande-Bretagne et en Irlande ; l'autre est sombre et guerrier avec *Ogmios* en Gaule et *Ogme* en Irlande, dualité qui ne sort pas du domaine de la deuxième fonction guerrière et rend vaines toutes les théories différentes émises sur la nature de la divinité gauloise. César a coupé court aux difficultés en ne proposant qu'un simple schéma et l'on a rarement compris que ce schéma était le seul possible car il nous montre que ce n'est pas au théonyme mais à la fonction qu'il faut d'abord prêter attention. Certaines divinités « rares », du genre d'*Ésus*, *[C]ernunnos, Smertrios,* s'expliqueront ainsi.

À cette condition on retrouve la structure d'une religion élaborée. Les Gaulois d'époque romaine ont souvent hésité entre Jupiter et Mars, entre Mars et Mercure, entre Mercure et Hercule parce que le dieu qu'ils voulaient honorer officiellement présentait des analogies avec toutes ces divinités étrangères. Mais ce serait dénaturer les faits que de vouloir s'en tenir ou en venir, à cause de compromis de ce genre, pour l'époque gallo-romaine, à des divinités « mixtes » qui procéderaient des deux nationalités, celtique et romaine. Le Jupiter gallo-romain, pour être nommé *Taranis* et pour être muni de sa roue, est encore et toujours un Jupiter. Aucune inscription accompagnant un monument ne le nomme *Taranis.* L'assimilation va constamment dans le sens latin et romain, un peu à la manière des traits de bilinguisme qui, pour l'ensemble d'une population, témoignent d'un état transitoire. Les dieux gallo-romains, s'ils ne sont pas des divinités romaines dépaysées dans un monde autre que le leur et qui ont pris, pour un temps, quelques traits de mœurs locales, sont des dieux celtiques fortement romanisés, mais inaptes à la romanisation pleine et entière. La situation est, toutes proportions gardées, comparable à celle qui devait faire plus tard l'originalité du christianisme celtique, résumant, par ses traits curieux l'inadaptation des Celtes insulaires aux structures administratives de l'Église et qui n'était certes pas le fait d'une volonté délibérée.

Pourvu qu'on soit parfaitement informé des conditions requises pour le faire, on a le droit de comparer le schéma de César et de ses cinq grandes fonctions théologiques avec la description irlandaise des dieux des *Túatha Dé Dánann.* Les noms sont différents – ce qui était attendu – de ce qu'on trouve en Gaule, hormis dans le cas d'*Ogmios/Ogme* (Mars), mais les fonctions sont rigoureusement identiques :

MERCURE

Selon César, c'est le plus grand dieu des Gaulois, inventeur de tous les arts *(inventor omnium artium)*, protecteur des marchands et des voyageurs. Son correspondant irlandais est *Lug Samildanach* (« Polytechnicien » et non pas « Multiple Artisan » comme on l'a compris faussement, l'artisanat n'étant qu'une faible partie des techniques). Il possède en effet les capacités de tous les autres dieux ainsi que le montre le récit irlandais du *Cath Maighe Tuireadh* ou « Bataille de Mag Tured ». Lug est donc hors classe, au-dehors et au-dessus du panthéon, ce qui suffit à expliquer le pluriel *Lugoves* dans une inscription gallo-romaine d'Avenches (Suisse) et le datif pluriel *Lugovibus* dans deux autres inscriptions, à Osma en Espagne Tarraconnaise et à Bonn. Les *Lug(us)* sont « tous les dieux » exprimés en un seul théonyme. Lug est cependant aussi et surtout un dieu lumineux qui, à bien des égards, rappelle Apollon. Le nom n'est pas attesté en Gaule à l'état simple mais on le trouve dans quelques anthroponymes du type *Luguselva* « celle qui appartient à Lug » et, surtout, dans le toponyme théophore *Lugudunum* « ville de Lug(us) », dont on connaît une quinzaine d'exemplaires. La grande extension du culte de Mercure en Gaule, sensible par les toponymes, les inscriptions et les monuments figurés, corrobore l'assertion de César. Gardons-nous surtout de croire que sa théologie était simple : le Lug irlandais possède des traits « odhiniques » marqués qui le rapprochent à certains égards de l'aspect sombre des divinités guerrières germaniques. Ce n'est pas un dieu paisible, de ceux que les hommes fréquentent facilement ou implorent sans motif grave. Toutefois cet aspect sombre n'est pas primordial : Lug est avant tout solaire et lumineux. Il n'est pas davantage, comme on l'a écrit à tort, « luciférien », manifestant par cette qualité supposée l'existence d'une tradition déviée. La tradition celtique qu'il représente est assez archaïque pour ne pas être hors du bon chemin. Il n'est pas toujours facile de le retrouver à travers ses divers surnoms quand ces derniers ne lui sont pas expressément appliqués. C'est ainsi que l'Irlandais Manannan a toutes les chances d'être un surnom de Lug mais les deux seuls indices que nous ayons de cette identité sont le rôle de Manannan dans le récit de la naissance du roi Mongán et la fonction artisanale de son correspondant gallois Manawyddan dans le *Mabinogi de Manawyddan mab Lyr.*

JUPITER

César lui attribue l'empire du ciel *(imperium cælestium tenere).* Son correspondant irlandais est le *Dagda*, le « dieu bon » ou dieu-druide qui a trois attributs remarquables et un quatrième, tout aussi remarquable, mais qui ne lui est pas attribué directement :

– **le chaudron d'abondance** ou prototype préchrétien du Graal médiéval (quiconque se présente y trouve sa nourriture à satiété ; le chaudron est aussi un instrument de résurrection dans lequel on jette les morts et d'où ils ressortent bien vivants) ;

– **la massue,** arme terrible qui tue les hommes par un bout (en ce monde) et les ressuscite par l'autre (dans l'Autre Monde) : la trace qu'elle laisse sur le sol est un sillon si profond qu'il peut servir de frontière entre deux provinces ;

– **la harpe enfin,** qui contient toutes les mélodies de tous les instruments possibles et dont le Dagda tire les trois airs classiques de la musique irlandaise : *l'air du sommeil* (toute bonne musique endort ceux qui l'entendent), *l'air du rire* et *l'air de la tristesse ;*

– **la roue** dont le détenteur est un « avatar » du Dagda, le druide aveugle Mog Ruith (« serviteur de la roue »). C'est la roue cosmique de l'apocalypse irlandaise : « sourd sera celui qui l'entendra, aveugle celui qui la regardera et mort celui sur qui elle tombera ».

Le Dagda est aussi le père de la « Minerve » irlandaise, *Brigit,* et de l'« Apollon » celtique dans son aspect de jeunesse, *Oengus* (« Choix Unique ») ou *Mac Oc* (« Fils Jeune »), né au soir du jour (long de neuf mois) où il a été engendré et qui, le Dagda étant le dieu de l'Éternité qui, pour engendrer son fils, avait arrêté le cours du soleil, symbolise le Temps.

Il n'existe pas en Gaule de personnage divin aussi fortement caractérisé (faute, sans nul doute, de document en dénotant la réalité) mais on compare ordinairement au Jupiter romain *Taranis*, dont l'attribut principal est la roue. Or, la roue de *Taranis*, représentation de la roue cosmique, est aussi, comme nous venons de le voir, l'attribut du druide mythique irlandais *Mog Ruith*. Et si la foudre ne s'y rencontre pas, du moins avons-nous dans le théonyme gaulois le nom du « tonnerre » (gallois et breton *tarann*). La massue du Dagda se reconnaît encore dans le maillet du *Sucellus* gaulois (« Bon Frappeur ») dont le nom est sans équivalence irlandaise mais que l'on retrouve en plein XIXe siècle dans le *mell benniget* (« maillet béni ») du folklore breton, qui, posé sur le front du mourant, facilitait son passage dans l'Autre Monde.

Nommé aussi *Eochaid Ollathir (*« Eochaid Père Puissant ») ou *Ruadh Rofhessa* (« Rouge de la Science Parfaite »), le Dagda est un dieu primordial, dieu de la science, de l'amitié et des contrats (qu'il viole allégrement). Il est aussi et enfin, étant dieu de l'Éternité, le dieu maître du temps chronologique et atmosphérique et, à ce titre il est le maître des éléments, air, eau, terre et feu.

César lui attribue très normalement la fonction guerrière *(martem bella regere)* et il a deux correspondants insulaires.

Au niveau royal : *Nuada,* roi des *Túatha Dé Dánann irlandais* : il ne combat pas en personne mais selon l'adage « on ne gagne pas de bataille sans roi » *(ni gebthar cath cen ríg).* Le roi représente, en tant que « moteur immobile » l'aspect régulateur et calme de la fonction guerrière. Dans le récit de la « Bataille de Mag Tured » il est raconté que Nuada perd le bras droit dans la bataille contre les Fir Bolg et que la mutilation, disqualifiante, oblige les chefs des Túatha Dé Dánann à élire un intérimaire, presque un usurpateur, parmi les *Fomóire.* Cet intérimaire, Bres, règne jusqu'au jour où sa trop grande avarice et son oppression trop lourde font éclater le scandale. Un poète le satirise et il doit faire restitution de la souveraineté. Muni de la prothèse d'un bras d'argent, Nuada reprend la royauté. Son attribut est le « Glaive de Lumière » mais sa fonction est celle du « distributeur » et du garant de la prospérité du pays. Sa mutilation devient alors surqualifiante. Son nom est issu d'un thème **nod-,* retrouvé dans un Mars *Nodons* (au datif *Nodenti* ou *Nodonti*) brittonique attesté au IVe siècle de notre ère dans les inscriptions d'un temple à Lydney Park, près de l'embouchure de la Severn.

Au niveau guerrier : *Ogme,* champion des *Túatha Dé Dánann,* retrouvé exceptionnellement en Gaule dans *Ogmios,* le dieu aux liens, homologue du dieu védique *Varuna.* Un écrivain grec, Lucien de Samosate, en a donné une description unique en son genre : l'Ogmios qu'il décrit ne recoupe pas cependant la typologie de Mars mais celle d'Hercule. Or, dans la mythologie classique Hercule (Héraklès) n'est pas un dieu mais un demi-dieu et, effectivement, un « champion » tel que l'entendaient les Irlandais. Cette différence explique toutes les erreurs qui ont été commises au sujet du Mars gaulois, tant par les Anciens que par les Modernes. Le nom même d'*Ogmios* ne semble pas celtique mais grec ou transposé du grec (Ογμος « chemin »). Ogmios est donc le chef des morts, le « conducteur », celui dont on ne pouvait pas prononcer le nom (ce qui explique l'adaptation grecque), prototype lointain de la danse macabre médiévale et équivalent du « Mercure » de César dans son rôle de guide des voyageurs et de protecteur des marchands (le « grand diable d'argent » du Moyen Âge). C'est à Ogmios dans son aspect de *Mars Mullo* (« aux tas (de butin) ») que les Gaulois vouaient les armes, offensives (lances, épées, javelots) et défensives (casques, boucliers, armures) de l'ennemi vaincu, soit sous la forme de monceaux que l'on abandonnait sur le champ de bataille, soit sous la forme d'offrandes rituellement détruites dans un sanctuaire du genre de celui de Gournay-sur-Aronde (Oise). Ogmios / Ogme est la partie « sombre » de la grande divinité souveraine dont le Dagda est, en Irlande, la partie « claire ». L'Irlande lui attribue l'invention de l'écriture magique que sont les *ogam* et, comme Lucien de Samosate, la maîtrise de l'éloquence. Quelques récits le nomment *Elcmar* (« Envieux » ou « Grand Méchant »), personnage doué de magie mais pusillanime et peureux, ce qui correspond au symbolisme guerrier et rappelle quelques traits de l'Arès grec.

Ogme est le dieu de la guerre **mais il ne la fait pas lui-même** ; il la commande et la surveille, ce qui explique que l'activité guerrière, grande consommatrice d'énergie, soit le propre du héros non souverain (en Irlande Cúchulainn) et que la fonction guerrière soit scindée en deux niveaux : celui du *champion,* actif mais non agissant ; celui du *roi*, inactif en ce sens qu'il ne combat pas lui-même, mais « agissant », parce que sa présence suffit à garantir le succès (« régulateur » de toute la société, y compris la « troisième fonction », le roi est, au contraire du champion, dispensateur d'énergie).

APOLLON

César ne cite que l'Apollon médecin. Comme dans le cas de « Mars » la correspondance insulaire est double.

Dans la fonction de médecin : *Diancecht* et ses trois enfants, deux fils, *Miach* (« Boisseau ») et *Octriuil,* et une fille *Airmed* (« Mesure »). *Diancecht* (« Prise Rapide ») est l'auteur de la prothèse qui donne au roi Nuada l'usage d'un bras d'argent (d'où le surnom de ce dernier, *Airgetlàm*, « au Bras d'Argent ») mais, d'après le récit de la *Bataille de Mag Tured,* Miach remplace cette prothèse par une greffe et le dieu-médecin, jaloux, tue son fils. Toujours d'après le même récit les quatre « druides », réunis autour de la *Fontaine de Santé* dans laquelle ils ont jeté des herbes médicinales, rendent à la vie les guerriers morts des *Túatha Dé Dánann* qui y sont plongés. Diancecht est aussi, dans les généalogies mythiques, le grand-père du dieu suprême Lug.

En qualité de dieu de la jeunesse : *Oengus* (« Choix Unique ») ou *Mac* Oc (« Fils Jeune »), engendré et né en un seul jour (long de neuf mois) des amours « adultères » du Dagda et de Boand (**Bo Vinda* « Vache Blanche », la Boyne), femme d'Elcmar, frère du Dagda et autre nom d'Ogme. Oengus est célèbre dans la mythologie irlandaise pour avoir enlevé par ruse au Dagda son palais merveilleux du *Brug na Boinne* (« l'Auberge de la Boyne ») : le jeune dieu l'avait demandé en prêt pour une nuit et un jour mais ce laps de temps est un symbole de l'éternité et le transfert de propriété a été définitif. Oengus est encore le héros d'un récit archaïque, *Aislinge Oengusso* (« le Rêve d'Oengus »), qui éclaire la conception du temps dans le monde celtique.

Les problèmes posés par « Mercure » et « Mars » sont cependant assez complexes dans leur ensemble car ces deux divinités partagent dans le domaine celtique continental de nombreux traits apolliniens. Un dieu guerrier de Carinthie, *Mars Latobius,* est ainsi représenté sous les traits d'un jeune homme par une statue de bronze découverte au Magdalensberg (près de Klagenfurt en Carinthie). Or la statue est de facture grecque et l'inscription votive est celle d'un Mars.

MINERVE

La correspondante irlandaise immédiate de la « Minerve » gauloise est *Brigit,* fille du Dagda, mère des arts (et des « artistes », *aes dána* qui sont tous les gens détenteurs d'un savoir manuel ou intellectuel) et des dieux primordiaux (c'est-à-dire les quatre divinités masculines de la présente liste) : c'est d'elle que se réclament les *filid* ou poètes irlandais et elle est dite mère des poètes, des forgerons et des médecins. Son nom n'est mentionné que très brièvement dans les textes mythologiques car le personnage a été entièrement christianisé. Mais les textes hagiographiques ne contiennent eux-mêmes que très peu d'indications, excepté le fait révélateur que sainte Brigite a été le plus souvent mise sur pied d'égalité avec la Vierge Marie. Son nom est attesté sur le continent par l'une des plus anciennes couches de toponymes celtiques en *brig- (Brigantia > Bregenz).* Elle porte aussi les surnoms de *Belisama* (« la Très Brillante ») ou, au pluriel, de *Suleviæ* (*sul-* « soleil » dans toutes les langues celtiques, sauf en irlandais où *suil* signifie « œil »). Mais les représentations plastiques de Minerve en Gaule romaine ne doivent pas automatiquement être appelées « Brigit » : nul ne peut deviner le nom celtique d'une figuration anépigraphe.

Le trait caractéristique de cette grande divinité féminine celtique est d'être unique en regard des quatre divinités masculines. L'opposition est la même que celle des *Pandavas* hindous qui, à eux cinq, n'ont qu'une seule épouse, Draupadi. C'est la raison pour, laquelle les Celtes n'ont pas eu de divinités correspondantes à Junon, Diane et Vénus. Brigit est à la fois la fille du grand dieu des druides, la mère des dieux primordiaux (dont le Dagda !), l'épouse et la sœur de tous. Cette généalogie divine, transposée ou traduite en termes accessibles à l'intelligence humaine est évidemment absurde, mais les dieux étant immortels la généalogie n'est qu'un moyen de les situer les uns par rapport aux autres. Précisons aussi et enfin, pour dissiper une confusion qui a été faite, que chez César, Mercure, inventeur de tous les arts, n'est pas un doublet de Minerve qui enseigne les rudiments des techniques.

La comparaison insulaire permet la correction immédiate : le Lug irlandais utilise des « arts » (c'est-à-dire des métiers, manuels ou intellectuels) dont Brigit est l'initiatrice en sa qualité de mère des poètes, des forgerons et des médecins. Car les initiations guerrière et artisanale sont féminines, seule l'initiation sacerdotale est masculine. En Irlande même c'est toujours *Brigit* que nous trouvons sous les noms différents et très variés de *Boand, Etain, Eithne* (variante aspirée à partir du génitif d'*Etain, Etaine*), *Tailtiu* (la « Terre »), ou même *Eriu, Banba, Fotla,* noms divers (et usuels) de l'Irlande, selon l'aspect du mythe considéré. Sous le nom de Mórrígan (« Grande Reine »), déesse de la guerre, elle est l'épouse du Dagda. Mais qu'elle soit mère, fille, épouse ou sœur, l'accumulation des contradictions ou impossibilités illustre très exactement sa définition théologique. On n'est pas surpris, après la christianisation de l'Irlande, que sainte Brigite soit presque l'égale de saint Patrick et que son folklore, le 1er février, soit très important, en contradiction avec l'extrême maigreur des documents relatifs à la fête préchrétienne d'*Imbolc*.

Voyons maintenant les quelques difficultés de cette description schématique. Soient les correspondances ci-dessus rapidement résumées :

MERCURE	LUG	*dieu multifonctionnel,*
JUPITER	DAGDA	*dieu-druide,*
MARS	NUADA	*dieu-roi,*
MARS	OGME	*guerrier et magicien,*
APOLLON	DIANCECHT	*dieu-médecin,*
APOLLON	MAC OC	*dieu de la jeunesse,*
MINERVE	BRIGIT	*divinité féminine unique.*

Il s'agit de déterminer les fonctions de ces grandes entités dans les trois catégories fonctionnelles indo-européennes :

– **première fonction sacerdotale,**
– **deuxième fonction guerrière,**
– **troisième fonction artisanale et productrice.**

Mercure/Lug transcende toutes les classes et assume toutes les fonctions. Il est par conséquent « hors classe », étant à lui seul « tous » les dieux. Son cas est clair et il n'y a pas à y revenir.

Jupiter/Dagda exerce la première fonction et surveille la première classe sacerdotale.

Mars/Ogme (Nuada) exerce la deuxième fonction et surveille la deuxième classe guerrière.

Ces trois divinités ou groupes de divinités, solidaires et complémentaires, constituent ce que nous nommerons, d'un terme inadéquat – ne serait-ce que parce qu'il provient du bas-latin *superanus* « supérieur » – mais il n'y en a pas d'autre, les *dieux souverains* des Celtes. Ils exercent conjointement la souveraineté qui est l'alliance de **l'autorité spirituelle** et du **pouvoir temporel** (voir *infra*, p. 259 sqq.).

La première difficulté classificatoire surgit avec Minerve/Brigit qu'il est bien évidemment impossible de ranger dans la troisième classe artisanale et productrice, même en sachant qu'elle est la mère ou la patronne des artisans (elle est aussi celle des poètes et des médecins (qui sont des druides)), puisqu'elle est l'épouse, la mère, la sœur ou la fille de chacun des dieux souverains et qu'elle est, elle-même, l'allégorie ou la personnification – en tant que « reine » – de la Souveraineté. Mais l'archaïsme irlandais résout le problème : *Brigit* (*Boand, Eithne, Etain, Eriu,* etc.) est l'aspect féminin de la Souveraineté sacerdotale et guerrière et c'est à ce titre que, comme le Dagda, elle « surveille » la troisième fonction dont les prêtres et les guerriers ont besoin pour leur subsistance. C'est pour cette simple raison aussi que l'initiation guerrière est accordée par des reines qui, comme les druides primordiaux, résident au nord, en Écosse.

La deuxième difficulté classificatoire est que César a omis de nommer les artisans correspondant aux Irlandais **Goibniu** *(forgeron),* **Luchta** *(charpentier),* **Credne** *(bronzier).* Mais il est clair que, ne trouvant pas de divinité responsable de toute la troisième fonction des artisans et des agriculteurs-éleveurs, il a transféré implicitement la responsabilité de toutes les techniques à Minerve. Il ne s'ensuit pas que cette dernière soit elle-même de « troisième fonction ».

La troisième difficulté classificatoire, qui n'est pas la moindre, concerne **Apollon/Diancecht (Mac Oc).** Quelle fonction lui assigner ou lui confier ? Ce n'est certainement pas non plus la troisième car la médecine est de rang druidique et les druides qui la pratiquent ne cessent pas d'être druides pour autant. La médecine se définit en effet aux trois niveaux fonctionnels :

– **sacerdotal** avec la médecine *incantatoire* ;
– **guerrier** avec la médecine *sanglante* ou *chirurgie* ;
– **artisanal** avec la médecine des *plantes.*

En outre le Mac Oc, dieu de la jeunesse, est fils du Dagda. La solution, encore une fois, est relativement simple : César circonscrit et définit des champs de compétence fonctionnelle en se servant de théonymes latins. Ses définitions sont claires mais il ne les classe pas, et pour cause, dans une tripartition indo-européenne dont il ignorait à la fois l'existence et le principe. Sans que nous ayons à attribuer à Diancecht la surveillance d'une première *fonction* sacerdotale qui n'est pas son rôle, nous ne pouvons lui refuser la *qualité* sacerdotale du druide-médecin. Il fait ce que font tous les druides spécialisés.

On remarquera aussi, à propos du forgeron, haut personnage de la société celtique, que le dieu métallurgiste fabrique aussi bien les ustensiles du sacrifice, les armes des guerriers que les outils de l'agriculteur. En fait, l'examen fait ressortir que, dans le monde celtique au moins, la « troisième » fonction n'existe que par rapport aux deux autres. Elle est tout ce qu'elles ne sont pas et cela rejoint l'archaïsme du *Manavadharmashastra* qui, en dehors de la production des biens matériels permettant la subsistance, assigne pour principal devoir aux *Vaishyas* ou détenteurs de la richesse matérielle **d'honorer, respecter, vénérer et nourrir la classe sacerdotale des *brahmanes* et la classe guerrière des *kshatriyas***.

On voit, en conclusion, que les difficultés sont mineures et que l'essentiel est acquis. La Gaule offre de son côté une foule de théonymes qui tous, à des titres divers, se rangent dans la classification à cinq termes proposée avec raison par César. Quand le classement est délicat ou impossible, c'est immanquablement parce que notre information est insuffisante. C'est aussi le plus souvent parce que la distinction entre classe et fonction n'est pas respectée. Cette distinction est cependant très simple : **tous les dieux sont de première classe sacerdotale**

parce qu'ils sont des dieux. En cette qualité ils surveillent, patronnent des fonctions dans la mesure où ils ont leur mot à dire dans les affaires humaines, parce qu'elles ont besoin d'être gouvernées. Le monde des dieux, étant parfait par définition, ne nécessite aucun gouvernement ni aucune surveillance de fonction.

Une autre difficulté, mineure quant au fond, doit être évoquée en annexe à ce qui précède : les *cognomina* gaulois vont souvent, en interprétation d'époque romaine, d'une divinité à l'autre :

– **Iovantucarus** (« qui aime la jeunesse ») oscille entre Mars et Mercure ;

– **Virotutis** (« chef, homme du peuple ») est un surnom d'Apollon mais la forme *-tutis* est un aspect plus récent de la racine *touta-* qui est attestée encore dans *Toutiorix*, surnom d'*Apollon* et, sous sa forme normale, dans *Toutatis*, surnom de *Mars* (qu'il faut se garder d'expliquer par « dieu national » ou, comme l'avait suggéré Vendryes, par une haplologie de **touto-tatis* « père de la tribu », ce pour quoi il aurait plutôt fallu un *Jupiter* équivalent du Dagda *Ollathir*).

Ces fluctuations recoupent indirectement les définitions de César car elles s'expliquent par l'impossibilité, pour les dévots de l'époque romaine, de ramener les divinités celtiques aux normes classiques. Cette impossibilité s'étend évidemment aux érudits modernes et contemporains. Il n'est pas du tout certain, par exemple, que la triade de Lucain, dans *La Pharsale*, **Ésus-Taranis-Teutates**, qui a fait l'objet de tant de commentaires érudits, ait été correctement interprétée. Si elle n'est pas – et elle ne semble pas être – un groupement dû au choix d'un auteur latin en quête d'insolite ou d'exotique, elle doit s'analyser en premier par le sens des théonymes :

ÉSUS	« Optimus »,
TEUTATES	« (chef) du peuple »,
TARANIS	« foudre, tonnerre ».

Ce sont trois sumoms de *Jupiter (Dagda)* et la triade, dans ces conditions, reste ce qu'elle est, non pas un « triplement d'intensité » mais, beaucoup plus simplement, l'expression de la multiplicité dans l'unité. Elle rend compte, sur un autre plan, de la pluralité infinie des dénominations divines, tout comme les *Lugoves* dont il a été question plus haut (voir p. 41). Mais on peut estimer aussi qu'elle est trifonctionnelle et exprime une réalité à la fois divine et sociale :

– **Ésus** étant le « meilleur » est dans ce cas le strict équivalent gaulois du *Jupiter Optimus Maximus* et c'est, pour ainsi dire, l'aspect le plus « sacerdotal » de Jupiter ;

– **Teutates** évoque, quant à lui, beaucoup moins la guerre que la *touta,* autrement dit ce que César nommait en Gaule la *civitas ;*

– **Taranis,** par son nom, évoque l'aspect « terrible » ou « terrifiant » de Jupiter. Il pourrait passer pour la partie militaire de la souveraineté.

Nous aurions alors la traduction gauloise tardive, d'époque si ce n'est d'inspiration romaine, de la triade capitoline associant sous la protection du dieu suprême tout le corps social (**Taranis** représentant les *milites* gaulois et **Teutates** les *quirites*).

Les classifications divines, dont on constate la précision, étaient donc aussi très souples. Nous ferons bientôt la même remarque sur la société humaine. On ne constate nullement, chez les Celtes, le glissement fonctionnel des Germains qui ont attribué dans leur panthéon la souveraineté suprême au dieu guerrier. Entre le « contrat » et la « guerre » la Souveraineté divine et humaine est bien équilibrée : les traits guerriers du Dagda, sans être négligeables, ne sont pas les principaux et si Lug peut tout, en droit et en fait, il ne se substitue jamais à l'un de ses subordonnés. Chef des dieux, il n'intervient dans la *Bataille de Mag Tured* que pour accomplir l'acte décisif : paralyser par sa magie l'armée des Fomóire et abattre, d'un coup de pierre de fronde, le géant Balor, son propre grand-père, ce que lui seul était capable de faire.

DIEUX, HÉROS ET GUERRIERS

Il serait difficile de parler de demi-dieux au même sens que dans la mythologie grecque. Du reste, en Irlande, dès qu'il s'agit de personnages d'une certaine dimension, légendaires ou pseudo-historiques, tout se passe sur le plan du mythe et la distinction entre l'humain et le divin perd de son intérêt puisque la tradition celtique ne s'intéresse guère aux hommes « ordinaires ». Les héros ne sont pas des dieux car ils n'ont aucune place dans le panthéon et la légende assigne, en général, une chronologie relative à leur existence, avec une enfance, une jeunesse, une vie bien remplie et une mort héroïque et violente.

Mais les héros ne sont pas non plus des hommes ordinaires puisqu'ils ont accès à l'Autre Monde et que le moindre de leurs exploits est hors de la portée d'un être humain. Une autre distinction entre le « dieu » et le « héros » se situe au niveau fonctionnel. Sa qualité guerrière active l'empêche de prendre une part quelconque à l'exercice de la souveraineté (les relations de Cúchulainn et de la Mórrígan, déesse de la guerre et aussi déesse souveraine, sont difficiles et tumultueuses, marquées par l'hostilité constante du héros et ponctuées de quelques traîtrises de la déesse). Il n'appartient au héros que de réaliser concrètement l'exploit militaire. En outre Cúchulainn, à la fois archétype et prototype, est seul de son envergure dans toute la légende irlandaise, les autres guerriers n'étant que ses inférieurs et ses imitateurs. Ce n'est pas un hasard si quelques auteurs grecs font d'Héraklès le héros fondateur de la Gaule.

On ne prétendra donc pas que Cúchulainn est un dieu : c'est un héros guerrier qui meurt debout, face à l'ennemi. Mais il est fils de Lug. Sa naissance s'est faite en trois fois et sa conception a eu lieu dans l'Autre Monde. Tout se passe à l'inverse de la Grèce, non pas comme si les dieux descendaient sur Terre engendrer des demi-dieux en aimant d'heureuses mortelles, mais au contraire comme si une fraction appréciable de la société humaine, sacerdotale, royale et militaire, avait brusquement été transplantée à l'étage des dieux et de leurs possibilités.

Avec une seule différence de durée et de dimension il y a une correspondance très étroite, une ressemblance indiscutable entre ce monde-ci et l'autre. Le cycle d'Ulster qui est, avec le cycle mythologique, notre première source de renseignements, a une forte teinture mythologique : les personnages humains transposés dans le mythe se conduisent comme des dieux dont ils ont, d'une manière générale, la typologie et la fonction.

Le monde mythique des Celtes est fait d'inlassables répétitions que ne masquent pas complètement des changements de dénomination : le Dagda se répète un peu dans le roi Conchobar et le druide Mog Ruith obtient l'initiation suprême en arrêtant, comme le Dagda, le cours du Soleil (ce qui lui vaut la cécité surqualifiante). Cúchulainn est fils de Lug, mais dans son premier nom, *Setanta* (le « cheminant »), il a quelque chose d'Ogme en tant que « conducteur ». Ogme lui-même est prolongé par le « châtré » et rusé Celtchar, détenteur de la lance magique et mortelle qui accompagne le chaudron du Dagda. Le druide-médecin Fingen est, comme Diancecht, un merveilleux guérisseur : en observant la fumée sortant du toit d'une maison il sait de quelles maladies ses habitants sont atteints ; quand le roi Conchobar est mortellement blessé à la tête d'une pierre de fronde, il le sauve par une habile trépanation.

À l'occasion une fonction ou une personnalité divine se fragmente, s'émiette en une trinité ou une infinité de personnages qui, pour les besoins de la cause, deviennent frères et sœurs : il y a trois reines Medb, mais la reine Medb, souveraine du Connaught, a parfois cinq sœurs. Le Dagda a deux frères, Manannan et Midir ; l'un est le dieu de l'Autre Monde, l'autre semble avoir été un souverain, juge des « enfers » et, selon tel ou tel récit, la même aventure est passée au compte de l'un ou de l'autre des trois frères. Il y a plusieurs déesses éponymes de l'Irlande (autant que l'île a de noms) et toutes ont la même histoire. L'Irlande possède à la vérité une multitude de noms mythiques ou symboliques et ses personnages sont fréquemment triples comme les dieux : trois Macha, trois Mórrígan, trois Bodb, trois éponymes de l'Irlande, le nombre trois étant, dans sa pluralité, l'un des symboles de la parfaite unité divine. De là vient que la typologie des dieux est, chez les Celtes, d'apparence si complexe.

LA COHÉRENCE DE LA MYTHOLOGIE CELTIQUE

En général, quand il est question des Celtes et de leur mythologie dans un ouvrage contemporain, on manque rarement d'insister sur le pittoresque coloré, presque exotique, de la littérature qui l'exprime. Et il est exact que tout cela est, en un certain sens, prétexte à rêve et à dépaysement. Les personnages sont hauts en couleur, d'une psychologie rudimentaire mais aux caractères particulièrement bien typés. Les traits sont frappants et solidement dessinés, les mobiles des actions sont élémentaires, aisément compréhensibles. Le style d'un récit est rarement difficile ; le vocabulaire est toujours simple. Et si la morale n'est pas toujours sauve, le mensonge et l'hypocrisie, ces deux tares de nos civilisations techniquement évoluées, sont deux raretés extraordinaires, aussi exceptionnelles que le vol. Le code de l'honneur est toujours très strict, très raide même. Nous pensons à Finn qui, au cours d'un festin, après qu'un convive a dérobé un œuf dans un plat, déclare en substance à celui qui l'a invité : « Vous pouvez tout consommer : je ne mange jamais les restes d'un vol. »

C'est ainsi que l'on trace le portrait du bon sauvage insulaire, assez intelligent et assez sain pour être regardé avec une condescendante sympathie par les civilisés. Et si on n'en est plus tout à fait, sauf peut-être dans quelques milieux littéraires français, à Mac Pherson et quelques autres pour les traductions de textes et l'interprétation des thèmes littéraires celtiques, la mythologie, elle, est toujours considérée comme un providentiel chaos dont chacun extrait, à l'aventure, quelques lambeaux qui l'intéressent. Quant aux Gaulois et à leur devenir posthume, quelques bandes dessinées, parfois un roman pseudo-historique, suffisent à entretenir l'image d'Épinal et l'illusion que nous avons tout appris de leurs pensées les plus secrètes.

Dans ce qui précède nous n'avons pu présenter que quelques fragments en vue d'une première synthèse. Mais il faut affirmer avec force la cohérence de la mythologie celtique, même de celle, passée au crible de la christianisation, que l'Irlande nous a transmise. De l'origine des dieux, les *Túalha Dé*

Dánann, à celle des Goidels, de l'organisation de l'Irlande, du Déluge à l'arrivée de saint Patrick ; de l'existence de la classe sacerdotale à celle de la royauté traditionnelle de Tara, tout se tient, tout est **rationnellement** explicable, tout est cohérent, tout a une raison d'être. Le *Lebor Gabála* ou « Livre des Conquêtes », loin d'être le gigantesque fatras qu'y a vu son éditeur, A. Macalister, ou le « fleuve bourbeux » qui traverse toute l'histoire d'Irlande comme le pensait J. Vendryes, est, malgré la compilation biblique, un énorme réservoir de mythologie pure cependant que les récits des cycles mythologique et épique s'ordonnent autour de deux grands axes :

L'étiologie : la création du monde et la naissance ou l'arrivée des dieux et des hommes, puis l'apocalypse de la fin du cycle.

La querelle de souveraineté : entre les Túatha Dé Dánann et leurs prédécesseurs d'abord, entre les dieux et les hommes ensuite, entre les dieux de l'Irlande préchrétienne enfin et le Christ-Roi, représenté, presque « personnifié » (à la mode irlandaise) par saint Patrick et ses premiers successeurs.

Ajoutons à cela le presque indestructible et massif édifice des lois d'Irlande, que personne ou presque en France, n'a lues depuis d'Arbois de Jubainville, il y a cent ans et plus ; ajoutons-y encore la solidité à toute épreuve de la tripartition fonctionnelle, idéologie religieuse et traditionnelle, implicite et efficace dans tous les rouages et à tous les niveaux de la société celtique, insulaire et continentale et nous aurons résumé l'essentiel de ce qui fait l'intérêt de la tradition celtique, souvent si mal comprise de ceux-là mêmes qui devraient être les premiers à l'étudier.

Dans cette luxuriance de faits et de personnages, en bref, tout s'ordonne dès que l'on a saisi le fil directeur d'une qualité et d'une fonction, d'une classe et d'une typologie, d'un thème, d'un schème ou d'un théologème. Somme toute les premiers artisans de l'évangélisation de l'Irlande nous ont transmis ou fait transmettre, à longue distance dans le temps, l'essentiel de la tradition préchrétienne et il faut leur en être reconnaissant. En échange ou en récompense de ce service inappréciable – dont la science universitaire contemporaine ne les a encore jamais crédités – nous ne leur reprocherons pas de ne pas avoir mis Lug assez en évidence : Cúchulainn ou Conchobar étaient plus près de leur cœur et les moines irlandais du haut Moyen Âge, pas plus que ceux du XVe siècle ou les générations d'érudits qui leur ont succédé, n'étaient pas, dans leur sincérité chrétienne, suspects de paganisme et d'hérésie.

IV. La classe sacerdotale : druides, poètes, bardes et devins

La religion celtique a ceci de particulier qu'elle ne possède pas seulement des prêtres comme les religions grecque, romaine et germanique, mais une classe sacerdotale hiérarchisée et organisée, profondément structurée, comparable en de nombreux points à celle des brahmanes de l'Inde.

Nous voulons parler des druides qui sont, à vrai dire, tout autre chose qu'un simple clergé. Nous emploierons cependant de temps à autre ce mot à dessein, pour que l'on comprenne clairement que l'essentiel de leurs fonctions était d'ordre religieux. Il n'est spécifié en effet nulle part dans les textes antiques que les druides étaient des prêtres. Mais ils s'occupent des sacrifices et, de ce seul fait, leur qualité sacerdotale est hors de doute. C'est une erreur de ne voir en eux que des « philosophes » et, dans le « druidisme » sans plus un corps de doctrines métaphysiques. Et c'est une perte de temps remarquable que de rechercher une iconographie druidique inexistante.

Tout cela a besoin d'être précisé jusque dans le moindre détail. Car, comme le brahmane de l'Inde, le druide est en fait **beaucoup plus qu'un « prêtre » au sens moderne du mot** parce que le monde médiéval et moderne a peu à peu restreint le domaine du sacré aux activités liturgiques, rituelles et théologiques. Mais dans une société qui ignore toute distinction du « sacré » et du « profane » par inexistence du « profane », le druide est, de loin, avant tout roi ou tout guerrier, si haut placé soit-il, le premier en importance et en dignité. Le symbolisme des couleurs rend assez bien compte de la prééminence sociale des druides.

Le blanc est la couleur sacerdotale universelle des Indo-Européens : dans toutes les langues celtiques **vindo-s,* irlandais *find,* gallois *gwyn,* breton *gwenn,* signifie à la fois « blanc, beau, sacré ». Et il n'est aucun druide, pas plus ceux de Pline que les druides irlandais, qui ne soit vêtu de blanc. **Le rouge est la couleur guerrière et aussi celle du savoir** (le Dagda est dit *Ruadh Rofhessa* « le Rouge de la Science Parfaite »). **Les autres couleurs fondamentales, bleu, vert et jaune sont celles de la classe productrice** et elles apparaissent rarement, en tant que couleurs fonctionnelles, dans les récit celtiques. C'est une erreur du néo-druidisme que d'attribuer le bleu aux *bardes* et le vert aux *vates.* Premièrement bleu et vert sont une seule et même couleur et secondement cette couleur n'est pas sacerdotale car la seule couleur sacerdotale est le blanc. Dans toutes les langues celtiques encore parlées, irlandais, gallois et breton, *glas* signifie à la fois « bleu », « vert » et « gris ».

L'existence des druides a un sens et une réalité dans le cadre d'une société celtique vivante et organisée où tout est basé sur le sacré. Le nom de « philosophe » ne s'applique valablement qu'à la sagesse grecque, indépendamment de toute notion religieuse et parler de « philosophie » à propos des Indiens et des Celtes est, très rigoureusement et très exactement, un non-sens. Une autre preuve de leur qualité sacerdotale, indirecte mais efficace, est l'emploi par César du mot gaulois *druides* parce que le mot latin *sacerdos* (employé à deux ou trois reprises) avait un sens plus étroit et insuffisant (pour désigner la classe guerrière le latin *equites* était satisfaisant). Rappelons aussi que le druide de l'Antiquité n'existe que dans le cadre d'une société celtique indépendante, non convertie à une autre religion, et s'exprimant en langue celtique en tant que langue sacrée. Cela suffit à rendre nulle ou parodique toute résurgence de « druidisme » qui prétendrait remonter à l'Antiquité celtique. Les brahmanes savent mieux que nous que le sanskrit des cérémonies ou des rites, des spéculations ou des hymnes, n'est pas fait pour être traduit dans une autre langue.

L'ADMINISTRATION DU SACRÉ

Le caractère universel du sacerdoce druidique ressort à la fois de son extension géographique (celle des Celtes) et du centre dont il se réclame. Il y a eu en Gaule et en Grande-Bretagne jusqu'à la conquête romaine, en Irlande jusqu'à la christianisation, des hiérarchies sacerdotales complètes. Aucun témoignage ne fait état de leur existence chez les Gaulois cisalpins (sauf un bref passage de Tite-Live, qui emploie le mot *antistites* à propos de la mort du consul Postumius en 216 avant notre ère), en Galatie et dans la vallée du Danube, mais on n'a pas le droit pour autant de prétendre qu'ils n'auraient exercé là aucun ministère. Une trace tangible de leur présence existe dans le nom des *vates* ou « devins » dans le vocabulaire religieux du latin, lequel n'a pu venir que du gaulois des Cisalpins. Or, les *vates* celtiques font partie de la classe des druides.

Ces derniers ne forment cependant pas une théocratie ou une hiérocratie : ils ont le droit, n'étant soumis à aucune contrainte, de se mêler des affaires politiques ou militaires mais ils ont en général (le comportement des druides irlandais le prouve en abondance) assez à faire dans le domaine spirituel. Et la structure sacerdotale celtique est assez ancienne, avec ses druides qui ont droit au sacerdoce et à la guerre (mais le guerrier n'a pas droit au sacerdoce) pour qu'on y voie le souvenir idéal (et non pas seulement historique) d'un état d'indistinction primordiale, celui d'un état « édénique » où la société, composée d'hommes intelligents et sages, n'avait besoin, ni de classes spécialisées dans une fonction déterminée ni de gouvernement supposant des contraintes légales.

Sans remonter si loin dans le temps mythique, leur origine a été l'objet de controverses érudites. César dit que leur doctrine *(disciplina)* a été élaborée en Bretagne et que ceux qui veulent mieux s'en pénétrer y vont perfectionner leurs connaissances. On s'est demandé pourquoi les druides gaulois allaient en Bretagne alors que les Bretons étaient moins évolués que les Gaulois. De là à accuser César d'inexactitude, il n'y avait qu'un pas.

Mais les druides irlandais font le même voyage et la raison est indépendante du degré de développement matériel, technique ou social (il n'est d'ailleurs pas certain que les Bretons du Ier siècle avant notre ère aient été si arriérés ou si sauvages !) : la Grande-

Bretagne est, réellement et symboliquement, une île et toute île est, par définition traditionnelle, un centre sacré. Cela ne signifie nullement que le « druidisme » (le mot est ici une désignation contemporaine incorrecte de la classe sacerdotale celtique), institution panceltique nécessaire, soit né en Grande-Bretagne pour devenir ensuite un objet d'exportation comme une simple doctrine politique ou religieuse de notre époque. Il est tout simplement inconcevable qu'un groupe celtique cohérent ait existé sans druides et il est tout aussi inconcevable, à la fois qu'il ait existé des prêtres celtiques qui ne fussent pas des druides ainsi que des druides qui ne fussent pas étroitement intégrés dans toute la société celtique.

Pour la même raison il est absurde de penser ou de supposer que les druides ont eu une origine préceltique. Rien ne prouve ou ne permet d'inférer que les Celtes les auraient trouvés déjà installés à leur arrivée en Europe occidentale. Ils n'ont pas davantage été des constructeurs de mégalithes : c'est à peine s'ils les ont remployés, généralement dans les légendes. Il n'empêche que la structure interne de la classe sacerdotale a été mal comprise de savants comme d'Arbois de Jubainville, Thurneysen ou, plus près de nous, Vendryes, tous induits en erreur par les classifications compliquées mises au point par les Irlandais.

Il faudra aussi étudier dans le détail les quelques textes, relativement tardifs, qui envisagent les affinités des druides avec le monothéisme d'une part et les doctrines pythagoriciennes d'autre part. La tendance celtique au monothéisme est expressément mentionnée par saint Augustin, *De Civitate Dei*, VIII, 9 (Zwicker, *Fontes Religionis Celticae* II, p. 124). Quant aux relations des druides et des pythagoriciens, elles sont examinées, tantôt du point de vue d'une influence druidique sur les pythagoriciens

(Alexandre Polyhistor, *De Pythagoricis symbolis*, chez Clément d'Alexandrie, *Stromata* I, 15, 70, 1 ; Zwicker, *op. cit.*, p. 21, 4-7), tantôt en conséquence d'un enseignement pythagoricien assimilé par les druides (Hippolytus Romanus, *Refutatio omnium heresium* I, 2, 17 ; Zwicker, *op. cit.,* p. 88, 21-25, 89, 2-10).

La comparaison des textes montre à suffisance que la hiérarchie, fondée sur le savoir et non sur une quelconque autorité administrative, comportait de nombreux grades et des spécialisations qui excluaient toute ambiguïté.

La première catégorie est celle des druides théologiens. Selon César ils se livrent à d'immenses spéculations qu'ils transmettent à la jeunesse. Ils ont la charge, non seulement des choses de la religion, mais aussi de la justice et de l'enseignement, sans compter la surveillance du pouvoir politique. Mais ici une précision est nécessaire : César propose de la classe sacerdotale une définition globale qui l'oppose au reste de la société et non une définition des diverses catégories ou spécialisations sacerdotales. « Druide » est un terme général et il n'y a pas de nom spécifique du druide sacrificateur (vainement cherché ou espéré pendant longtemps) parce que tous les druides, quelle que soit leur spécialisation, ont le droit, au moins théorique, de pratiquer le sacrifice.

Une deuxième catégorie sacerdotale s'occupe de poésie et de « littérature », s'il est permis d'user de ces mots pour des récits ou des poèmes uniquement récités ou chantés. César n'en parle pas pour la raison que nous venons d'indiquer ci-dessus mais les Grecs, Strabon et Diodore de Sicile, l'évoquent assez longuement. C'est en Gaule la catégorie des *bardes* et, en Irlande, celle des *filid* ou « poètes ». Elle a dans ses attributions une bonne part des fonctions énumérées par César :

– **histoire et généalogie** : qui constituent, au fond, une seule et même discipline consistant à dresser, en remontant le plus haut possible, la généalogie du roi en cours de règne ;

– **littérature** : récitation des légendes et des poèmes mythologiques et épiques ;

– **prédiction et satire** : qui sont, pour le roi et pour le druide, des moyens de gouvernement ou de pression sur le gouvernement royal ;

– **justice** : rendue, publiée par le roi mais dite par le druide qui, seul, est ordinairement juriste : le roi-juge est exceptionnel ;

– **enseignement** : organisé en profondeur, à la mode des gurus de l'Inde, mais dont les premiers degrés pouvaient être suivis certainement par n'importe qui ;

– **diplomatie** : ambassades et négociations diverses, conclusion de traités d'amitié ou d'alliance ;

– **musique** : harpe, instrument à cordes, à l'exclusion des instruments à vent ou à percussion ;

– **médecine** : sous ses trois aspects : incantatoire, sanglante et végétale ;

– **distribution de la boisson** : l'échanson répartit les parts attribuées aux convives mais c'est la reine qui verse la boisson dans les coupes ;

– **information** : le druide portier renseigne sur les nouveaux arrivants ou les visiteurs) ;

– **architecture** : construction de maisons ou de forteresses.

La prédominance des *filid* dans les récits transmis par écrit après la christianisation a fait croire jadis à d'Arbois de Jubainville qu'ils constituaient une « corporation » parallèle, rivale et concurrente de celle des druides. En fait une telle opposition n'a jamais existé. Les *filid* ont constitué la catégorie sacerdotale dont les activités n'étaient pas incompatibles avec la doctrine chrétienne aussi longtemps qu'ils ne pratiquaient pas le sacrifice et c'est eux qui, dans les premiers temps du christianisme irlandais, ont assuré la transmission – et en même temps la fixation formelle – du fonds légendaire. Il est beaucoup de récits dans lesquels les termes de *filid* et de *druides* sont équivalents ou interchangeables. Par définition le *file* (et toutes ses spécialisations) est un « voyant » et il a part entière au sacerdoce.

Une troisième catégorie sacerdotale est celle des devins (irlandais *fáith*, gaulois *vatis*, pluriel *vates*). Elle a dans ses attributions toutes les applications « pratiques » de la religion, en particulier deux domaines majeurs :

- **divination :** *art augural,*
- **médecine :** *magique, sanglante et végétale.*

Nous savons d'ailleurs avec assez de précision, par quelques traités, quelles étaient les capacités exigées du *file* : douze ans d'études, l'apprentissage de la grammaire et d'une langue technique compliquée, spéciale à l'exercice du sacerdoce, l'assimilation et la pratique de plusieurs dizaines de mètres poétiques, la récitation (sans nulle approximation) de plusieurs centaines de récits. Tout cela rappelle les vingt ans d'études mentionnés par César. Et les distinctions hiérarchiques sont nettes, du *fochlocon* ou apprenti qui sait réciter sept histoires et se contente des bas morceaux dans les festins au docteur ou *ollam* (superlatif de *oll* « puissant ») qui sait trois cent cinquante grandes histoires et cent cinquante petites et a droit à une escorte de vingt-quatre personnes.

LA DÉVIATION IRLANDAISE

Les traités de métrique irlandais gardent toutefois le souvenir d'un temps où les bardes de la grande île, répartis comme les *filid* entre les degrés d'une hiérarchie nuancée, suivaient eux aussi des études longues et difficiles et composaient des poèmes suivant des règles métriques qui leur étaient réservées. Cette trace permet de reconstituer, par comparaison avec l'état des pays brittonique et gaulois, l'état de chose primitif : l'écriture étant réservée à la magie, le barde composait des chants ou des poèmes mais il n'écrivait pas (le thème *bardo-* signifie étymologiquement « offrir (des chants) de louange »). C'était le *file* irlandais qui écrivait, en *ogam*, et son nom (« voyant ») le range dans la catégorie des devins magiciens.

Mais la magie a pris une grande importance – peut-être plus posthume que réelle sous l'influence du christianisme – sur le déclin de la tradition celtique et, dans les cours d'Irlande, avant même le début de la transmission manuscrite, le *file* évince le barde (qui a subsisté seul au pays de Galles comme poète de cour), abandonnant au devin proprement dit la partie pratique et matérielle, bien diminuée par la christianisation, des tâches sacerdotales, divination et médecine, et gardant pour lui le bénéfice de la redoutable satire.

On ne peut comprendre autrement que Diodore de Sicile qualifie de « bardes » les sages qui empêchent en Gaule les armées prêtes au combat de se livrer bataille, alors que la même fonction échoit en Irlande au druide. Quant à la déviation vers l'emploi de l'écriture, elle était déjà en germe dans l'éviction des bardes de la classe sacerdotale.

« Druide » étant, nous le répétons, une dénomination générale à laquelle ont droit tous les membres de la classe sacerdotale, les catégories internes de spécialisation que nous venons de définir se résument ainsi :

– **le théologien,** dont le rôle religieux spéculatif comportait la méditation, l'explication et le commentaire des doctrines sacrées ;

– **le barde ou « poète »,** remplacé en Irlande par la variété de devin qu'est le *file* ;

– **le devin** (*vatis* en Gaule, *fáith* en Irlande), qui s'occupe de toute la partie pratique, divinatoire, magique du savoir sacerdotal.

Le sacrifice, dont le nom a passé, en Irlande et dans tout le monde celtique insulaire, à l'Eucharistie (irlandais *íobart* < *idpart* < **ate-berta-* « oblation »), est le privilège commun de tous les druides.

Les partages de compétences suivent donc des lignes nettes et les frontières qui séparent les domaines des spécialisations sont bien tranchées. Les hiérarchies aussi étaient nettes et il n'y avait sans nul doute aucune commune mesure, nous l'avons déjà dit mais il n'est pas inopportun de le répéter, entre la dignité d'un « docteur » et les incertitudes de l'apprenti des plus bas échelons de la classe sacerdotale. Mais tous étaient solidaires et « druides » par rapport aux *equites* et aux artisans que César a, en Gaule, confondus avec la plèbe. C'est dans ce sens qu'il convient d'interpréter la phrase de César disant que seules deux classes d'hommes comptent et sont honorées en Gaule, les druides et les chevaliers.

Une remarque additionnelle doit concerner maintenant les *gutuatri* (singulier *gutuater),* attestés par une mention de Hirtius (qui en fait un nom propre dans le livre VIII du *De Bello Gallico*) et, fait exceptionnel, par quatre inscriptions gallo-romaines. On a de bonnes raisons de penser qu'il s'agit du druide « invocateur » (*gutu-* est le nom de la « voix » ; *cf.* l'irlandais *guth* « voix ») et non pas un équivalent de l'*adhvaryu* ou sacrificateur védique. La racine indo-européenne *gheu-* n'a rien à faire ici. Et si le *gutuater* se dit, à l'époque des inscriptions tardives, prêtre de Mars, c'est très certainement en vertu du principe que la parole est inférieure en dignité à la pensée. Rappelons encore qu'Ogmios lie à la fois par l'écriture et par l'éloquence.

V. Les conceptions religieuses et le culte

JUSTIFICATION DU NOM DES DRUIDES

La première et peut-être la plus importante doctrine des druides est inscrite dans l'étymologie de leur nom : *dru-uid-es* « les très savants », la *science* étant à prendre ici dans l'acception triple de *sagesse,* de *science sacrée* et de *connaissance.* Nous avons déjà indiqué le détail de l'étymologie (voir *supra*, p. 139-140) mais cette étymologie est à double sens car, à côté de l'interprétation littérale de la racine **uid-*, il existe une autre interprétation symbolique par l'homonymie de **uid-* « savoir » et de **uid-* « arbre » (irlandais *fid,* galloid *gwydd,* breton *gwez*). L'arbre est en effet, dans tout le domaine indo-européen, un symbole de force (*cf.* le latin *robur* « chêne rouvre » et l'adjectif dérivé *robustus* « solide »). Le nom des druides conjugue la sagesse, la connaissance et le savoir par l'étymologie réelle et la force (c'est-à-dire essentiellement la capacité de traduire leur savoir en pratique) par l'étymologie symbolique.

C'est en application ou en conséquence de ce symbolisme que l'on rencontre parfois des druides qui font la guerre ou qui portent les armes. Les exemples ne manquent pas, à commencer par Diviciacus en Gaule, le seul druide historique, contemporain de

César, et Cathbad, le grand druide d'Ulster, dans beaucoup de récits épiques. Les druides de Gaule, d'après César, décident par les armes – exceptionnellement – de l'élection de leur chef suprême et quelques textes irlandais décrivent des rivalités, personnelles ou savantes et non fonctionnelles, de druides et de *filid*. Et encore ce « chef » des druides gaulois ne dispose-t-il que d'une préminence due à son savoir et à son autorité : César emploie à son sujet le verbe *præest unus* et non *imperat*.

Les druides illustrent ainsi une très archaïque correspondance des divinités souveraines primordiales : Ogme (le champion) peut être considéré comme un dédoublement ou un « fractionnement » du Dagda mais il ne le remplace jamais. Un tel archaïsme est unique dans le monde indo-européen :

– **Dagda** est : l'*amitié,*
le *contrat,*
tout ce qui est *clair,*
réglé,
ordonné,
agréable.

– **Ogme est :** la *guerre* et la *violence,*
la *magie,*
tout ce qui est *sombre,*
déréglé,
chaotique,
sinistre.

Ce sont les correspondances très exactes du couple souverain Mitra-Varuna, Mitra étant dans l'Inde le dieu du contrat et Varuna celui de la guerre et de la magie. C'est précisément parce qu'il est le dieu des contrats que le dieu-druide emploie les ruses les plus perfides et qu'il ne respecte pas ses engagements ; c'est parce qu'il est le dieu de la force et de la violence qu'Ogme, sous le nom d'Elcmar, est lâche et peureux. Le symbolisme le plus élevé se sublime toujours sous son apparence contraire : le sage est ridicule, le distributeur n'a pas de bras, le maître de l'éloquence est bègue, le géniteur est châtré, etc.

Selon la circonstance, les dieux et les druides proposent aux hommes tantôt l'une, tantôt l'autre des deux faces du dyptique.

L'ÉCRITURE

L'emploi de l'écriture dépend de la conception celtique de la sagesse véritable. Malheureusement nous en jugeons aujourd'hui d'après des critères modernes qui faussent irrémédiablement l'évaluation du fait. Contrairement à nos habitudes, en effet, les Celtes n'ont jamais fait usage de l'écriture pour la transmission à la postérité d'un savoir quelconque. Mais cela ne saurait signifier qu'ils ne la connaissaient pas. Ils ont simplement négligé, d'une part de s'en servir comme un instrument d'archivage et de mise en mémoire, d'autre part d'en avoir une qui leur fût propre, à l'exclusion du fait tardif que sont les *ogam* irlandais. Le niveau de civilisation matérielle atteint par les Celtes des périodes de Hallstatt et de La Tène exclut qu'on puisse les considérer comme des « barbares » techniquement en retard sur les Grecs et les Romains et cependant, archéologues et philologues le déplorent à l'envi, toute la protohistoire celtique est anépigraphe.

Les Celtes continentaux ont d'abord écrit, en Gaule méridionale, en caractères grecs ; en Gaule cisalpine ils ont adopté l'alphabet lépontique, d'origine étrusque ; ceux des régions pyrénéennes et hispaniques ont fait usage de l'alphabet ibérique. Plus tard, c'est l'alphabet latin qui a servi, de la belle écriture augustéenne à la presque illisible cursive du

IIIe siècle, comme dans toute la *Romania* et l'Irlande reste encore obstinément fidèle à des caractères descendant en ligne directe de l'onciale carolingienne. Cet « alphabet » gaélique est très ancien, certes, mais il n'est celtique que par adoption.

Néanmoins le support alphabétique choisi, avec ses défauts ou ses qualités possibles, est indépendant du principe. Il faut, non pas seulement supposer, mais admettre, poser en axiome que les druides n'ont pas prohibé l'usage de l'écriture. Eux-mêmes étaient sans nul doute, dans les îles et sur le continent, ceux qui savaient le mieux lire et écrire. Mais ils avaient sur cette question des idées différentes des nôtres. L'écriture a été, pendant toute la haute époque, d'emploi non pas prohibé mais exceptionnel, réservé à des circonstances rigoureusement et clairement définies. En Irlande, la nature de l'écriture ogamique (traits transversaux, horizontaux ou obliques, de part et d'autre d'une arête verticale) empêchait toute transcription d'un texte de quelque longueur et aussi toute lecture rapide : on gravait un nom sur une stèle funéraire, de temps en temps un défi à un adversaire ; on incantait quelques lettres mais cela n'allait pas plus loin. De toute façon, nous n'avons comme preuve matérielle, archéologique, de l'existence de l'écriture ogamique, que des inscriptions funéraires d'époque chrétienne : ce type d'écriture a été récupéré par le christianisme qui l'a rendu ainsi inoffensif puisque les *ogam* gravés sur des stèles de pierre n'ont plus servi qu'à fixer définitivement le défunt dans son dernier domicile.

Quand il est question de l'écriture ogamique dans les textes légendaires, c'est toujours à des fins magiques : ou bien c'est le druide Dallan qui grave des *ogam* sur des baguettes d'if pour retrouver l'épouse du roi Eochaid, ou bien c'est Cúchulainn qui en fait autant, sur une grosse branche de chêne dont il entoure un mégalithe, pour arrêter l'armée de la reine Medb à la frontière de l'Ulster. Autrement l'écriture est absente. Il est très souvent question de messagers et d'ambassadeurs dans les récits : leurs missions sont toujours verbales ; les conventions qu'ils passent ou les traités qu'ils concluent sont garantis, non par des textes marqués d'un sceau, mais par des témoins dont la parole ne sera pas mise en doute.

Loin d'être un procédé de mémorisation ou de transmission du savoir, l'écriture est une application pratique de la magie et les lettres dépendent du dieu lieur, Ogme : **l'écriture, fixation dans la matière d'une formule ou d'un nom, fige pour l'éternité, rend une malédiction ou une incantation efficace aussi longtemps que subsiste le support, bois, pierre ou métal éventuellement, sur lequel elle est gravée.** On comprend, dès lors, quelle sanction et quelle menace elle pouvait représenter. La malédiction écrite était encore plus grave que la satire verbale, laquelle suffisait déjà à faire mourir celui qui en était victime.

La forme des textes irlandais, dont les plus anciens sont des morceaux de prose entrecoupée de vers, avec des passages de « rhétorique » déformés, incompris, mal transcrits, fournit l'explication : les vers représentent la partie fixe de la tradition orale. Le texte en prose en est la partie souple, vivante, que chaque commentateur est libre de présenter à sa guise pourvu qu'il n'en altère pas le contenu. Ainsi, à chaque génération le savoir se renouvelle et la doctrine se transmet. Confier cela à des textes immuables, qu'aucune vie n'animera plus jamais, consisterait à tuer la pensée vivante en la pliant à des contingences inadmissibles. L'enseignement oral était une nécessité. Et ce n'est pas l'oralité qui a fait disparaître ou tomber dans l'oubli la tradition celtique. De toutes les œuvres écrites de l'Antiquité classique, combien sont parvenues jusqu'à nous et combien ont été irrémédiablement détruites ? Et quel est, depuis la Renaissance, le coefficient de destruction, par siècle, d'un ouvrage imprimé ?

Cette utilisation étroite de l'écriture est parallèle à une autre donnée du sacerdoce : celle qui concerne le recrutement des femmes. On a assez rêvé là-dessus : il y a eu des « druidesses » en Gaule (*cf.* la célèbre *Velleda* de Germanie qui porte un nom celtique apparenté à celui du *file* irlandais et qui signifie « voyante, prophétesse ») et plus encore en Irlande à la faveur de la confusion terminologique des textes qui font facilement mention de la *bánfile* « femme-poète » ou de la *bándruí* « femme-druide ». Mais leur activité ne touche pas le sacrifice, non plus que l'enseignement ou la justice. Elle est chaque fois liée à la divination et à la vision prophétique. Les femmes ne participent pas au sacerdoce proprement dit et elles n'écrivent jamais.

L'IMMORTALITÉ DE L'ÂME ET LA MÉTEMPSYCOSE

L'immortalité de l'âme et la métempsycose sont deux autres points de la doctrine des druides que l'on classe le plus souvent – bien à tort – à la même rubrique. De l'avis général des auteurs anciens, de Lucain à Strabon et de Pomponius Mela à Timagène, et par-dessus tout César, si les druides enseignent l'immortalité de l'âme, c'est pour entretenir le courage guerrier et diminuer ou faire disparaître la crainte de la mort. Il ne faut pas se laisser prendre à ce faux-semblant, lequel remplace l'intention par la conséquence et donne toute la mesure d'une incompréhension qui, à l'époque où elle s'étale, aurait dû depuis longtemps inquiéter les chercheurs. Car les druides ne se sont jamais souciés, dans leur enseignement doctrinal, d'arguments ou de procédés psychologiques. Un Irlandais, ou *a fortiori* un Gaulois aurait répondu le plus simplement du monde que le courage ne s'apprend pas : il est inné. Et le guerrier lâche est, après le druide qui ignore et le roi qui ment, la troisième calamité de l'Irlande.

Il ne faut pas davantage commettre l'erreur de Henri Hubert qui, interprétant le résumé de César, pensait à un capital d'âmes, constant et partagé entre les deux mondes, avec des échanges vie pour vie et âme pour âme. Cette théorie ne repose sur aucune donnée celtique sérieuse : les « échanges » de vies entre ce monde-ci et l'Autre Monde se font invariablement et inexorablement dans le même sens et on ne pourrait que penser, ce qu'il est impossible d'admettre, à une doctrine organisée de la réincarnation.

L'immortalité de l'âme est une réalité affirmée par toutes les traditions. Il suffit de réfléchir à la simple différence de sens entre les mots latins *animus* et *anima* pour comprendre ce dont il s'agit. Qu'on ait expliqué au héros que, en cas de mort glorieuse sur le champ de bataille, il irait dans un Autre Monde merveilleux retrouver d'autres délices et d'autres champs de bataille, cela ne devait pas le surprendre outre mesure : la femme est la récompense normale du guerrier et ce n'est pas au militaire, victorieux ou non, que l'on demande des spéculations métaphysiques ou doctrinales non plus que le renoncement aux rares plaisirs de ce monde. Cela ne change rien à la constatation : l'immortalité de l'âme postule l'existence d'un état posthumain de l'individu sur lequel très peu de gens savent ou croient savoir quelque chose. Il ne s'agit pas, loin de là, de l'affirmation d'un quelconque retour sur Terre ou d'une renaissance du défunt dans le corps qui a été le sien.

L'immortalité de l'âme n'est donc pas un trait puissamment original de la tradition celtique et elle diffère aussi de la *réincarnation* dont il faut affirmer avec force, malgré quelques auteurs anciens et beaucoup trop de modernes, qu'elle est absente des doctrines druidiques.

La réincarnation (dont il conviendrait de penser qu'elle est alors un châtiment pour l'âme qui en serait affligée, et non une récompense : et si un homme riche et cultivé de la bienheureuse Europe du XXe siècle renaissait dans toutes les afflictions du « tiers monde » ? ou bien dans un état « périphérique », animal ou végétal ? ou bien encore à l'état de protozoaire ?) est en outre presque toujours confondue avec la métempsycose que l'on s'imagine, sur la foi d'études hâtives, être très répandue dans le monde des Celtes. Mais les deux seuls cas de métempsycose que raconte la littérature irlandaise sont ceux de deux personnages exceptionnels, hommes primordiaux l'un et l'autre, Túan Mac Cairill et Fintan *(*Vindo-seno-s* « Blanc-Ancien »), maintenus en vie sous diverses formes animales (loup, aigle, cerf, sanglier, saumon), puis rendus enfin à une ultime forme humaine, depuis le temps du déluge jusqu'à l'arrivée de saint Patrick afin que la science traditionnelle ne se perdît pas. Le choix des termes chronologiques est significatif.

Quant aux métamorphoses dont tous les dieux et certains druides sont capables, tant sur eux-mêmes que sur autrui, elles ne se produisent, elles ne sont provoquées qu'à des fins bien déterminées, ni par hasard ni par fantaisie, et elles sont temporaires. Les changements de formes de la divinité souveraine d'Irlande, Étain, successivement reine de l'Autre Monde, flaque d'eau, mouche ou papillon, ver, puis à nouveau reine, mais terrestre, ne sont non plus que les changements d'état d'un même être sur les différents plans de l'existence.

L'immortalité de l'âme est acquise au contraire à tous les défunts qui, quels qu'ils soient, passent dans l'Autre Monde. L'un des thèmes les plus fréquents de la littérature christianisée du haut Moyen Âge est le récit de navigations merveilleuses dans des mers lointaines, vers les pays du bonheur perpétuel, l'ancien *síd* des dieux. Le *Voyage de Saint Brendan* a été l'un des grands succès littéraires du Moyen Âge occidental. De cet Autre Monde, plus ou moins bien compris, au souvenir plus ou moins net, au paganisme plus ou moins latent, provient tout le merveilleux des légendes celtiques.

L'AUTRE MONDE ET LE *SÍD*

Nous n'avons pas de description de l'Autre Monde tel que les Celtes de l'Antiquité pouvaient se le représenter. Un texte grec tardif parle des barques de pêcheurs qui servent à passer les âmes mais c'est plus une une légende – intéressante d'ailleurs – qu'une donnée théologique. Par contre les descriptions ou les allusions développées sont innombrables dans les textes insulaires. Mais le Moyen Âge irlandais christianisé a le plus souvent confondu, sous l'influence des idées chrétiennes sur le paradis et la Jérusalem céleste, l'Au-Delà simplement posthumain et l'Autre Monde merveilleux des dieux.

Portant dans son nom le sens étymologique de « paix », le *síd* est en effet un monde parallèle au nôtre qui, tout en étant différent ou lointain, s'y superpose ou le baigne, et dans lequel les êtres élus, choisis ou appelés, peuvent pénétrer à tout moment. Ses habitants sont, par définition, des dieux ou des héros divinisés.

Dans tous ses récits, mythologiques et épiques, l'Irlande l'a localisé à trois niveaux :

– **par-delà la mer, à l'ouest** (confondu avec la gauche et le nord), dans des îles immenses et fortunées qu'on ne peut atteindre que par un voyage maritime ;

– **sous la mer ou au fond des lacs** dans des palais d'or et de cristal dont l'entrée mystérieuse apparaît quelquefois fortuitement ;

– **dans des collines et sous des tertres** : à l'arrivée des occupants actuels de l'Irlande ou Goidels, leurs prédécesseurs divins ou *Túatha Dé Dánann*, ne pouvant s'opposer à l'invasion, se sont réfugiés sous terre. Ils y continuent la même vie qu'autrefois, tout en se mêlant de temps à autre aux hommes.

Il est permis de dire que le *síd* est partout présent en Irlande. Cela a permis aux transcripteurs et aux conteurs une « actualisation » constante de la mythologie et des récits en apportant chaque fois sans plus de difficulté une explication ou un commentaire de très nombreux toponymes. C'est ainsi que le grand tumulus protohistorique de Newgrange est devenu la résidence du Dagda sous le nom de *Brug na Boinne* ou « Auberge de la Boyne ». Et si le *síd* est partout, chaque dieu a son *síd* propre. Il n'est guère de récit qui, pour une raison ou pour une autre, ne fasse intervenir l'Autre Monde. Mais que cet Autre Monde soit par-delà la mer, au fond d'un lac ou sous une colline, il a l'eau comme moyen d'accès normal.

Quoi qu'il en soit, tel qu'il nous apparaît, l'Autre Monde celtique n'a presque rien de commun avec le paradis chrétien et il est très proche, par sa conception et ses multiples présences féminines, du *Walhalla* germanique et du paradis islamique. Ses occupants mènent une vie de joies et de délices : ils consomment une nourriture choisie et abondante, ils sont aimés de femmes d'une beauté extraordinaire et ils ont tous le même rang social élevé. On ne connaît plus chez eux ni *péché* (notion chrétienne) ni *transgression* (notion préchrétienne).

Mais c'est là un tableau stéréotypé, ne variant guère d'un texte à l'autre, et que le christianisme a encore simplifié : il a fait des *immrama* ou « navigations » le prétexte d'interminables périples de moines errant à la grâce de Dieu, transformant le moyen (le voyage maritime) en fin et, bien sûr supprimant les femmes tentatrices de toutes ces îles. Un détail cependant a son importance : l'Autre Monde est un paradis mais il n'y a ni enfer ni purgatoire. Le châtiment des méchants se résout par l'inexistence.

Les deux points essentiels sont que les gens du *síd* échappent : **à la contrainte du temps, aux contingences de l'espace.**

Les hommes qui y vont ont souvent des surprises : tantôt ils y passent plusieurs jours sans avoir été absents plus de quelques heures ; tantôt, et c'est le cas le plus fréquent, ils croient y être restés quelques mois ou quelques années et leur séjour a duré plusieurs siècles. Mais n'importe qui n'a pas accès à l'Autre Monde : y entrer est un privilège accordé aux héros comme Cúchulainn ou aux rares élus qu'une messagère emmène par-delà la mer dans une barque de verre ou de cristal. Souvent aussi, sinon presque toujours, la légende a transformé la belle messagère en amoureuse et cela a été le point de départ d'un très joli thème de littérature, de folklore et de rêve. Il était ainsi réservé à la légende celtique de laisser en héritage au monde moderne cette magnifique équivalence du thème de la légende d'Éros et Psychè.

L'essentiel est par conséquent la nature du *síd*. Les êtres humains qui y pénètrent (ce sont du reste toujours des hommes) changent, et d'état et de condition. Le retour à l'état d'humanité leur est interdit : un des compagnons de Bran, au retour (dû à la nostalgie de l'Irlande) d'une de ces navigations merveilleuses, tombe en cendres pour être imprudemment sorti de la barque qui le transportait et avoir mis pied à terre. Les enfants de Lir restent neuf cents ans sous l'apparence de cygnes : à leur retour sous la forme humaine ils se convertissent au christianisme et meurent de vieillesse, en odeur de sainteté.

Tout rapport exact est en effet impossible entre le *fini* (le temps et l'espace humains) et l'*infini* (l'éternité et l'immensité divines). Car non seulement l'Autre Monde est éternel (et l'intelligence humaine ne peut pas concevoir clairement l'éternité qui n'est ni un passé ni un présent ni un avenir, mais un « maintenant » sans fin), mais il n'est pas limité par les trois dimensions : un dieu apparaît au milieu d'une maison sans avoir eu à faire usage de la porte ni d'une entrée quelconque : c'est le cas de Midir venant chez le roi Eochaid chercher son épouse Étain. Ou bien il est au petit matin en Ulster et à midi en Écosse, comme Manannan dans la légende de Mongan. Identiquement la perfection de l'Autre Monde rend superflue la hiérarchie des classes et inutile le jeu des fonctions : paix, bonheur et volupté qui ressortissent à la troisième fonction productrice sont intégralement transcendés par la première fonction sacerdotale. L'administration du sacré n'est plus nécessaire puisqu'il n'est plus représenté que par la perfection et c'est la raison pour laquelle, dans l'Autre Monde, tous les dieux sont druides et, inversement, dans ce monde-ci, tous les druides sont dieux. Si, dans les récits épiques, le *síd* est fréquemment le lieu de batailles et de guerres, c'est parce que les légendes s'adressent avant tout à des membres de la classe guerrière et que la paix n'est pas dans leurs habitudes. L'Autre Monde celtique est, antérieurement au christianisme, un paradis de guerriers. Comment faire admettre aux émules de Cúchulainn un monde sans combats ni victoires ?

C'est la raison pour laquelle la transformation chrétienne et monastique des « navigations » est le plus souvent si ambiguë.

LE TEMPS ET LE CALENDRIER. LES FÊTES

Une grande partie de l'originalité de la mythologie celtique résulte de cet effort pour traduire l'infini en termes finis. C'est que le macrocosme temporel est bâti à l'image des cosmologies et des cosmogonies divines : le druide humain a pour chef et pour prototype le druide divin qu'est le Dagda ; le champion est une réplique du dieu Ogme et le héros Cúchulainn est à la fois le fils du dieu Lug, du roi Conchobar et du « père nourricier » Sualtam. Ce genre de situations n'est pas de celles que l'on explique en quelques pages comme nous le voyons faire parfois dans une certaine vulgarisation. Mais, tout imparfait qu'il soit, ce monde-ci est une image, un reflet de l'Autre Monde. On ne doit donc pas s'étonner de voir de temps en temps cet Autre Monde faire irruption dans le monde humain et attirer à lui quelques héros minutieusement choisis.

Les rapports sont limités toutefois à une courte période symbolique, celle de *Samain,* la fête du premier novembre. Mais cette période n'est brève que par convention nécessaire et il faudrait tout d'abord définir la notion de « fête » pour savoir exactement de quoi on parle. Car le fait le plus remarquable de tout cela, c'est que le vocabulaire d'aucune langue celtique, pas plus l'irlandais que le gallois ou le breton, n'a de mot indigène pour désigner la « fête ». En général on rencontre dans l'usage deux mots : l'un est emprunté au latin pour désigner la fête religieuse : irlandais *féil,* gallois *gŵyl,* breton *gouel,* du latin *vigilia,* et l'autre est un emprunt roman, français ou anglais pour désigner la fête profane : irlandais *féasta*, breton *fest* (le gallois a un autre mot : *gwledd*, littéralement « banquet »). Et dans l'emploi lexical courant la fête religieuse et la fête profane ne sont jamais prises l'une pour l'autre. L'emploi du breton *gouel* pour désigner une fête non religieuse est par exemple une monstruosité dans l'usage contemporain. Autrement dit la fête celtique ancestrale, qui n'a subsisté qu'en Irlande, n'a d'autre nom que celui qui la désigne dans le calendrier : la notion de « fête » est incluse dans ce nom qui désigne un instant du temps sacré opposé au temps profane. La « fête » celtique constitue donc ce que nous avons appelé une « période close » dans laquelle un cycle complet d'événements se produit sans empiéter sur le temps extérieur.

La plupart des récits irlandais ont pour centre temporel cette fête de *Samain*, même si très souvent ils ne comportent aucune indication de date calendaire. Le « temps sacré » couvre une période bien délimitée, concentrée en quelque sorte, et il équivaut selon le cas, aussi bien à toute l'année, à vingt-quatre heures, ou à l'éternité. Des événements ne mettant en jeu qu'une succession de quelques jours se passent d'une fête à l'autre ou s'étagent sur plusieurs fêtes successives.

La conception du temps rejoint donc celle de l'Autre Monde. Elle recoupe les origines hyperboréennes légendaires et les quatre fêtes du calendrier irlandais en sont la principale illustration.

SAMAIN (« réunion ») au premier novembre

Recoupée en Gaule par le *SAMONIOS* du calendrier de Coligny, *Samain* est la fête la plus importante puisqu'elle jouxte deux mondes et deux années : elle est le moment privilégié où le monde humain communique avec le *síd* parce qu'elle n'appartient ni à l'année qui se termine, ni à celle qui commence. Elle est à la fois une « récapitulation » de l'été *(sam)* par jeu paronymique en même temps que le début de l'hiver, fête de la grande divinité souveraine sous ses deux aspects sombre et clair. On peut rapprocher de cette conception du temps calendaire l'habitude gauloise, dont témoigne César, de compter le temps par nuits et non par jours. La fête est marquée par de grands festins qui rappellent et imitent ceux de l'Autre Monde. *Samain* a été christianisée par la Toussaint et la Fête des Morts, nommée Halloween dans les pays de langue anglaise.

BELTAINE **(« feu de Bel ») au premier mai**
Début de la saison claire, *Beltaine* est la fête de Lug sous son aspect de lumière. C'est, selon quelques textes, la date des grandes assemblées druidiques et on y allumait de grands feux cérémoniels. Nous ignorons le nom de la fête en celtique continental mais elle a survécu dans le folklore du premier mai qui est immense dans toute l'Europe et, au moins en Europe occidentale, attribuable au fonds celtique.

LUGNASAD **(« assemblée de Lug ») au premier août**
C'est la fête de Lug sous son aspect royal, la fête du roi distributeur de richesses et équilibrateur-régulateur, fête de l'automne et des récoltes. Elle était marquée par des jeux, des concours, des courses et des assemblées légales et juridiques. On en a un équivalent dans la réunion gauloise du *Concilium Galliarum* ou « Assemblée des Gaules » à Lyon, annexé par la politique romaine au profit du culte impérial. *Lugnasad* est devenue, dans le folklore irlandais, par la force des choses (perte du repère politique et religieux), une fête agraire. Elle est très différente de la Troménie bretonne de Locronan qui est un pèlerinage pluriannuel.

IMBOLC **(« lustration ») au premier février**
Fête lustrale de la fin de l'hiver, *Imbolc* est à peine attestée : c'est apparemment la fête de la « troisième fonction » et elle n'a plus aucune importance réelle dans les quelques documents où son nom apparaît. Elle n'est plus guère qu'un repère calendaire archaïque et elle a été remplacée, dans le folklore par la fête chrétienne de

sainte Brigite, suivie de la Chandeleur. Le volume du folklore irlandais moderne, fixé à cette date et axé sur la sainte, est énorme. L'étymologie irlandaise médiévale d'*Imbolc* par « lactation » ou « lait des brebis » est analogique : elle est basée sur une réinterprétation en *oimelc* qui figure dans le glossaire de Cormac dès le Xᵉ siècle (le *-b-* de *imbolc* est aspiré et muet depuis le XIIᵉ ou le XIIIᵉ siècle).

Quelques remarques générales doivent être faites sur ces quatre fêtes dont les noms, au nombre de trois sur les quatre, ont perduré dans le vocabulaire de l'irlandais moderne :

– premièrement le décalage entre la date des fêtes celtiques et le commencement réel des saisons en Europe occidentale atteint six à sept semaines sans que le fait soit explicable par des raisons climatiques spéciales à l'Irlande ;

– deuxièmement le calendrier est équilibré en fait sur trois fêtes dont la troisième, *Lugnasad* (irlandais moderne *Lúnasa),* est à mi-distance dans le temps entre les deux autres. C'est bien une fête intermédiaire, celle du roi, intermédiaire lui-même entre les druides et les hommes, les druides étant les représentants des dieux. Lug est ici, à ce moment précis, le représentant de la royauté à la fois « cosmique » et humaine ;

– troisièmement il découle de la constatation précédente que les deux pôles du temps calendaire sont le début de l'hiver *(Samain)* et le début de l'été *(Beltaine).* Le calendrier irlandais est donc celui d'une année à deux saisons différenciées, claire et chaude, froide et sombre, et qui, par conséquent, convient à un peuple d'origine nordique ;

– quatrièmement la raison de l'effacement d'*Imbolc* est sans nul doute que la fête, christianisée au bénéfice de sainte Brigite, héritière normale de la Brigit préchrétienne, a été très vite passée au compte de la Sainte Vierge.

Les principales traces modernes de ce calendrier, qui a dû être commun à tous les Celtes si nous en jugeons d'après les quelques correspondances du calendrier de Coligny, subsistent à ses deux moments cruciaux :

– la fête du premier novembre, devenue la *Toussaint,* suivie de la *Fête des Morts* (les traces sont particulièrement fortes dans le folklore breton avec la croyance aux *Anaon*, défunts qui rentrent chez eux cette nuit-là) ;

– puis la fête du premier mai, marquée par d'innombrables faits de folklore et qui a terminé sa carrière comme « Fête du Travail ». Il importe seulement de faire remarquer que la correspondance continentale et insulaire des noms se limite à *Samonios / Samain.* Faire usage des noms irlandais pour désigner les fêtes continentales est un anachronisme et une impropriété en même temps qu'une imprudence parce que, selon toute probabilité, les fêtes gauloises autres que *Samonios* portaient des noms sans rapport avec les thèmes irlandais.

L'ORIENTATION

L'orientation est basée sur des conceptions nordiques identiques à celles des fêtes et du calendrier en général : les mêmes mots irlandais désignent le bas et le nord *(ichtar)* et, par opposition conjointe, le haut et le sud *(túas).*

Le **Nord** est donc à **gauche** et le **Sud** à **droite** :

le soleil allant de l'est à l'ouest reste au sud toute la journée et c'est la moitié claire du monde : celle des vivants et des dieux lumineux ;
le soleil allant de l'ouest à l'est pendant la nuit est au nord et c'est la partie réservée au *síd*, aux morts, aux dieux mystérieux et sombres.

Les Irlandais (et tous les autres Celtes) prenaient donc grand soin, quand ils se déplaçaient dans un mouvement de giration (et c'était le cas des « circuits » annuels des rois d'Irlande), de conjurer le mauvais sort en respectant le sens du soleil. On faisait un tour vers la droite pour provoquer un présage favorable.

Par contre se présenter du côté gauche constituait un signe d'hostilité ou de défi. Certaines entrées d'*oppida* de la Gaule étaient disposées de telle manière que les chars devaient présenter obligatoirement leur côté droit. Quand le jeune héros d'Ulster Cúchulainn, rentrant de son premier combat, se présente à gauche devant les remparts d'Emain Macha, la menace est prise très au sérieux par le roi Conchobar : on envoie au-devant du jeune garçon la reine et cinquante femmes nues qui choquent sa pudeur d'enfant. On tire sur-le-champ profit de sa surprise ou de son hésitation pour le saisir et le plonger dans trois cuves d'eau froide qui calment sa transe guerrière. Le folklore celtique a gardé de très nombreux souvenirs de la *dextratio* bénéfique et nous savons, par quelques témoignages, qu'elle a existé chez tous les anciens Celtes.

LES ÎLES AU NORD DU MONDE

On comprend dès lors pourquoi et comment les Celtes ont placé dans les « Îles au Nord du Monde » l'origine mythique de l'institution des druides. C'est de ces îles, au nombre de quatre et où habitaient quatre druides, que sont venus les dieux ou *Túatha Dé Dánann.*

C'est encore en Grande-Bretagne ou dans le nord de l'Écosse que des héros guerriers, ainsi que les druides de Gaule selon César, vont chercher un complément d'initiation, guerrière ou intellectuelle. Si l'on va au fond des choses, il est cependant vain de chercher ces îles dans la géographie comme l'ont fait les voyageurs grecs et comme l'a fait César à leur suite : l'île tout d'abord est un symbole, l'initié et l'initiateur y étant théoriquement isolés du reste du monde et, quelle qu'elle soit et où qu'elle soit, elle constitue un centre spirituel. Cela pourrait expliquer l'acharnement mis par les Romains, au premier siècle de notre ère, à détruire le sanctuaire breton de l'île d'Anglesey.

Des îles au Nord du Monde proviennent aussi les quatre « talismans » fondamentaux de la mythologie celtique :

- la **Pierre de Fál** ou de **« Souveraineté »,**
- la **lance de Lug,**
- le **glaive de Nuada,**
- le **chaudron du Dagda.**

À l'exception du premier, ces talismans sont des attributs adaptés à la fonction théologique du dieu, c'est-à-dire qu'ils n'ont pas de fonction propre en tant qu'objet inanimé. Mais ils en ont une en tant que symboles immuables et invariables, inaltérables et intangibles, qui ne sauraient être maniés que par des dieux. C'est aussi parce qu'elle est le symbole de la Souveraineté et que, par son cri, elle désigne le roi légitime, que la *Pierre de Fál* semble parfois liée à l'exercice d'une fonction nourricière ou « phallique » (appuyée d'un mauvais jeu de mots, des Irlandais eux-mêmes, entre *Fál* et *phallus)* qui ne saurait être primordiale ou unique. La Pierre légitime tous les aspects de la royauté et non pas seulement ceux qui ont trait à la « troisième fonction ». C'est pour cette raison que le symbolisme royal est lié à la pierre chez tous les Celtes. Le druide n'est pas lié à la pierre mais au bois (généralement le chêne).

Les quatre îles préfigurent également la division de l'Irlande en quatre provinces initiales :

Connaught : Connacht ;
Ulster : Ulad ;
Munster : Mumu ;
Leinster : Lagin.

Il s'y ajoute une cinquième province centrale, *Meath* (irlandais *Mide* « Milieu »), constituée par le prélèvement d'une parcelle du territoire des quatre autres.

L'*OMPHALOS* ET LA NOTION DE CENTRE

On aboutit ainsi à la conception celtique du sanctuaire compris comme un centre, beaucoup moins temple qu'omphalos (centre), équivalent sur le terrain de la fête dans le temps et endroit chargé de valeur sacrée. Telle était la capitale préchrétienne de l'Irlande, Tara, siège de la royauté suprême ou, à un moindre degré, Emain Macha, capitale de l'Ulster, et Cruachan, capitale du Connaught, dont il est question dans de nombreux récits épiques. Il est remarquable que, s'il est souvent fait mention du ou des druides du roi Conchobar, il n'est jamais indiqué de lieu de culte et il n'est pas absolument certain que ce silence soit dû au christianisme. À certains égards, le sanctuaire est là où réside le druide. Et là où sont les druides, là sont aussi les dieux, de préférence dans un site naturel sortant de l'ordinaire, le plus souvent une hauteur. Beaucoup de grands sanctuaires celtiques sont des sommets du genre du Magdalensberg ou du Donon.

Pas plus qu'ils n'ont eu de villes, les Celtes n'ont eu de temples au sens classique du mot. Ils ont eu des sanctuaires *(nemeton),* bois sacrés, centres initiatiques ou spirituels connus, sans compter ceux qui ne devaient être connus que de quelques druides de haut rang.

César a entendu parler du lieu consacré *(locus consecratus)* qui passait pour être le centre de la Gaule, chez les Carnutes, et où les druides se réunissaient pour élire leur chef suprême. Mais il semble ignorer l'existence de temples et Lucain, cent ans après, attribue aux druides une forêt pour sanctuaire. Il n'empêche que les Gaulois d'époque romaine ont possédé d'innombrables *fana* et que le plan carré des sanctuaires gallo-romains construit en pierre provoque la perplexité des archéologues : il n'est manifestement pas hérité du classicisme gréco-romain.

LE SACRIFICE ET LES TRACES DE RITES

Les idées celtiques sur l'immortalité de l'âme rendent compte enfin du principe des sacrifices, humains en particulier, sanglants ou non sanglants. Il ne s'agit évidemment pas de prétendre subjectivement que de tels sacrifices n'ont pas existé parce qu'on admire les Celtes ou, au contraire, qu'ils ont existé parce qu'on les dénigre.

Mais quiconque est un tant soit peu informé sait qu'aucune religion ne subsiste sans sacrifice, humain ou animal. Il faut toutefois se garder de croire que ces sacrifices ont été les boucheries que quelques auteurs se sont plu à imaginer. **L'homme est une victime de prêtre et, de ce fait, une victime exceptionnelle.** Et pour la même raison le sacrifice est, avec la méditation du théologien, tout aussi indispensable qu'elle, le fait le plus important de toute l'activité religieuse. Le druide qui pratique le sacrifice ne peut pas être un desservant mineur.

Rappelons la vieille définition du latin *sacer* : « qui ne peut être touché sans souiller ou être souillé. » L'être, l'animal ou l'objet *sacer* est ainsi mis à part. Il devient le bouc émissaire de la société dont il prend sur lui toutes les impuretés et les souillures afin qu'elle continue à subsister. Mais la victime sacrificielle, volontaire parfois, devient aussi un être à part à qui est offert une destinée posthume remarquable. La notion en cause est celle de l'équilibre cosmique et nous ne croyons pas qu'il en ait été chez les Celtes autrement que chez les autres peuples. C'est ce que César a compris quand il explique qu'on offre une vie humaine aux dieux en échange d'une autre vie humaine.

Il convient enfin de prévenir contre quelques textes hagiographiques irlandais : ils multiplient les sacrifices païens à seule fin de pallier l'absence de martyrs dans ce qui devait devenir l'île des Saints.

Mais nous sommes très mal renseignés sur la partie rituelle de la religion parce qu'aucune de nos sources, continentales ou insulaires, n'a envisagé la description détaillée de la pratique religieuse. C'est seulement au hasard des textes que nous glanons parfois des renseignements dont le moins qu'on puisse dire est qu'ils sont de valeur très inégale. L'archéologie sera sans doute, à court terme, en mesure d'apporter des documents concrets. Mais l'exploitation en requerra une étroite collaboration interdisciplinaire qui n'est pas encore entrée dans les habitudes.

Nous avons déjà évoqué le cas des *gutuatri* « ceux qui prient, invoquent », dans le nom desquels on reconnaît l'irlandais *guth* « voix ». Le sens a parfois été mis en doute parce que le suffixe gaulois *-ater* (latinisé ou passé tel quel en latin ?) n'est pas très clair. En outre quatre inscriptions gallo-romaines et un court passage du *De Bello Gallico* ne forment pas une base très riche. Mais il est beaucoup de mots gaulois pour lesquels nous n'en avons pas autant et, la comparaison insulaire aidant, nous avons pu montrer que le *gutuater* était l'équivalent du *purohita* indien.

On a aussi le souvenir, que nous avons déjà brièvement évoqué (voir *supra,* p. 174), dans une description du moine gallois Giraud de Cambrie, vers 1185, d'un rituel d'intronisation royale, avec le sacrifice d'un cheval blanc, dans un canton d'Ulster. Parce que Giraud de Cambrie n'aimait pas les Irlandais et, dans une description péjorative outrée, fait usage du mot *jumentum* (« bête de somme » !), on a traduit par « jument » et on a assimilé la cérémonie à *l'ashvamedha* hindou en lui prêtant un aspect de « fertilité » très illusoire. En réalité cette cérémonie est le second volet d'un dyptique dont l'autre partie est le sacrifice du taureau, celui-là même que Pline décrit aussi dans une page célèbre en n'y voyant que l'aspect secondaire ou partiel de la cueillette du gui. Nous en savons assez à ce sujet parce que le sacrifice du taureau est décrit en détail en Irlande dans le récit du *Serglige Conculaind ou* « Maladie de Cúchulainn ».

On devrait désormais être en mesure d'examiner au titre des techniques rituelles tous les faits – et ils sont nombreux – qui ont été notés par les archéologues ayant trait :

– d'une part à la *disposition* des sépultures celtiques et au *mobilier funéraire* qu'elles contiennent : **orientation du corps, armement, poterie, bijoux, offrandes animales ou végétales, mobilier lourd (chars de combat ou d'apparat)** ;

– d'autre part aux *restes sacrificiels* découverts dans quelques sanctuaires : **ossements d'hommes et d'animaux (chevaux, bovins, ovins, chiens, etc.), armes volontairement détruites.**

Rien de tout cela n'est en effet dû au hasard. Malheureusement il n'existe encore aucun répertoire ou essai de synthèse, historique ou archéologique, ouvrant la voie à une conclusion définitive. César nous rapporte que les funérailles des Gaulois, de son temps, sont encore somptueuses et que, dans des temps plus anciens, on brûlait en même temps que la dépouille mortelle d'un chef, tout ce qui lui avait appartenu et tout ce qu'il avait aimé : bijoux, vêtements, armes, chevaux, clients favoris et femmes (sans doute les concubines outre l'épouse légitime). Il oublie sans nul doute encore de mentionner les jeux. En Irlande, d'après tous les textes, le rituel des funérailles comporte invariablement :

– **le chant funèbre** (composé et chanté par un *file*),
– éventuellement des **jeux funèbres,**
– **l'inhumation,**
– **l'érection d'une stèle sur la tombe,**
– **la gravure du nom** du défunt en *ogam* sur la stèle.

Un seul et unique texte, l'*Aislinge Oengusso* ou « Rêve d'Oengus », ajoute le détail archaïque que l'on abattait tout le bétail du roi ou du guerrier mort. Contradiction silencieuse avec César : aucun texte insulaire ne décrit ni ne mentionne une quelconque cérémonie de crémation ou d'incinération. Et dans quelle mesure César est-il, sur ce point, en accord ou en désaccord avec l'archéologie protohistorique ?

En tout cas, le sacrifice est, dans la religion celtique comme dans toutes les autres, christianisme compris, le principal rite et l'on est dans l'obligation d'admettre que le rite sacrificiel, assez complexe, ne s'accomplissait pas n'importe comment. Il y a toutes sortes de victimes possibles, humaines et animales, ce que l'on sent déjà dans la simple distinction sémantique, du latin *hostia* et *victima*, de la victime expiatoire et de celle qui concilie la faveur des dieux. Et le mode sacrificiel n'est pas moins important :

– **sacrifice non-sanglant** (au bénéfice de la classe sacerdotale) : *pendaison, immersion, inhumation* ;

– **sacrifice sanglant** (au bénéfice de la classe guerrière) : *immolation, crémation* ;

– **oblation végétale** ou **libation** (au bénéfice de la classe productrice ou artisanale) : *lait, eau ou boisson fermentée.*

Ajoutons en remarque annexe que le sacrifice humain est loin d'être un monopole celtique. Les Grecs et les Romains en ont usé aussi : que l'on relise dans l'*Iliade* le récit des funérailles de Patrocle (douze guerriers ennemis sacrifiés, avec castration) ou bien chez Tite-Live, la description du rite apotropaïque destiné, en 216 avant J.-C., à protéger Rome contre l'invasion punique : deux couples, un Grec, une Grecque, un Gaulois, une Gauloise, solennellement enterrés vifs dans le *Forum Boarium.* La « férocité » ou la « sauvagerie » des Celtes fait partie des idées reçues dont la recherche contemporaine, quand elle s'enferme encore dans les ignorances de quelques celtophobes survivants, ne parvient pas à se débarrasser. Il est assez remarquable ou insolite, à ce propos, que le nom celtique du sacrifice, conservé dans toutes les langues insulaires (voir *infra* p. 208), soit devenu le nom très chrétien de l'Eucharistie.

LA DIVINATION, LA SATIRE ET LES INCANTATIONS

La divination celtique est malaisée à définir parce que, en dépit de l'existence de devins spécialisés (*vates* en Gaule, *fáith* en Irlande), elle semble bien avoir été, ainsi que toutes les techniques qui l'accompagnent, le bien indivis de tous les membres de la classe sacerdotale. L'impression est peut-être trompeuse, due à la nature même des textes insulaires ; elle est contraire en tout cas, au premier abord, au minutieux partage des compétences et des spécialisations qui est la règle absolue de la hiérarchie sacerdotale irlandaise. Mais la contradiction, apparente ou réelle, n'a rien d'absurde ; dans les universités de l'Europe contemporaine, quel spécialiste du français n'a pas quelques lueurs sur le latin, et inversement ?

Nous devons supposer qu'un druide spécialisé dans les techniques du sacrifice ne pouvait se permettre d'ignorer totalement celles de la divination, tout sacerdoce étant, par définition intrinsèque, omnivalent et global. Du reste une partie notable des rites sacrificiels ont pour fin la divination. C'est peut-être la raison pour laquelle les Irlandais utilisent des mots variés, qui ne sont pas tous exactement synonymes bien que leur emploi soit parfois dicté par des circonstances variables ou un contexte christianisé (surtout dans les textes juridiques) qui en limite ou en garantit le sens :

- **druidecht** : « druidisme » ;
- **filidecht** : « science de poète » ;
- **éicse** : « divination, science, poésie » ;
- **fáitsine** : « prédiction ».

Il est très improbable que l'Antiquité celtique ait connu ou utilisé un quelconque équivalent de l'irlandais *druidecht,* le druide étant aussi, par définition intrinsèque, le « druidisme » ou la « poésie » ou la « divination ». Malheureusement aucun traité de divination ne nous est parvenu, si par hasard il y en a eu un, et nous devons nous contenter d'indications partielles, parfois dangereusement fantaisistes comme cela est au moins une fois le cas dans le *Livre de Ballymote,* lequel propose une description impossible – et christianisée par surcroît – du *glám dicinn* ou « malédiction extrême » pourtant bien difficile à concilier avec la lettre et l'esprit de l'Évangile. Il fallait, si nous en croyons le vieux texte, trente laïcs, trente évêques et trente poètes pour prononcer la formule complète de la satire !

La réalité est plus simple car le nom s'applique, avec des détails qui nous manquent, à la satire prononcée par le poète, druide ou devin, dans la posture maléfique « sur un pied, avec un œil, avec une main ».

Les dénominations qui nous sont connues traduisent toutes des techniques ou des moyens divers, adaptés aux circonstances qui les exigent :

- **imbas forosnai** : « très grande science qui illumine » ;
- **glám dicinn** : « malédiction extrême » ;
- **teinm laegda** : « illumination du chant » ;
- **dichetal do chennaib cnáime** : « incantation par les bouts des os (des doigts) ».

Nous ne savons pas toujours très bien quelles subtiles différences d'exécution ou d'application, sinon de formulation, séparent ces variétés de satire. Nous ignorons même dans quelle mesure notre catalogue est lacunaire. Mais tout se ramène finalement à un emploi, qui, lui, nous est bien connu, de la satire *(aer),* c'est-à-dire de la parole du druide qui, du seul fait qu'elle est prononcée, suffit à provoquer, avec toutes ses conséquences, l'événement qu'elle annonce. L'importance de la satire dans la vie sociale et religieuse de l'Irlande – telle que la décrivent les textes légendaires et, plus sérieusement encore peut-être, les recueils juridiques qui, mis par écrit après la christianisation, s'efforcent d'en limiter les effets et par là même nous livrent ou précisent maint détail –, est manifeste dans les noms du druide ou *file* spécialisé : *cainte* (du nom du « chant ») ou *corrguinech* « pointe qui blesse ».

Noms de personnages craints et redoutés : la satire atteint indifféremment un guerrier, un roi, une reine, ou un individu quelconque qui refuse de se plier à la volonté de l'incantateur. La victime est mise en condition ; le hasard et le sort jouent contre elle : les éléments naturels, air, terre, eau, feu, ciel, mer, se liguent pour lui nuire ; les hommes l'abandonnent et la déchéance physique survient, marquée par trois boutons, abcès ou ulcères qui la défigurent et l'obligent, dans l'attente d'une mort rapide, à se cacher de honte.

Dans tout cet ensemble divinatoire la part des femmes est grande, prépondérante parfois. Non pas qu'elles aient accès au sacerdoce et au sacrifice : les « poétesses », « druidesses » ou « prêtresses » de quelques textes résultent toujours d'imprécisions, de malentendus ou d'erreurs terminologiques. Mais les femmes sont douées pour la magie et la prédiction, en conséquence de leurs dons d'intuition et de pressentiment. Chacun connaît l'épisode du début de la « Razzia des Vaches de Cooley », lorsque la reine Medb interroge la prophétesse Fedelm sur le sort prochain de l'armée d'Irlande. À chaque question Fedelm répond invariablement : « Je la vois rouge, très rouge », avant de commencer un élogieux chant prophétique en l'honneur des exploits à venir de Cúchulainn. On note sans surprise que la déesse de la guerre, la Mórrígan, est elle aussi une prophétesse. Ce n'est pas gratuitement qu'elle est l'épouse du Dagda en même temps que celle de son « frère » Elcmar, autrement dit Ogme. Elle est tout le symbolisme féminin de la guerre en tant qu'allégorie et personnification de la Souveraineté d'Irlande.

CHAPITRE QUATRIÈME

La christianisation des pays celtiques et la fin de la tradition

Une étude, même très brève, de la tradition et de la civilisation celtiques serait incomplète s'il n'y était rien dit de la christianisation, laquelle est le moment historique, non terminé d'ailleurs, qui en marque la fin et qui s'est produite à des époques et dans des conditions très différentes, avec des conséquences radicalement contraires, en Gaule et en Irlande.

Car ni dans les îles ni sur le continent, les druides qui formaient l'armature spirituelle et intellectuelle du monde celtique n'ont pu disparaître du jour au lendemain sans laisser des traces ou, au moins, des souvenirs. Cette proposition est, en apparence, inconciliable avec ce que nous considérons comme évident et indiscutable, à savoir la conversion rapide de l'Irlande. Mais nous verrons que le plus probable est, au moins en Irlande, la conversion immédiate des druides eux-mêmes au christianisme.

De toute façon, même obscur dans les détails, le contexte de leur disparition laisse une impression assez claire pour qu'il ne soit pas impossible d'y réfléchir.

I. La disparition des druides de Gaule

La première conséquence de la défaite d'Alésia a été la mise en place progressive, dans les cités gauloises, d'une administration sans doute moins romaine que romanisée. Le signe certain qu'un pays est définitivement vaincu est que ce sont ses propres ressortissants qui gèrent les conséquences de la défaite. Mais en détruisant la noblesse militaire César avait frappé à la tête. Il avait déjà disposé, pendant toute la guerre des Gaules de cette véritable « cinquième colonne », en place depuis plus d'un demi-siècle (la conquête de la Narbonnaise en 121 avant J.-C.), qu'étaient les négociants romains installés dans le pays (le massacre de Genabum, peut-être amplifié en vue des représailles, montre quelle était leur importance stratégique). L'administration qui gouverne la Gaule dès le Ier siècle de notre ère peut paraître bénigne et libérale parce qu'elle emploie, à l'évidence, du personnel gaulois, même au plus haut niveau. En fait, elle a totalement cessé d'être celtique puisque le système d'administration mis en place par Rome est, dans l'ensemble, décalqué du système politique romain.

Et dans un tel système, *ipso facto*, les druides n'ont plus eu, d'emblée, aucune place. Nous avons fugitivement évoqué ce mystère, non élucidé, de l'absence presque totale des druides dans les événements du *De Bello Gallico.* Cette absence ne peut avoir été, déjà, une inexistence et, si César n'en dit rien en dehors de quelques généralités, c'est très certainement parce qu'il avait ses raisons.

Le fait majeur est l'impossibilité de l'existence en Gaule romaine du couple équilibré du druide et du roi tel qu'il nous est si familier en Irlande. On pourrait même se poser quelques questions sur le rôle éventuel de Rome et de ses agents dans l'organisation du chaos politique de la Gaule du Iᵉʳ siècle avant notre ère. N'oublions pas que dans l'État romain *(res-publica)* le seul « roi » qui ait survécu est cette sorte de figurant rituel qu'est le *rex sacrorum*, roi religieux dépourvu de tout pouvoir et de toute autorité.

Il est normal, inévitable, que le nouveau pouvoir civil installé en Gaule par les légions romaines ait répugné à toute subordination du politique au religieux. Que l'on se souvienne du schéma structural romain qui, inverse du schéma celtique, assure la primauté du **temporel** (le *rex* ou les *consuls*) sur le **spirituel** (les divers *flamines* dont l'influence politique réelle est entièrement nulle). Cela pose à long terme dans la recherche toute la question de l'influence romaine en Gaule dans les trois quarts de siècle qui ont précédé la conquête avec, d'une part l'élimination progressive de la royauté traditionnelle et, d'autre part, la montée des oligarchies et des ambitions nobiliaires. Tout semble s'être passé comme si la haine romaine des rois avait déteint sur la Gaule ou bien encore comme si la royauté celtique avait été un obstacle insurmontable à la réalisation des projets de Rome. Et, nous l'avons souvent dit et répété, le druide et le roi sont solidaires et indissociables.

Il restait donc aux druides les choses de la religion et l'enseignement traditionnel. Mais dans ces deux domaines ils ont été durement concurrencés, immédiatement, d'une part, par l'instauration du culte impérial et la diffusion de la religion romaine officielle et d'autre part par la fondation d'écoles latines où l'enseignement qui n'était plus oral mais écrit, ne pouvait inclure la littérature orale gauloise. Depuis Fustel de Coulanges et Camille Jullian on a eu tendance à considérer la disparition du « druidisme » comme une sorte de mystère dont le « comment » nous échappe. Mais on a toujours oublié de demander le « pourquoi » de cette disparition. Et pourtant il est simple.

Les deux conceptions, à la fois de la religion et de l'enseignement, étaient antinomiques. L'existence de l'une excluait celle de l'autre. C'est là le premier fait, aussi silencieux qu'important, qui marque la Gaule romaine.

Des druides ont peut-être, à titre individuel et « privé », accepté des postes officiels dans la nouvelle administration décalquée du *municipium* romain. Nous ne le saurons jamais. Ce n'est pas impossible tout en étant très improbable. Les druides du Ier siècle avant notre ère devaient se comporter envers l'armée romaine à peu près comme l'ont fait les brahmanes confrontés aux officiers de l'armée des Indes. Mais s'ils ont accepté des postes officiels, ce n'est pas, à coup sûr, en tant que druides dépositaires d'une tradition dont le respect et la transmission devenaient tributaires de dévouements personnels et semi-clandestins.

Mettons que cela se soit produit pendant quelques générations : Pomponius Mela nous apprend que les druides, vers la fin du Ier siècle de notre ère, retirés dans les forêts, instruisaient en cachette les enfants des nobles. Le « druidisme » continuait donc en principe, envers et contre tout. Mais rares sont les institutions qui survivent quand elles n'ont plus de raison d'être : c'est dès l'instauration d'une autorité organisée par Rome et, avant même sans nul doute, dès la fin de la conquête, que les vocations ont dû se faire moins nombreuses. Car aucun sacerdoce – les druides n'ont pas été une société secrète – ne peut durer dans la clandestinité quand celle-ci devient définitive. Et le druide n'a aucune raison d'être en dehors de sa coexistence avec le roi parce que, si le roi ne peut assumer aucune autorité sacerdotale, il ne peut pas davantage, en tant que druide, assumer la responsabilité du pouvoir temporel. Si des druides ont existé à l'époque gallo-romaine, cela n'a pu être que pour une survie provisoire et en vue de l'occultation de la tradition. Mais si la langue sacrée n'était plus connue – et il est impossible qu'elle ait pu l'être après la conversion définitive de la Gaule au christianisme à partir du début du ve siècle – toute transmission était exclue.

Les vocations ont donc dû se faire beaucoup moins nombreuses encore avec les édits de Tibère et de Claude assimilant les druides aux *mathematici* orientaux, mages, magiciens, tenants de sectes orientales ou secrètes les plus diverses et les plus extravagantes qui pullulaient à Rome. Les druides, détenteurs d'un sacerdoce digne de celui de l'Inde, n'avaient rien de commun avec cette tourbe hétéroclite, sans patrie et sans origine. Ils ne méritaient pas un tel mépris. Mais, cherchant vainement à mettre de l'ordre dans ses affaires religieuses, l'Empire a englobé dans une unique réprobation tous les propagandistes de cultes et de mystères étrangers.

Nous ne savons pas, encore une fois, s'il y a eu ou non une persécution ou une répression violente du « druidisme » en Gaule romaine. Mais l'histoire tout entière de la Gaule romaine repose sur des écrits qui ont pour auteurs des historiens romains ou quelques Gaulois latinisés. Ce n'est pas sur Ausone, grand bourgeois et très haut fonctionnaire impérial, qu'il faut compter pour nous informer de ce que pense le petit peuple qui, à la fin du ive siècle, parle encore gaulois aux approches du Massif central ou dans la région bordelaise. Il semble bien aussi que tous les courants d'opinion de la Gaule, pendant les deux ou trois siècles qui ont suivi la conquête, n'aient pas été analysés avec la même minutie. L'histoire réelle, quand on a la bonne fortune de la découvrir, fortuitement ou non, est souvent très différente de l'histoire officielle.

Quel est le rôle exact, précis, des druides dans tout cela ? Nous n'en sommes qu'au début des recherches, compte tenu de l'importance globale à la fois géographique, stratégique, économique et fiscale de la Gaule, dans l'Empire romain. Prétendre en tout cas que les sacrifices humains imputés aux druides ont été la cause morale et première de l'interdiction qui les frappait est une outrance flagrante, car il est fort probable, sinon certain, qu'aux Ier et IIe siècles de notre ère en Gaule, en plein milieu de la *pax romana,* de tels sacrifices appartenaient à un passé révolu. Mettons qu'on s'en soit servi de mauvais prétexte : il en fallait bien un, dans la littérature et dans l'opinion publique romaine ou, si l'on veut, gallo-romaine.

Mais les édits ont marqué la deuxième étape de la disparition, car à supposer encore qu'ils n'aient pas été appliqués strictement, ou même qu'ils l'aient été à peine, à la clandestinité s'ajoutait désormais l'illégalité. Ce dernier mot n'a pas grand sens dans le réglement de questions religieuses. Cependant il est bien dans les tendances romaines, qui subordonnent le religieux au politique, de vouloir régler par une décision politique une question d'ordre traditionnel.

Il n'est aucune organisation traditionnelle qui n'ait prévu, d'une manière ou d'une autre, la triste nécessité de sa propre disparition et la sauvegarde de son dépôt initiatique. Le plus simple était sans doute le repli sur la Bretagne insulaire ou sur l'Irlande. En tout cas, ce ne sont pas les édits de Tibère et de Claude qui ont fait disparaître définitivement le « druidisme ». Du reste les druides, au Ier siècle de notre ère, avaient cessé d'être des personnages officiels.

La troisième étape de la disparition, elle, n'est le fait de personne, ni individu ni autorité officielle. **Elle n'est pas politique mais religieuse.** En effet, à supposer que de rares mainteneurs de la tradition celtique aient encore transmis un enseignement cohérent, organisé, à la fois du gaulois et des principes traditionnels, il est très improbable que, vers le tournant du IVe siècle, les druides aient eu encore la force de lutter efficacement contre l'envahissement du christianisme qui entamait largement, puis achevait, la romanisation de la Gaule en vulgarisant l'usage du latin dans les couches populaires. L'agonie a dû être longue. C'est probablement à partir de la fin du VIe siècle que les derniers *pagani* rescapés des multiples campagnes missionnaires ont progressivement renoncé à la lutte et que les rares survivances se sont figées dans ce qui devait devenir le « folklore ». À la clandestinité, à l'illégalité s'ajoutait désormais, pire encore, le crime d'hérésie.

Car si des druides gaulois, éventuellement dissimulés de longue date sous un vêtement officiel romain (ce que nous ne croyons guère durablement possible : nous n'avons qu'un seul exemple, au Puy-en-Velay, d'un *gutuater* exerçant une fonction administrative), ont pu ou voulu se convertir à la foi nouvelle, il y avait toujours entre eux et le christianisme l'écran du paganisme romain. Outre que, ainsi que nous l'avons dit plus haut, toute transmission était rendue irréalisable par la mort de la langue, il est matériellement impossible qu'un seul d'entre eux ait été en mesure de fondre dans l'ésotérisme chrétien le dépôt traditionnel dont il avait la garde. La raison simple en est que, dans tout l'Empire romain, le christianisme s'est toujours opposé au paganisme dont la résistance avait été trop opiniâtre pour qu'il n'en exigeât pas l'interdiction totale et immédiate à l'heure de son triomphe. Il n'y a aucune résonance, aucune réminiscence celtique dans les récriminations des conciles du Bas-Empire contre le paganisme moribond. Le Malin a pour noms *Mercure, Jupiter, Apollon, Vénus, Diane* ou tout ce que l'on voudra ; il ne se nomme jamais *Taranis, Lugus, Sucellus* ou *Ésus*. Nous ne dirons pas que Gargantua n'est pas gaulois (il l'est certainement sans que ce soit ici le lieu d'en discuter) mais cela est autre chose : le « conte » a changé de langue et a cessé d'être religieux. Il y a, dans le folklore de presque toutes les régions francophones des réminiscences, que l'on commence à soupçonner, qui remontent au fonds populaire celtique, déformé, affaibli par une longue histoire et un changement radical de langue et de mentalité. Mais aucun folklore ne procure le moyen de reconstituer une mythologie : la différence de niveau est trop grande. Il n'y a pas, il n'y a jamais eu de « mythologie française » issue de la religion gauloise. Les druides n'ont pas duré ou perduré assez longtemps pour en transmettre une. Il va sans dire que nous ne doutons pas de la légitimité de l'étude des faits de folklore qui ont subsisté (tel le gigantesque folklore de mai) jusqu'à notre époque contemporaine. Mais nous réservons le mot *mythologie* pour la désignation d'un corpus ou d'un ensemble structuré et cohérent.

En résumé et en conclusion la transmission éventuelle du « druidisme » se serait heurtée à trois barrages dont chacun était, à lui seul, un obstacle définitif et infranchissable :

– la conquête de la Gaule par César qui, au Ier siècle avant notre ère, détruit la structure politique celtique et annihile, soit par élimination physique, soit par conversion à la romanité, toute l'aristocratie des *equites* ;

– la christianisation qui, à partir de la fin du

IVᵉ siècle, rend définitive la romanisation par la généralisation de l'emploi du latin ;

– les grandes invasions qui, en dernier lieu, achèvent de détruire ce que la romanisation et la christianisation avaient laissé subsister.

II. *La disparition des druides en Bretagne insulaire et en Irlande*

En Bretagne insulaire où la religion officielle romaine a fait écran, elle aussi, entre la tradition celtique et le christianisme, les druides ont disparu sans postérité. Leur nom même a subsisté en gallois, mais ce n'est plus qu'un sémantème vidé de son contenu : le *derwydd* des dictionnaires est une forme brittonique authentique (on la retrouve jusque dans le vieux-breton *dorguid* « pythonicus ») mais qu'un transport de sens tardif (par étymologie analogique) rattache au nom du chêne *(derw)* et empêche qu'on prenne en considération comme preuve de la survivance du « druidisme ».

Mais seule la christianisation a été définitive et précoce, comme en Gaule. Le système politique romain, importé plus tardivement, le latin, langue plus lointaine, à l'emploi moins généralisé, ont laissé des traces durables, mais sans impliquer la disparition des petites royautés celtiques et de la langue indigène. Les druides se sont effacés devant le clergé chrétien mais les bardes ont subsisté. Pendant tout le Moyen Âge, du Vᵉ siècle à l'annexion anglaise définitive, au XVIᵉ siècle, des cours princières se sont maintenues, entretenant une poésie officielle dans une langue savante, restée celle de l'aristocratie et les anciens bardes ont pu, sans perdre leur emploi ni leur nom, se convertir et adopter l'usage de l'écriture.

Le détail du processus de disparition du « druidisme » gallois n'est évidemment pas discernable. Mais nous savons donc au moins l'essentiel, à savoir que nous n'avons pas de récit mythologique ou épique gallois parce que, ce qui a subsisté grâce aux bardes a été transformé en thèmes littéraires vers les XIe-XIIe siècles à la faveur de la conquête normande. Tout cela a été policé par une influence française très forte qui a produit, au contact de la matière celtique, ce que l'Irlande ignore le plus : l'amour courtois.

En Bretagne armoricaine où la langue elle-même a été déchue très tôt pour être cantonnée dans les classes populaires, la décadence des bardes, devenus mimes et jongleurs, a été un obstacle insurmontable au maintien de toute trace de la tradition préchrétienne. D'ailleurs les Bretons immigrés de Grande-Bretagne étaient déjà christianisés depuis très longtemps quand ils sont arrivés en colons dans la péninsule. La mythologie ne survit donc qu'à l'état de traces résiduelles – à peine plus fréquentes ou plus riches qu'en Gaule – dans le folklore et les contes populaires.

En Irlande la différence radicale réside dans l'introduction plus tardive du christianisme, vers le milieu du Ve siècle, dans un pays vierge de toute implantation romaine et de toute trace de paganisme classique. Avant saint Patrick l'Irlande était païenne, après saint Patrick elle était devenue chrétienne : l'évangélisation, peu importent les détails, est le fait d'un seul et unique grand missionnaire. Évidemment le mystère n'est pas encore élucidé du fondateur de l'Irlande historique et chrétienne, qui est aussi l'un des plus grands personnages mythiques de l'Irlande préchrétienne dans ses années ultimes. N'est pas toujours très clair non plus le détail miraculeux d'une conversion qui s'est faite en une seule fois et qui pose le problème de la définition, perpétuellement remise en cause, de la chrétienté celtique.

Mais qu'est-ce que la chrétienté celtique ? Vaste sujet, qui est loin d'être épuisé tant nous le connaissons mal encore. C'est, en bref, la forme prise par le christianisme du haut Moyen Âge dans les pays celtiques, Bretagne armoricaine comprise. Ce n'est pas une hérésie, ce n'est pas davantage un schisme. Les Celtes insulaires (Bretons « armoricains » compris) ont eu seulement beaucoup de peine à comprendre certaines exigences du Vatican qui, de son côté, s'est par trop méfié de ces chrétiens éloignés dont il ne comprenait ni la façon de vivre ni la façon d'organiser leur Église. Mais il faut insister sur la différence fondamentale qui sépare le christianisme irlandais de ses origines bretonnes (saint Patrick, comme son nom l'indique, était un Breton) et continentales plus lointaines. Alors que la conversion de la Gaule et de l'Italie a été avant tout un phénomène urbain et a touché d'abord les couches les plus humbles de la population, la conversion de l'Irlande est apparemment l'œuvre d'un seul homme. Saint Patrick, nous raconte son principal hagiographe, Muirchu, au VIIe siècle, est allé tout droit à la cour de Tara et a converti en premier le roi Loegaire, ses filles, ses guerriers et ses druides. C'était, nous assurent les hagiographes, en 432 de notre ère. Et quelques années plus tard, toute l'Irlande était chrétienne, sans heurts et sans martyrs.

Légende autant et plus qu'histoire : car, pour se convertir, le roi Loegaire a exigé un miracle. Et saint Patrick a obtempéré. Il a fait surgir Cúchulainn, en grand appareil militaire, avec son char, ses chevaux et son cocher. Et Cúchulainn a vanté au roi les délices du paradis et décrit les horreurs de l'enfer. Puis saint Patrick a revu toute la législation irlandaise pour la mettre en conformité avec la parole évangélique. Les *filid* n'ont plus eu le droit de réciter les incantations païennes les plus dangereuses et le sacrifice druidique a été interdit. Pour plus de sécurité son nom a été transféré à l'Eucharistie et on a fait, en quelque sorte, une synthèse du droit préchrétien, *recht aicnid* ou « droit de nature » et du droit christianisé ou *recht litre* « droit de la lettre ». Quelquefois la situation était embarrassante. Quand par exemple un officier de la cour de Tara a tenté d'assassiner saint Patrick et n'a réussi à tuer que son cocher, le saint a dû trouver un compromis pour faire respecter la loi en même temps que l'Évangile : il a fait mettre le coupable à mort mais il a envoyé son âme au ciel. Toute l'Irlande patricienne et postpatricienne est ainsi marquée par ces redoutables subtilités juridiques et théologiques qui font d'elle un monde à part dans la chrétienté.

Car la conversion par le haut a mis à la disposition immédiate de l'Église d'Irlande un personnel de très haut niveau intellectuel (les *filid* ou « poètes », en fait des druides) cependant que, en l'absence de tout point d'appui urbain à la mode romaine, les évêchés celtiques se sont fixés dans les monastères. L'abbé est en même temps l'évêque. La papauté aura besoin de deux à trois siècles pour faire se conformer aux normes romaines (tonsure, calcul de la date de Pâques, exclusion des femmes de la liturgie) ces chrétiens qui n'ont rien d'hérétique mais que leur éloignement rend parfois inutilement suspects. Pendant trois siècles et demi, jusqu'aux invasions scandinaves qui briseront l'essor à la fin du VIIIe siècle, la chrétienté irlandaise sera une pépinière de missionnaires et d'intellectuels au sens le plus élevé du terme.

Et la conversion faite par le haut rend compte à elle seule de l'absence d'inimitié et d'hostilité dont la tradition préchrétienne a bénéficié après sa disparition. Ajoutons que sur deux points importants au moins, il n'existait aucun antagonisme :

– la tendance de la religion celtique au monothéisme ;

– la réhabilitation par le christianisme du travail manuel n'était pas nécessaire dans un pays où les artisans étaient déjà estimés et honorés.

La grande innovation du christianisme, la principale certainement, a été l'introduction de l'écriture, le passage du Verbe parlé au Verbe écrit avec la Bible pour référence. Mais là encore, à la différence des bardes gaulois qui n'ont pas survécu à la romanisation parce qu'il n'y avait plus personne pour les nourrir et les écouter, les *filid* irlandais, qui faisaient déjà usage de l'écriture ogamique, étaient préparés à la transition. Une anecdote transmise par Adamnan, auteur au VIIe siècle d'une Vie de saint Colomba, illustre parfaitement l'importance du livre dans l'Irlande chrétienne du très haut Moyen Âge. Le fondateur d'Iona avait emprunté à saint Finnian, le célèbre abbé de Moville en Ulster, un psautier et il avait passé ses veilles à le recopier. Saint Finnian réclama la restitution de son bien et non seulement de l'original mais aussi de la copie. L'affaire fit grand bruit et alla devant le roi Diarmaid. Et voici le jugement royal dans toute son étrangeté : « Le petit livre appartient au grand comme le veau appartient à la vache. » Car le christianisme n'a jamais empêché ou bridé le juridisme chicanier et souvent mesquin des Gaëls.

Mais, quelles qu'aient été les méthodes et les difficultés, ni Patrick ni ses principaux successeurs, surtout pas Colomba, ne sont des tendres. Pendant tout son apostolat Patrick est un militant efficace de l'Évangile et, pour être plus sûr de bien convaincre, il tue, il brûle, il jette l'anathème, il vainc ses adversaires supposés par une magie plus puissante que la leur. Cela est bien normal puisque son druide est le Christ et qu'un tel druide est beaucoup plus puissant que n'importe quel autre. Et les disputes de Patrick, de Colomba et des druides sont beaucoup plus magiques que théologiques. Un druide de Tara fait tomber une neige épaisse mais il est incapable de la faire fondre. D'un geste, Patrick la dissipe. Un autre druide répand brusquement la plus noire des obscurités. Patrick, d'un mot ou d'une prière, fait revenir le soleil. Il lui arrive même de se disputer, dans un récit christianisé du cycle mythologique, avec le dieu Oengus, fils du Dagda. Il s'agit seulement de savoir qui gardera la douce Eithne, fille des Túatha Dé Dánann, qu'un fils de roi d'Écosse vient de recueillir et de convertir, ou de sa famille naturelle ou de sa famille spirituelle. C'est Patrick, naturellement, qui a le dessus. La patiente en meurt de tristesse mais tout est bien qui finit bien puisque son âme monte au ciel.

C'est certainement le fait le plus remarquable de l'Irlande chrétienne du haut Moyen Âge que cette perpétuelle recherche de la conciliation de deux inconciliables, les origines préchrétiennes et l'Évangile avec, dans des *scriptoria* monastiques, l'emploi de l'écriture pour la transcription de récits qui racontent les aventures des anciens dieux et héros, transformés en personnages pseudo-historiques tout au long de ce qui est devenu une « histoire » d'Irlande. Les Irlandais se sont même forgé des généalogies hébraïques ou égyptiennes, voire grecques, qui justifient l'assimilation de l'Irlande et de la Palestine.

Le nom de saint Patrick n'est attaché spécialement à aucun monastère, si ce n'est au siège apostolique d'Armagh, en Ulster. Mais le plus grand monastère irlandais, celui de l'île d'Iona, au large de la côte occidentale de l'Écosse, n'est pas uniquement un scriptorium. Attaché au nom de son fondateur, Colomba, c'est un centre missionnaire extraordinaire. Colomba n'est pas moindre que Patrick par la hardiesse de ses attitudes et la brutalité de ses décisions, par la rigueur ascétique de son existence : mortifications, veilles, jeûnes lui donnent un poids spirituel énorme mais aussi une très grande influence politique. Il est le grand évangélisateur de l'Écosse comme Patrick a été celui de l'Irlande, préparant ainsi la fusion des Pictes et des Scots et assurant pour plus d'un millénaire la celticité de l'Écosse.

C'est donc parce qu'ils se sont convertis au christianisme et qu'ils ont appris le latin que les successeurs des druides irlandais ont ensuite écrit en gaélique. C'est pour cette seule raison que leur savoir traditionnel nous est parvenu dépouillé de toute efficacité religieuse. Mais il suffit que nous en ayons connaissance. Le fait révélateur est que, pendant tout le haut Moyen Âge, dans un pays dont le christianisme n'a changé ni la structure sociale ni la mentalité, il a existé concurremment une littérature chrétienne écrite, latine et gaélique, superposée à une transmission orale des légendes préchrétiennes et des textes juridiques parce que les écoles de *filid* ont continué à fonctionner.

Mais à partir du moment où l'écriture assure désormais la transmission du savoir religieux chrétien, la tradition celtique est morte et la civilisation des pays celtiques a changé de visage. Tout ce qui subsiste de vivant se réfugie dans le folklore des contes et des légendes populaires. C'est le cas en Irlande. Ce l'est aussi en Bretagne, en Cornouailles et au pays de Galles où, paradoxalement et avec des fortunes diverses, seul l'enseignement religieux, catholique ou protestant, a été confié à l'écriture. La principale littérature bretonne du Moyen Âge est un théâtre d'imitation de mystères français qui, à partir du XVIIe siècle, n'est plus imprimé mais manuscrit parce qu'il n'a plus la faveur de l'Église. Pour tout le reste l'oralité est redevenue la règle immuable.

Il est peut-être paradoxal de devoir conclure que, sans l'Église, les dernières langues celtiques d'Europe seraient mortes au plus tard vers le XVIIIe siècle et que, sans la conversion au christianisme, nous ne saurions rien du passé mythique et indo-européen le plus lointain des Celtes.

Précisons cependant que, en aucun cas, les érudits irlandais médiévaux, moines ou *filid*, n'ont été les continuateurs ou les mystérieux affiliés d'un ésotérisme ou d'un occultisme dissimulé sous la bure. Le seul rôle que le destin leur a assigné a été de nous transmettre une parcelle du Verbe éteint, remplacé par un autre Verbe.

III. Le néo-druidisme

Ce sujet ne fait normalement pas partie de notre domaine de recherche, encore que les recherches le concernant ne manquent nullement d'intérêt. Mais la majeure partie du public est, à notre époque, incapable de faire la moindre distinction entre le « druidisme » qui disparaît lors du triomphe du christianisme à la fin de l'Antiquité et le « néo-druidisme » qui apparaît au début du XVIIIe siècle. Les quelques lignes qui suivent ne sauraient constituer de notre part qu'une information simple, dépourvue de tout commentaire, à l'intention du lecteur curieux. La majeure partie des documents fondamentaux, qui existent en Grande-Bretagne, ne sont d'ailleurs pas accessibles.

Les trois branches du néo-druidisme sont bien connues et elles n'ont d'ailleurs jamais cherché à dissimuler leurs origines. Basées sur la franc-maçonnerie, elles ont été fondées au XVIIIe siècle à Londres, respectivement :

– le 22 septembre 1717 à The Apple Tree Tavern, par l'Irlandais John Toland *(Ancient Druid Order)* ;

– le 28 novembre 1781 à la King's Arms Tavern, par un charpentier, Henry Hurle *(Ancient Order of Druids)* ;

– le 21 juin 1792 sur la colline de Primrose Hill, par un Gallois, ouvrier maçon, de son nom bardique Iolo Morganwg, qui est à l'origine de tout le « bardisme » gallois.

La branche bretonne, issue de la *Gorsedd* galloise, est plus tardive puisqu'elle a été fondée le samedi 1er septembre 1900, dans le café de la veuve Le Falc'her, route de Callac (maintenant rue des Salles) à Guingamp, par quelques personnes dont aucune ne possédait la moindre formation traditionnelle. Auparavant, le terrain avait été préparé par Hersart de La Villemarqué qui avait assisté, entre autres, à l'*Eisteddfod* d'Abergavenny en 1838, en compagnie d'Alphonse de Lamartine. La Villemarqué, qui devait publier en 1838 le *Barzaz Breiz,* n'a jamais osé sauter le pas de la fondation d'une *Gorsedd* bretonne.

Ce néo-druidisme se base sur quelques textes apocryphes gallois, en particulier sur la faible partie des *Iolo Manuscripts* parus en 1848 et le *Barddas* du pasteur William Ab Ithel, paru en 1862. Ces textes sont en gallois moderne et il n'en existe, à notre connaissance, aucune version plus ancienne.

Faute de pouvoir exploiter des documents qui existent mais dont nous ne pouvons avoir connaissance, nous ne porterons aucun jugement de valeur sur les liens éventuels du néo-druidisme et de la franc-maçonnerie écossaise. Mais il ne peut s'agir, au mieux, que d'initiations artisanales qui, considérées comme telles, n'ont rien de parodique, sans toutefois pouvoir être transférées ou reportées à une filiation sacerdotale, ce qui, à nos yeux, classe définitivement la question d'une initiation sacerdotale éventuelle. Il n'existe pas à notre connaissance de néo-druidisme irlandais. Il n'existe pas, en tout cas, pas plus qu'au pays de Galles et en Bretagne armoricaine ou, *a fortiori* en Gaule, pour toutes les raisons que nous avons exposées plus haut, d'organisation ou de groupe, ouvert ou fermé, qui dispose d'une filiation traditionnelle remontant aux druides de l'Antiquité.

CONCLUSION

Pour conclure, que savons-nous des Celtes ?

Il semble que leur histoire se dénoue, globalement et brutalement, dans la constatation du contraste entre l'immensité, la variété, la richesse du domaine celtique antique et l'exiguïté, la précarité, la pauvreté des refuges où subsistent les petites nations celtiques médiévales et modernes.

Il n'y a en effet aucune commune mesure entre les unes et les autres, au point qu'on hésite parfois à les comparer, à les inclure dans une même étude, plus encore à admettre que ce sont les deux termes opposés d'un même processus d'évolution. Et, faute de comprendre, on a nié l'existence de cet extraordinaire accident de l'histoire, ou bien on l'a réduit à l'un de ces phénomènes périphériques et secondaires dont les fabricants de manuels ont si bien le secret. Camille Jullian avait bien raison quand il voulait faire connaître, par sa monumentale *Histoire de la Gaule,* les origines celtiques de la France. Il aurait seulement pu ajouter que les origines celtiques s'étendent aussi à quelques autres pays d'Europe.

Mais l'histoire est une suite d'accidents, pas toujours explicables, sur lesquels les témoins sont souvent rares ou presque muets, et que les historiens ont la tâche ingrate d'expliquer de leur mieux à leurs contemporains. Et à coups d'hypothèses et de suppositions allant de l'enthousiasme au dénigrement, on a constaté le déclin des Celtes. On hésite d'ailleurs sur la définition et plus encore sur son explication. À quelles causes multiples attribuer ce déclin, puis cette disparition quasi complète ? Les réponses sont diverses et varient d'un auteur à l'autre. Ne pas y aquiescer est tantôt un simple délit, tantôt un crime contre l'esprit.

En général les avis sont défavorables et les reproches fusent de partout. Les Celtes ne sont pas un peuple digne de l'attention des historiens pour de multiples raisons :

– **inaptitude à s'organiser, à s'entendre, à s'adapter** ;

– **infériorité intellectuelle de peuples barbares incapables de construire un État, de dépasser le stade tribal et de résister à la guerre étrangère** ;

– **cruauté et primitivisme d'une religion dont les sacrifices humains étaient la pratique la plus courante.**

Les auteurs anciens ont puissamment aidé à inspirer ces réponses, ce qui montre que l'incompréhension, l'ignorance, la sottise ne sont pas neuves. Il est, un peu partout, dispersées dans toutes les bibliothèques, d'énormes perles d'inculture, qu'il est préférable de passer sous silence et dont les signatures pourraient parfois surprendre.

Mais on a eu aussi l'impression contraire, ou inverse, que les Celtes ont été un peuple à qui l'histoire a refusé sa chance. Et, assassin de la Gaule à Alésia, Jules César est voué aux gémonies. Dans le même ordre d'idées, on tient rigueur aux ancêtres des peuples germaniques d'avoir détruit la Celtie continentale et insulaire. On « sent » (à juste titre d'ailleurs) que quelque chose n'est pas « sorti », qui aurait pu être et qui n'a pas été. La bataille perdue est toujours celle qu'il aurait fallu gagner.

Il est toujours vain de refaire l'histoire mais on la refait d'autant plus volontiers qu'on ne la comprend pas : au contraste des termes historiques répond le contraste d'attitudes ou d'opinions qui, depuis l'Antiquité, oscillent de la calomnie gratuite à la louange exaltée. Tantôt, comme Strabon, on accuse les Irlandais de manger les corps de leurs parents défunts, ou, à la mode de Pline l'Ancien, on se félicite que les barbares aient appris le latin ou le grec et se soient enfin civilisés ; tantôt, comme trop de celtomanes, on pare les Celtes de qualités célestes et, faute d'en connaître assez, on en invente, le minimum étant que le breton (moderne), ou le gallois (moderne lui aussi) ait été la langue du paradis terrestre et soit encore celle de Dieu le Père ; les druides ont survécu à toutes les persécutions pour resurgir à la fin du XVIIIe siècle, groupés en sociétés secrètes cependant que le français, qui n'est plus d'origine latine, descend en droite ligne du gaulois. C'est bien commode pour les « druides » du XXe siècle quand ils ne sont pas trop doués pour les langues anciennes.

Le plus loin possible des outrances et des rêves, tout au long de nos brefs chapitres, nous nous sommes efforcés d'analyser les faits celtiques, d'en déterminer les composantes et, surtout, de définir une méthode d'approche. La vérité est claire : contrastes de faits, mais aussi contrastes de concepts, contrastes de la réalité et des idées reçues.

Le premier point sur lequel nous insisterons est que les antinomies entre les Celtes et le monde classique ne sont pas, n'ont jamais été des oppositions de barbarie et de civilisation, de primitivisme et d'intelligence, d'infériorité et de supériorité intellectuelles et de toute autre qualité que l'on voudra. La civilisation celtique est **autre** que la civilisation gréco-romaine ; la société celtique est une **autre** organisation que celle de l'*Urbs* ; la religion celtique est une **autre** religion que celle du classicisme. Les Celtes sont **autres,** c'est-à-dire qu'ils sont différents. Ils ne sont pas inférieurs.

Il s'ensuit un **deuxième point,** tout aussi important : les Celtes n'ont pas été incapables de s'organiser. Ils ont, au contraire, créé une société solide et stable qui, en Irlande, a perduré jusqu'au Moyen Âge, bien au-delà de la christianisation. Ils ont élaboré un droit intelligent et précis ; ils ont eu des élites singulièrement capables de réflexion et d'abstraction, ce qui ne correspond en rien à ce qu'on a tendance à leur prêter.

Le **troisième** point touche au fondement de l'existence, là où les recherches modernes se sont révélées les plus hasardeuses et les plus aventurées, là où les conclusions qui s'ensuivent sont les plus fausses et les plus injustes : les Celtes ont été les détenteurs d'une forme de tradition excluant toute inorganisation, toute barbarie, tout primitivisme, et dont les meilleurs recoupements sont à chercher jusque dans l'Inde védique.

Au-delà de raids ou d'expéditions avortées, d'aventures de bandes ou de peuples isolés ayant cédé à la tentation d'un mirage, tels les Galates (mais ils ont laissé au moins autant de traces dans l'histoire grecque que les Vandales ou les Wisigoths dans l'histoire occidentale) ; au-delà de la défaite d'Alésia ou de la romanisation de la Gaule, quelles qu'en aient été les causes et les conséquences, ce sont les faits qu'il faut considérer.

Nous avons maintes fois dit – mais il faudra sans aucun doute le redire encore souvent – que Rome et les Celtes se séparent dans la conception des rapports hiérarchiques du *politique* et du *religieux.* Cette différence cruciale, qui à elle seule suffirait à expliquer tout le reste, se résume dans *l'inversion des primautés et des degrés de la hiérarchie souveraine.*

LES CELTES ONT MAINTENU LA PRIMAUTÉ DE L'*AUTORITÉ SPIRITUELLE* REPRÉSENTÉE PAR LE *DRUIDE.* ILS LUI ONT SUBORDONNÉ LE *POUVOIR TEMPOREL* REPRÉSENTÉ PAR LE ROI.

ROME A ACCORDÉ LA PRIMAUTÉ AU POUVOIR *TEMPOREL* REPRÉSENTÉ PAR LES *CONSULS,* SUBSTITUTS DU ROI. ELLE LUI A SUBORDONNÉ *L'AUTORITÉ SPIRITUELLE* REPRÉSENTÉE PAR LES *FLAMINES.*

La seule inaptitude des Celtes a consisté à ne pas concevoir qu'il pût exister autre chose que le respect de la hiérarchie des rapports traditionnels. Là où l'autorité spirituelle n'a plus la première place la royauté celtique, fondée sur l'équilibre harmonieux du roi et du druide, n'a plus de raison d'être ou de survivre.

L'oralité de la tradition correspond elle aussi à une antinomie des concepts celtique et classique : la civilisation classique est marquée par le rationalisme et l'historicisme : **elle vit dans l'histoire et elle tient ses archives,** annalistiques ou littéraires. La civilisation celtique, elle, est **anhistorique et elle n'a nul besoin d'archives.** Le mythe, conçu comme une explication ou une illustration des origines, indéfiniment vivant dans la mémoire humaine, est valablement permanent et immuable. L'homme qui l'accepte et le transmet échappe par lui à la fuite du temps. **Il ne craint ni la mort ni l'écrasement chronologique de l'histoire.** Que serait, autrement, une vie humaine, par rapport à l'éternité ?

On essaie parfois de justifier l'histoire par une sorte d'épistémologie, en expliquant que les Celtes ont influencé l'évolution culturelle de l'Europe. L'épisode celtique aurait été une expérience utile et nécessaire – mais tout aussi nécessairement limitée dans le temps – dont les conséquences bénéfiques se retrouveraient jusque dans l'évolution de l'art moderne. Cette tendance contemporaine est encore un moindre mal par rapport au dénigrement systématique, généralisé dans certains milieux. Mais il faut toujours avoir présent à l'esprit le fait que la tradition celtique est morte et que ses mythes et son enseignement ne sont pas conciliables avec la modernité. Les Celtes n'ont pas disparu volontairement : ils ont disparu parce que le monde n'était plus fait pour eux. Il va de soi qu'ils n'ont plus rien à y perdre.

Mais la principale question qui se pose est la suivante : comment des peuples guerriers, ingénieux et curieux, fortement encadrés par une classe sacerdotale remarquable, doués pour l'aventure et le risque, ni plus ni moins intelligents que les Grecs et les Romains, ont-ils pu disparaître ? À supposer au pire que la guerre des Gaules ait coûté quelques centaines de milliers de morts, de prisonniers emmenés en esclavage, de disparus de toutes sortes, la Gaule du Ier siècle de notre ère n'était pas vide et elle n'était pas complètement ruinée.

Les Celtes n'ont pas disparu : César n'a pas plus tué tous les Gaulois que Cromwell n'a tué ou déporté tous les Irlandais. La réponse est aussi simple que cruelle : les Celtes ont fini par perdre leur identité. L'analyse fait ressortir, liées à la conception religieuse de la société et à l'oralité de la tradition, les trois causes, successives puis concomitantes, de la disparition des Celtes de la scène politique et militaire européenne :

- **la romanisation,**
- **la christianisation,**
- **les invasions germaniques.**

Romanisée, la Gaule a perdu sa religion et sa langue, toutes ses structures politiques. Conquise plus tardivement et romanisée moins intensément, la

Bretagne insulaire a gardé sa langue et une partie de ses institutions. Christianisée mais non romanisée, l'Irlande a gardé sa langue et ses structures sociales et politiques : elle a seulement renoncé à une tradition orale pour adopter une tradition écrite. Mais quand est arrivée l'heure des grands bouleversements du haut Moyen Âge, plus tôt pour les uns, plus tard pour les autres, l'Irlande et la Bretagne insulaire ont très durement ressenti le choc. La Bretagne s'est réduite, dès le VIIe siècle, aux régions occidentales de la grande île. La Gaule, elle, y a perdu jusqu'à son nom.

Disparition et non suicide ou dégradation : il y faut la nuance. L'opiniâtreté miraculeuse de la survie irlandaise, malgré les Norvégiens, les Danois, les Saxons, les Normands, Cromwell et ses lointains successeurs, les Blacks and Tans, et sept siècles d'oppression étrangère, est là pour le prouver.

Mais les Celtes médiévaux ou modernes, convertis au christianisme et imitant vainement, pour survivre ou vivoter, les structures étatiques européennes, n'ont plus rien de commun avec leurs ancêtres de l'Antiquité : leurs créations politiques n'ont pas survécu à la liquidation de la féodalité et leurs langues, déchues de leur noblesse littéraire, exclues des chancelleries, n'entretiennent plus aucune vie intellectuelle autonome.

En bref la celticité semble incompatible avec le monde moderne qui ne l'évoque guère que pour la mépriser, l'exploiter ou la parodier en étouffant les études sérieuses et en laissant faire ou en favorisant les celtomanes[1]. L'injure ultime que l'on puisse faire

---

1. Est celtomane à nos yeux quiconque s'occupe des Celtes et, surtout, des langues celtiques, sans les connaître et suivant des méthodes inadéquates. La celtomanie du XIXe siècle, qui perdure encore dans certains milieux « druidiques », est un lointain héritage de la

à la tradition celtique est bel et bien, en effet, de la montrer pour ce qu'elle n'est pas : la trame ou le ferment de sociétés secrètes (ou supposées telles) qui, en l'occurrence, sont pseudo-initiatiques ou pseudo-religieuses ; ou bien la source d'une littérature qui prétend légitimer par les Celtes les fantasmes les plus libidineux du subconscient moderne : Vercingétorix, quels que soient ses torts et ses mérites, n'est pas l'archétype du bouffon Astérix (qui n'est encore qu'un moindre mal de l'incompréhension contemporaine), il n'en est que la victime, et avec lui toute la Gaule à titre posthume ; le romantisme littéraire et ses sous-produits contemporains ne sont pas issus des textes celtiques : ils n'en font que des utilisations superficielles et ils ne peuvent s'en approprier un thème sans le déformer.

Accaparé par des semi-lettrés aux yeux du grand public, le domaine celtique n'est guère pris au sérieux. Mais il ne faut pas s'y tromper : s'il y a des

---

Renaissance, quand l'érudition européenne étudiait les langues en dehors de toute base philologique et linguistique, uniquement en fonction de rapprochements analogiques fondés sur le latin, le grec et l'hébreu qui étaient les langues savantes de l'époque. La philologie celtique moderne a bien entendu suivi le grand développement qui a eu pour point de départ la découverte du sanskrit à la fin du XVIIIe siècle. Mais beaucoup d'érudits locaux n'ont pas suivi, faute de comprendre que les temps avaient changé. La finalité celtomane est ainsi toujours restée de vouloir prouver la parenté des langues celtiques modernes, non distinguées de leurs états anciens et médiévaux, et du grec, du latin ou de l'hébreu, à seule fin de montrer que le breton, ou éventuellement le gallois, sont des langues « mères » de l'humanité. Ces théories surannées, si elles tendent à disparaître, pour cause de ridicule dans le cas des langues, demeurent encore vivaces dans le cas des druides et ont parfois des prolongements universitaires ou culturels dus à l'ignorance ou au refus systématique de certaines sources d'information.

leçons à tirer ou à recevoir des civilisations disparues, la civilisation celtique n'est ni moins riche ni moins digne que les autres d'en offrir. Par une étrangeté de l'histoire, ce n'est pas la Gaule intégrée dans la *Romania* qui a recueilli l'héritage de l'*imperium* romain, c'est le *Heiliges Römisches Reich Deutscher Nation* des descendants d'Arminius, le *Saint Empire Romain Germanique.* Mais le mot *Reich,* avons-nous dit, est d'origine celtique, encore qu'au terme de l'évolution, il n'y ait plus rien de commun entre le sémantème actuel et le mot d'origine. Peut-être une structure politique héritée des Celtes aurait-elle évité à l'Europe la discorde des papes (romains) et des empereurs (germains), le Temporel voulant guider le Spirituel et le Spirituel voulant se substituer au Temporel ? Peut-être aurait-elle évité à l'Europe les longs siècles du chaos féodal, si durs aux petits et aux humbles ? Nous ne savons : il n'est plus temps, dans l'actuelle banalité universitaire, de regarder si haut et si loin, même en arrière. Mais ce que nous savons, c'est que la civilisation celtique propose, à ceux qui veulent bien la recevoir, une haute leçon de spiritualité.

NOMENCLATURE DES LANGUES CELTIQUES

GOIDÉLIQUE : IRLANDAIS (trois dialectes : *Munster, Connaught, Donegal*).

ERSE OU GAÉLIQUE D'ÉCOSSE (usité dans les îles et les Hautes Terres).

MANX (éteint dans la première moitié du XXᵉ siècle).

BRITTONIQUE : GAULOIS OU CELTIQUE DE L'ANTIQUITÉ (éteint vers la fin du Vᵉ siècle).

GALLOIS (deux dialectes : *Nord* et *Sud*).

CORNIQUE (éteint à la fin du XVIIIᵉ siècle).

BRETON (quatre dialectes : *Léon, Tréguier, Cornouaille, Vannes*).

CHRONOLOGIE DES LANGUES NÉO-CELTIQUES

IRLANDAIS :
- vieil-irlandais : du VIIIe au XIe siècle.
- moyen-irlandais : du XIe au XVe siècle.
- irlandais moderne : du XVIe siècle à maintenant.

GALLOIS :
- vieux-gallois : du IXe au XIe siècle.
- moyen-gallois : du XIIe au XVIe siècle.
- gallois moderne : du XVIIe siècle à maintenant.

CORNIQUE :
- vieux-cornique : du IXe au XIe siècle,
- moyen-cornique : XIVe et XVe siècles.
- cornique : XVIe et XVIIe siècles.
- néo-cornique : langue remise en usage au XXe siècle.

BRETON :
- vieux-breton : du IXe au XIe siècle.
- moyen-breton : du XIIe au XVIIe siècle.
- breton prémoderne : de la fin du XVIIe siècle à la fin du XIXe siècle.
- breton moderne : depuis la fin du XIXe siècle.

NOMENCLATURE DES LANGUES INDO-EUROPÉENNES

(À l'exclusion du celtique)

hittite, louwite, tokharien A et B, indo-iranien :	sanskrit, iranien (perse).
albanais, grec, italo-celtique :	osco-ombrien, latin (langues romanes : *français, italien, romanche, espagnol, portugais, roumain*).
germanique septentrional :	vieux-norrois ou vieil-islandais (langues scandinaves : *islandais, danois, norvégien, suédois*).
germanique occidental :	westique *(anglais, allemand, néerlandais).*
germanique oriental :	gotique *(et gotique de Crimée, éteint vers le XVIe siècle).*
balto-slave :	langues baltes *(lituanien, letton, prussien),*

langues slaves : vieux-slavon.

occidentales *(tchèque, slovaque, polonais, sorabe).*

orientales *(russe, ukrainien).*

méridionales *(serbo-croate, slovène, bulgare).*

Le lecteur se reportera aux pages 115-140 à propos des relations de l'indo-européen et du celtique.
Les subdivisions dialectales ou internes des différentes langues autres que celles du groupe celtique ne sont pas indiquées.

NOMS DES PRINCIPAUX PEUPLES CELTIQUES DE L'ANTIQUITÉ

LATIN	GREC	FRANCAIS
Continentaux :		
Celtae	Κε λτοὶ	Celtes,
Galli	Ταλάται	Galates,
		Gaulois,
Celtiberi	Κε λτιβε ρε σ	Celtibères,
Belgae	Βέλγαι	Belges.
Insulaires :		
Britanni	Βρε ττανοὶ	Bretons,
Hiberni	'Ιονέρνοι	Irlandais,
Picti		Pictes.
Scotti		Scots.

N.B. Le nom de Celtes est, dans toute l'Antiquité classique, une dénomination générale indistinctement appliquée aux Celtes et aux Germains.

SCHÉMA DE LA TRIPARTITION INDO-EUROPÉENNE

CLASSE SACERDOTALE

PREMIÈRE FONCTION : *administration du sacré* et de tout ce qui règle ou détermine les rapports de la société humaine et des puissances divines ou surnaturelles.

CLASSE GUERRIÈRE

DEUXIÈME FONCTION : *guerre et magie,* tout ce qui concerne l'utilisation de la force physique, de la violence, de la magie et de la ruse, lesquelles sont ainsi canalisées pour la défense de la société.

CLASSE ARTISANALE ET PRODUCTRICE

TROISIÈME FONCTION : *artisanat, agriculture, élevage, commerce,* d'une manière générale tout ce qui n'appartient pas aux première et deuxième fonctions. La classe artisanale et productrice n'existe que par rapport aux deux autres. Elle a pour unique devoir de les honorer et de leur fournir tout ce qui est nécessaire à leur subsistance.

Ce schéma s'applique uniquement à la société humaine vivante. Par définition les dieux ont tous la qualité sacerdotale cependant que la perfection de l'Autre Monde y postule l'absence de toute fonction différencée. C'est pour cette raison que, en apparence, seule la troisième fonction (paix, abondance, volupté) est représentée.

STRUCTURE DE LA CLASSE SACERDOTALE CELTIQUE

DRUIDE (gaulois **druis,* irlandais *druí*) terme général appliqué indistinctement à tous les membres de la classe sacerdotale sans considération de spécialisation. Tout druide quel qu'il soit a le droit de pratiquer le sacrifice.

BARDE (gaulois *bardos*, irlandais *bárd*, gallois *bardd*, breton *barzh*) « poète » ayant pour spécialité la poésie parlée (et surtout chantée) exprimant la louange et le blâme. Il a été supplanté en Irlande par le *file* ou « voyant », à l'origine un devin qui avait la satire et la magie dans ses attributions.

VATE (gaulois *vatis*, irlandais *fáith*) « devin » ayant la charge de toutes les applications pratiques du culte, en particulier la prédiction et la divination. Le médecin est normalement un *vate*. Il a en charge toute la partie « pratique », liturgique et rituelle de la religion.

« TALISMANS » ET ATTRIBUTS DES DIEUX D'IRLANDE

« TALISMAN » ou ATTRIBUT	ORIGINE ÎLES AU NORD DU MONDE	DRUIDE	DIEU ET SYMBOLE
Pierre de Fal *(Lia Fáil)*	*Falias* (nom de l'Irlande)	*Morfesae* (« Grande Science »)	bien indivis de tous les dieux Souveraineté
Lance *(sleg)*	*Gorias* (« brûlure »)	*Esras* (« passage »)	**Lug** *Lumière Sacerdoce, Guerre*
Glaive *(claidiub)*	*Findias* (« blanc »)	*Uscias* (« eau »)	**Nuada** *Distributeur Royauté*
Chaudron ou Coupe *(cóiri)*	*Murias* (« mer »)	*Semias* (« subtilité »)	**Dagda** *Souveraineté divine et humaine*
Massue *(lorg)*			**Dagda** *mort en ce monde et vie dans l'autre monde*
Roue *(roth)*			**Dagda** *(puissance cosmique)*
Manteau *(brat)*			tous les dieux (invisibilité)

NOMENCLATURE DES THÉONYMES CELTIQUES

César	Gaule	Irlande	Galles	fonction
MERCURE	Lug (us)	Lug	Llew	polytechnicien
JUPITER	Taranis	Dagda	Bran	sacerdoce
MARS	Ogmios	Ogme Nuada	Gwydyon Nudd	guerre magie royauté
APOLLON	Maponos	Diancecht Oengus Mac Oc	Mabon	santé jeunesse
MINERVE	Brigantia Belisama	Brigit Etain Boand Tailtiu	Arianrhod Modron	mère épouse sœur fille des dieux.

NOMS ET SURNOMS DES DIEUX DE L'IRLANDE

NOM	SURNOM
LUG « lumineux »	*Samildanach* « polytechnicien » *Lamfada* « au long bras »
DAGDA « dieu bon »	*Dagan* « petit bon » *Ruadh* *Rofhessa* « Rouge de la science » *Eochaid* *Ollathir* « qui combat par l'if, père puissant »
NUADA « distributeur »	*Airgetlam* « au bras d'argent »
OGME « chemin »	*Elcmar* « grand envieux »
DIANCECHT « prise rapide »	
BRIGIT « très haute »	*Boand (Bö Vinda* « vache blanche »), *Eithne, Etain* surnoms de sens indéterminé, *Tailtiu* « terre ».

BIBLIOGRAPHIE

OUVRAGES GÉNÉRAUX

BENVENISTE Émile, *Le Vocabulaire des institutions indo-européennes,* 2 volumes, Paris, Éditions de Minuit, 1969.
[Ouvrage excellent mais le celtique n'y apparaît que très rarement.]

Études indo-européennes, fascicule 1 des tomes d'OGAM 35-36 (1983-1984).
[Articles de D. Dubuisson, B. Sergent, F. Barbieri, G. Dumézil, Chr. Guyonvarc'h, F. Le Roux, D. Briquel, Joël H. Grisward.]

DILLON Myles, CHADWICK Nora K., GUYONVARC'H Christian-J., LE ROUX Françoise, *Les Royaumes celtiques,* Paris, Fayard, 1974 (rééditions 1978 et 1980), 452 pages, 105 illustrations.
[Traduction revue et augmentée de l'ouvrage de Myles Dillon et Nora K. Chadwick, *The Celtic Realms*, Londres, 1967. Une réédition a paru aux Nouvelles Éditions Marabout à Verviers en 1979. Elle est amputée des deux chapitres sur les langues celtiques, le début de la littérature et sur la Gaule. Il manque aussi les notes et toute l'illustration.]

HAUDRY Jean, *L'Indo-européen,* Paris, Que Sais-Je ?, PUF, 1979.

HAUDRY Jean, *Les Indo-Européens,* Paris, Que Sais-Je ?, PUF, 1981.

[Les deux ouvrages forment un ensemble qu'il est indispensable de consulter pour replacer les Celtes dans le cadre indo-européen.]

HUBERT Henri, *Les Celtes depuis l'époque de La Tène et la civilisation celtique,* 2 volumes, Paris, 1932 (réédition Albin Michel, 1974 et 1989).
[Ouvrage dont la conception et la documentation ont considérablement vieilli mais dont la lecture reste indispensable.]

LE ROUX Françoise, GUYONVARC'H Christian-J., *La civiltà celtica,* Padoue, Il Cavallo Alato, 1987, avec un appendice de Philippe Baillet.
[Traduction italienne de la sixième édition du présent ouvrage.]

LE SCOUÉZEC Gwenc'hlan, *Le Guide de la Bretagne,* Brasparts, Beltan, 1989.
[Très riche et très belle illustration, souvent inédite.]

REVUES

Revue Celtique, tomes 1-51 (Paris, 1870-1934).

Études Celtiques, tomes 1-24 (Paris, 1936 –).

OGAM-Tradition Celtique, tomes 1-36 (Rennes 1948 –), et *CELTICUM* (supplément à *OGAM)* volumes 1-18, 20, 22, 24-27 (Rennes, 1960 –).

Zeitschrift für Celtische Philologie, tomes 1-41 (Halle, 1899 –).

Eriu, tomes 1-37 (Dublin, 1904 –).

HISTOIRE ET ARCHÉOLOGIE

Au temps des Celtes. V^e^-Ier *siècles avant J.-C.,* catalogue de l'exposition de l'Abbaye de Daoulas, 13 juin-14 septembre 1986, éd. Association Abbaye de Daoulas, Daoulas, 1986.

L'art celtique en Gaule, collections des musées de province, Paris, 1983-1984, ministère de la Culture, Direction des Musées de France, Paris, 1983.

BRUNAUX Jean-Louis, RAPIN André, *Gournay II, boucliers et lances, dépôts et trophées,* Paris, Revue archéologique de Picardie, Éditions Errance, 1988.

BRUNAUX Jean-Louis, LAMBOT Bernard, *Guerre et armement chez les Gaulois (450-52 avant J.-C.),* Paris, Éditions Errance, 1987.

DEYTS Simone, *Les Bois sculptés des sources de la Seine,* Paris, Supplément à Gallia, n° 2, 1983.

DUVAL Paul-Marie, *Les Celtes,* collection l'Univers des Formes, Paris, Gallimard, 1977.

DUVAL Paul-Marie, KRUTA Venceslas (éditeurs), *Les Mouvements celtiques du V*e *au I*er *siècle avant notre ère,* Paris, éd. du CNRS, 1979 (recueil d'articles divers en anglais, allemand, français et italien).

DUVAL Paul-Marie, KRUTA Venceslas, *L'Art celtique de la période d'expansion, IV*e *et III*e *siècles avant notre ère,* éd. Droz, Genève-Paris, 1982.

ELUÈRE Christine, DRITHON F., DUDAY H. et DUVAL A.-R., *L'Or et l'argent de la tombe de Vix,* in Bulletin de la Société préhistorique française, tome 86/1, 1989, p. 10-32.

ELUÈRE Christine, *L'Or des Celtes,* Paris, Bibliothèque des Arts, 1987.

FLEURIOT Léon, *Les Origines de la Bretagne,* Paris, Payot, 1981.

GRENIER Albert, *Manuel d'archéologie gallo-romaine,* 4 tomes en 7 volumes, Paris, 1931-1960.

KRUTA Venceslas, L'Art celtique en Bohême, *Les Parures métalliques du V*e *au II*e *siècle avant notre ère,* Paris, Champion, 1975.

MENIEL Patrice, *Chasse et élevage chez les Gaulois (450-52 avant J.-C.),* Paris, Éditions Errance, 1987.

ROZOY J.-G. (Dr), *Les Celtes en Champagne. Les Ardennes*

au second Âge du Fer : le Mont Troté, les Rouliers, 2 volumes (description + planches), avec de très nombreuses illustrations (format in-4°), mémoires de la Société Archéologique Champenoise 4, 1987, chez l'auteur, 26, rue du Petit-Bois, 08000 Charleville-Mézières.

Ville de Luxembourg (Union latine), *Les Dieux de la Gaule romaine* (catalogue de l'exposition à la Galerie d'art municipale de Luxembourg du 14 avril au 5 juin 1989), Luxembourg, 1989.

Trésors d'Irlande, Paris, galeries nationales du Grand Palais, 23 octobre 1982-17 janvier 1983, ministère des Relations extérieures, Association française d'action artistique, Paris 1982.

Trésors des princes celtes, catalogue de l'exposition aux galeries nationales du Grand Palais, 20 octobre 1987-15 février 1988, ministère de la Culture, Éditions de la Réunion des musées nationaux, Paris, 1987.

HISTOIRE DES RELIGIONS (celtique et indo-européenne)

Aufstieg und Niedergang der römischen Welt, tome 2, volume 18/1 *(Religion : Heidentum, die religiösen Verhältnisse in den Provinzen)* (Hildegar Temporini & Wolfgang Haase éditeurs), éd. Walter de Gruyter, Berlin, 1986.

CHARACHIDZÉ Georges, *La Mémoire indo-européenne du Caucase,* Paris, Hachette, 1986.

Dictionnaire des symboles, éd. Laffont, Paris, 1969, 844 pages (réédition en 4 volumes, Seghers, Paris, 1975, puis chez Laffont dans la collection Bouquins) ; partie celtique rédigée par Françoise Le Roux et Christian-J. Guyonvarc'h.

GUYONVARC'H Christian-J., Notices sur la religion celtique de la Gaule dans l'*Encyclopedia Universalis* (depuis 1976).

DUBUISSON Daniel, *La Légende royale dans l'Inde*

ancienne, Râma et le Râmâyana, Paris, Economica, 1986.

DUMÉZIL Georges, *L'Idéologie tripartie des Indo-Européens,* collection Latomus XXXI, Bruxelles, 1958.

DUMÉZIL Georges, *Mythe et épopée,* 3 volumes, Paris, 1968-1973 (rééditions 1974 et 1981 avec des notes additionnelles).

DUMÉZIL Georges, *Fêtes romaines d'été et d'automne*, suivi de *Dix questions romaines*, Paris, Gallimard, 1975.

DUMÉZIL Georges, *Les Dieux souverains des Indo-Européens,* Paris, Gallimard, 1977 (rééd. 1980).

DUMÉZIL Georges, *Idées romaines,* Paris, Gallimard, 1969.

DUMÉZIL Georges, *Apollon sonore. Vingt-cinq esquisses de mythologie,* Paris, Gallimard, 1982.

DUMÉZIL Georges, *Heur et malheur du guerrier,* Paris, Flammarion, 1985.

DUMÉZIL Georges, *L'Oubli de l'homme et l'honneur des dieux. Vingt-cinq esquisses de mythologie,* Paris, Gallimard, 1985.

DUMÉZIL Georges, *La Courtisane et les seigneurs colorés, esquisses de mythologie,* Paris, Gallimard, 1983.

DUMÉZIL Georges, *Loki,* Paris, Flammarion, 1986.

DUMÉZIL Georges, *Romans de Scythie et d'alentour,* Paris, Payot, 1988.

DUMÉZIL Georges, *Mariages indo-européens*, suivi de *Quinze questions romaines,* Paris, Payot, 1988.

LE ROUX Françoise, *Introduction générale à l'étude de la tradition celtique, Celticum* 13, Rennes, 1967.

LE ROUX Françoise, GUYONVARC'H Christian-J., *Les Druides,* éd. Ouest-France, Rennes, 1986 (rééd. 1987, 1988, 1989).

LE ROUX Françoise, GUYONVARC'H Christian-J., *La Souveraineté guerrière de l'Irlande, Celticum* 25, Rennes 1983.

GRISWARD Joël H., *Archéologie de l'épopée médiévale,* Paris, Payot, 1981.

HAUDRY Jean, *La Religion cosmique des Indo-Européens,* Milan, Arché, 1982.

SERGENT Bernard, *L'Homosexualité dans la mythologie grecque,* Paris, Payot, 1984.

VARENNE Jean, *Cosmogonies védiques,* Paris-Milan, Arché, 1982.

VRIES Jan de, *Keltische Religion,* Stuttgart, Kohlhammer, 1961 ; traduit en français sous le titre *La Religion des Celtes,* Paris, Payot, 1963.
[On déplore les rééditions successives de cet ouvrage médiocre, au plan défectueux et à la documentation souvent inexacte ou de seconde main. L'auteur, qui n'a jamais su une langue celtique, confond d'une manière générale la religion celtique de haute époque et ses survivances d'époque romaine. Son livre est, dans l'ensemble, une compilation de quelques ouvrages antérieurs. Enfin la traduction française, de très mauvaise qualité, fourmille d'erreurs et d'inexactitudes qui trahissent le texte allemand original.]

LANGUES ET LITTÉRATURES CELTIQUES

ELLIS Evans D., *Gaulish Personal Names, A Study of some continental Celtic Formations,* Oxford, Oxford University Press, 1967.

DOTTIN Georges, *Manuel d'irlandais moyen, grammaire, textes et glossaire,* avec une introduction, suivie d'une bibliographie par Pierre-Yves Lambert, tomes 1-2, Slatkine Reprints, Genève-Paris, 1987.

DOTTIN Georges, *La Langue gauloise, grammaire, texte et glossaire,* Slatkine Reprints, Genève, 1980.
[Ouvrage vieilli et très largement dépassé par la recherche actuelle mais qui n'a pas encore été remplacé.]

GUYONVARC'H Christian-J., *Dictionnaire étymologique du*

breton, ancien, moyen et moderne, fascicules 1-6, *Celticum* 27, Rennes, 1973-1977.

GUYONVARC'H Christian-J., *Le Catholicon de Jehan Lagadeuc précédé d'une présentation et d'une introduction sur le breton au XVe siècle, Celticum* 22, Rennes, 1977.

GUYONVARC'H Christian-J., *Aux origines du breton : le glossaire vannetais du Chevalier Arnold von Harff, voyageur allemand du XVe siècle, Celticum* 26, Rennes, 1984.

GUYONVARC'H Christian-J., *Textes mythologiques irlandais* I, *Celticum* 11/1 et 2, Rennes, 1980-1989.

GUYONVARC'H Christian-J., *Notes d'étymologie et de lexicographie gauloises et celtiques,* environ deux cents notices parues dans OGAM entre 1958 et 1973, continuant le *Vocabulaire vieux-celtique* paru de 1952 à 1963.

Histoire littéraire et culturelle de la Bretagne, sous la direction de Jean Balcou et Yves Le Gallo, éd. Centre de recherche bretonne et celtique (Université de Bretagne occidentale à Brest) & Champion – Slatkine, Paris-Genève, 1987, 3 volumes reliés.

HOLDER Alfred, *Altceltischer Sprachschatz,* Leipzig, 1896-1917 (rééd. Akademischer Verlagsanstalt, Graz, 1962), 3 volumes.
[Ouvrage vieilli, indispensable parce qu'il n'a pas été remplacé, mais à manier avec précaution à cause des nombreuses erreurs qu'il contient.]

LOTH Joseph, *Les Mabinogion,* 2 volumes, 2e édition, éd. Fontemoing, Paris, 1913.
[Seule traduction française valable de ce texte capital.]

MARX Jean, *Les Littératures celtiques,* Que Sais-Je ? PUF, Paris, 1967.

LAMBERT Pierre-Yves, *Les Littératures celtiques,* Que Sais-Je ? PUF, Paris 1981.
[On lira avec un égal profit ces deux ouvrages auxquels les spécialisations particulières aux auteurs donnent, sous le même titre, des aspects très différents.]

MARX Jean, *La Légende arthurienne et le Graal,* Paris, PUF, 1952.

PEDERSEN Holger, *Vergleichende Grammatik der keltischen Sprachen,* 2 volumes, Göttingen, 1909 et 1913.
[Ouvrage très vieilli mais non remplacé. Une édition abrégée a paru en 1937 en langue anglaise : Henry Lewis & Holger Pedersen, *A Concise Comparative Celtic Grammar*.]

THURNEYSEN Rudolf, *Die Irische Helden-und Königsage bis zum siebzehnten Jahrhundert,* Halle, 1921.
[Ouvrage vieilli mais encore indispensable par sa documentation.]

TABLE

CHAPITRE QUATRIÈME
La christianisation des pays celtiques et la fin de la tradition

Achevé d'imprimier en mars 2010
par Novoprint (Barcelone)

Dépôt légal : mars 2001

Imprimé en Espagne